R. SLATIN PACHA

FER ET FEU
AU SOUDAN

TOME PREMIER

Traduction de G. BETTEX

PARIS
ERNEST FLAMMARION, ÉDITEUR, 26, RUE RACINE

EN VENTE A LA MÊME LIBRAIRIE

FÉLIX DUBOIS

TOMBOUCTOU
la Mystérieuse

(Ouvrage couronné par l'Académie française)

O_b^3
780

FER ET FEU AU SOUDAN

I.

FER ET FEU AU SOUDAN

PAR

R. SLATIN PACHA

COLONEL DE L'ETAT-MAJOR EGYPTIEN
ANCIEN GOUVERNEUR ET COMMANDANT DU DARFOUR

TRADUIT DE LA HUITIÈME ÉDITION ALLEMANDE

PAR

G. BETTEX, Professeur à Montreux.

TOME PREMIER

Précédé de 2 lettres du Mahdi écrites pendant la
campagne de 1896.

Le Caire
F. DIEMER, Éditeur
1896.

TOUS DROITS RÉSERVÉS.

DÉDIÉ

A SON ALTESSE

ABBAS PACHA HILMI II,
KHÉDIVE D'ÉGYPTE

COMME TÉMOIGNAGE
DU RESPECTUEUX DÉVOUEMENT

DE

L'AUTEUR.

TABLE DES MATIÈRES
DU PREMIER VOLUME

Chapitre I.
    Introduction 1
Chapitre II.
    Séjour au Darfour — Histoire de la Province . 43
Chapitre III.
    Le Gouvernement du Darfour 123
Chapitre IV.
    Soulèvement du Mahdi 172
Chapitre V.
    Extension de la révolution dans le Darfour méridional 208
Chapitre VI.
    Siège et chute d'El Obeïd 243
Chapitre VII.
    Lutte contre le Mahdisme au Darfour . . . 258
Chapitre VIII.
    L'expédition de Hicks Pacha 318
Chapitre IX.
    La chute du Darfour 388

PRÉFACE A LA PREMIÈRE ÉDITION ALLEMANDE

C'est moins pour ma propre satisfaction personnelle que pour donner suite à l'invitation pressante de mes amis que j'ai écrit ces feuilles.

Ce fut, pour moi, fort difficile d'achever tranquillement mon travail, occupé que j'étais, non seulement par les affaires de service et la rédaction de rapports urgents pour le Gouvernement, mais encore, et pour une large part, par l'intérêt vraiment trop vif que l'on prenait à mon sort ; le calme de l'esprit m'était alors d'autant plus nécessaire, qu'à défaut de toutes notes anciennes, il me fallait absolument m'en rapporter à ma mémoire.

En raison de tout cela et de la hâte qui fut imposée par les circonstances à ma plume inexpérimentée, les défectuosités de cet ouvrage seront, en grande partie, excusables et, en même temps, rencontreront, je l'espère, l'indulgence nécessaire.

Mes écrits qui ne sont que des comptes rendus, s'adressent non seulement à ceux qui connaissent à fond l'état de choses au Soudan Egyptien, mais aussi à ceux qui ont une réelle sympathie pour ce pays.

Londres, Août 1895.

Rodolphe Slatin.

Lettre du Révérend Père Don Joseph Ohrwalder,
autrefois supérieur de la
Mission autrichienne à Delen, (Kordofan), prisonnier des
Mahdistes pendant 10 années.

Lorsque j'eus embrassé au Caire, Slatin Pacha, mon cher ami et mon fidèle compagnon pendant les jours affreux de misère commune, enfin libre et heureux après de longues années, et que la première joie causée par notre réunion fut passée, on m'invita de la part de ceux qui le pressaient de décrire ce qu'il avait vu et la façon dont il avait vécu, — on m'invita, dis-je — à faire précéder son livre de quelques mots.

Avoir partagé ses souffrances, l'amitié qui nous liait et qui de temps à autre, pour de courts instants nous apportait quelque adoucissement durant notre captivité, telles sont les seules raisons qui me donnent le droit de déférer à ce désir.

Le grand intérêt général de l'heureuse délivrance de Slatin, la cordiale participation de ses nombreux amis qui, ayant toujours suivi avec la plus vive sollicitude les quelques nouvelles leur parvenant à de rares intervalles sur son triste esclavage, apprirent avec une joie bien sincère l'annonce de sa liberté, la nécessité de répondre aux désirs de tous ceux qui prennent une part active au sort de l'Afrique, la nécessité également d'attirer l'attention des nations civilisées sur le Soudan, cette contrée la plus malheureuse du continent noir qui paraissait autrefois destinée à être le point de départ de la civilisation africaine et qui, maintenant, est devenue son plus grand obstacle, toutes ces circonstances donc furent un devoir pour Slatin Pacha — bien qu'il fut très occupé d'autre part et qu'il ne soit pas écrivain — de livrer sans retard à la publicité un exposé de son intéressant passé.

Moi aussi, je me suis trouvé malheureusement entraîné dans le tourbillon de ce grand bouleversement, mais je n'étais qu'un missionnaire prisonnier, dont l'existence ne fut pas prise en considération par les nouveaux maîtres du pays et qui fut bientôt oublié, tandis que Slatin Pacha, se trouvant directement mêlé aux événements en raison de la haute situation qu'il occupait, paraît le seul, parmi les vivants, qui peut apprécier d'une façon exacte, le mouvement mahdiste tant dans son développement que dans son importance actuelle.

Connaissant le pays et la population depuis de nombreuses années, ses relations pendant sa captivité avec le Mahdi et encore plus avec le calife Abdullahi furent telles qu'il se trouvait en contact continuel avec les personnes influentes de cette époque, ce qui lui permit de pouvoir suivre dans les plus petits détails la marche des événements.

Si donc, les opinions émises dans mon livre diffèrent des siennes, ou si dans les faits racontés par moi, des erreurs se sont glissées, il est bien évident que celui qui a pris ses informations à la source même, mérite la préférence sur celui qui recevait ses nouvelles de deuxième et même de troisième main.

Pour toutes ses appréciations, je ne puis que m'incliner avec la plus grande tranquillité devant sa façon de voir.

Puissent les récits de Slatin Pacha rencontrer l'intérêt auquel ils ont droit! Puissent-ils aussi réveiller la sollicitude pour le malheureux Soudan et que, par conséquent, la régénération en soit facilitée! Puisse encore la délivrance de Slatin Pacha rencontrer la sympathie universelle, qui lui est due, c'est ce que désire de tout son cœur son compagnon de captivité pendant si longtemps et son ami sincèrement dévoué!

Souakim, Juin 1895.

P. Joseph Ohrwalder.

NOTICE DE L'ÉDITEUR

RELATIVE AUX DEUX LETTRES EXPÉDIÉES PAR LE CALIFE ABDULLAHI PENDANT LA CAMPAGNE DE 1896

Le fait suivant est la preuve de l'importance que le calife attribue à la présence de Slatin Pacha dans le corps expéditionnaire à Dongola :

Environ deux mois après le combat de Firket (7 Juin 1896), le calife envoya à Slatin Pacha un homme de la tribu des Elegat, fait prisonnier autrefois à Omm Derman, suspecté d'espionnage, et porteur d'une lettre ainsi conçue :

« *Au nom de Dieu clément et miséricordieux,*
« *grâces à Dieu le Gouverneur généreux ; prières*
« *à Notre Seigneur Mahomet et à ses prophètes.*
« *De la part de l'esclave de son Dieu, le*
« *Calife du Mahdi vénéré, Abdullahi fils de Moham-*
« *med, Califet el Saddik à Abd el Kadir Saladin.*
« *Après le salut nous t'informons que la lettre*
« *que tu nous as écrite de ta propre main, prou-*
« *vant que tu as persévéré dans la religion de l'Islam*
« *et que tu ne trahiras ni la religion, ni le pain et le*
« *sel, nous est bien parvenue et est gardée chez nous.*
« *Comme il en est ainsi et que tu es venu avec les*
« *infidèles que tu accompagnes, tâche donc de faire*

« *un complot qui serait propre à faire profiter d'eux*
« *(des infidèles); voilà les armées musulmanes diri-*
« *gées contre eux.*

« *Voici ce que nous avons voulu te commu-*
« *niquer, afin que tu puisses agir en conséquence*
« *secrètement, et nous te saluons.*

« *Le 20 Safar 1314 (31 Juillet 1896).*

(Cachet)   « *Hasbouna Allah Oua Nima El Wakil.* »

Le calife rendait la liberté à Abdullahi el Achman à la condition de remettre en secret cette lettre à Slatin Pacha et de répandre au camp la nouvelle que Slatin était en relations amicales avec les derviches et leurs commandants supérieurs.

Mais Abdullahi el Achman informait Slatin Pacha du but de son message, qui du reste était facile à comprendre.

Lors de la prise de Dongola, on trouvait parmi les papiers des commandants supérieurs de l'armée des derviches, laissés dans la fuite dont on parle plus haut, une lettre qui contenait ce qui suit :

« *Au nom de Dieu clément et miséricordieux,*
« *grâces à Dieu le Gouverneur généreux; prières*
« *à Notre Seigneur Mahomet et à ses prophètes.*

« *De la part de l'esclave de son Dieu, le*
« *Calife du Mahdi vénéré, Abdullahi fils de*
« *Mohammed, Califet el Saddik, au respectable*
« *Mohammed Bichara. Que Dieu l'assiste!*

« *Après le salut nous t'informons que nous*
« *avons reçu et pris note des lettres que tu nous*

« as écrites au sujet des messagers qui vous
« étaient parvenus par l'individu en question
« (Slatin Pacha) ainsi que des prisonniers, et qui
« contenaient en outre ta demande de t'envoyer
« Abdullahi el Achman et, enfin, tes rapports
« détaillés sur le Sheikhieh (appartenant à la tribu
« des Sheikhiehs) nommé Ouarrak, comme tous les
« autres détails de tes nouvelles.

« Nous avons écrit une lettre par Abdullahi
« el Achman, à Chiatin (¹) l'ennemi de Dieu
« dans le but de faire surgir le désaccord entre lui
« (Chiatin) et les chrétiens qui l'accompagnent;
« donc envoie-la immédiatement par lui (Abdullahi)
« et nous prions Dieu que cette lettre soit la cause
« de leur déroute.

« Personne ne doit voir cette lettre, ni con-
« naître son contenu, et nous te saluons.

« Le 20 Safar 1314 (31 Juillet 1896).

(Cachet)   « Hasbi Allah Oua Nĩma El Wakil. »

Intrigue très maladroite et qui prouve que le calife
ne possède pas une grande adresse politique.

L'Éditeur.

(¹) Chiatin en arabe pluriel de chaïtan, signifie "Diables";
tel est le surnom donné à Slatin Pacha dans le territoire du Mahdi.

FER ET FEU AU SOUDAN

CHAPITRE I.

Introduction.

Mon premier voyage au Soudan. — Mon retour en Autriche. — Mon second voyage. — Corruption au Soudan. — Je suis nommé gouverneur de Dara. — Gordon au Darfour. — Zobeïr l'acha et son fils Soliman. — Les Gellaba. — Les Djaliin et les Danagla. — Coup d'œil retrospectif sur les causes primordiales de l'insurrection dans le Bahr-el-Ghazal. — Campagne de Gessi. — Rabeh se sépare de ses compagnons. — Mort de Soliman Zobeïr.

Je servais, comme lieutenant au Régiment Prince héritier Rodolphe (N° 19) sur la frontière bosniaque, quand en Juillet 1878, je reçus de Gordon Pacha une lettre par laquelle il m'invitait à entrer, sous ses ordres, au service du gouvernement égyptien.

J'avais déjà, en 1874, fait un petit voyage au Soudan et, après avoir traversé Assouan, Korosko et Berber, j'étais arrivé, en Octobre, à Khartoum d'où je m'étais rendu aux montagnes de Nouba, où j'avais visité Delen, station des Missions Catholiques de l'Afrique Centrale que l'on venait d'installer, et de là j'avais poussé jusqu'à

Kolfan, Niouma et Kadro; mais le soulèvement des Arabes Hauasma rendant périlleux le séjour dans ces contrées, j'étais retourné à El Obeïd. Les Arabes qui n'avaient en somme à se plaindre que de l'exagération du tribut qui leur était imposé, avaient fait seulement quelques difficultés au moment de sa perception et étaient promptement rentrés dans l'obéissance; cependant je ne jugeai pas à propos de retourner dans ces régions et me décidai à revenir au Darfour.

En arrivant à Kaga-Katoul, j'appris que le gouverneur général du Soudan, Ismaïl Pacha Ayoub, qui résidait alors à Fasher, avait publié un arrêté interdisant absolument à tout étranger de pénétrer dans le Darfour dont les routes commerciales étaient encore peu sûres, le pays n'étant occupé militairement par l'Egypte que depuis peu de temps et ne pouvant être considéré comme soumis que dans une très-faible partie.

Je retournai donc directement à Khartoum où je fis la connaissance d'Emin Pacha (alors Docteur Emin) qui était arrivé quelques jours auparavant avec un certain Charles de Grimm.

Emin et moi adressâmes alors à Gordon Pacha, à cette époque gouverneur général des Provinces Equatoriales et résidant à Ladó, une lettre dans laquelle nous lui demandions l'autorisation de visiter ses domaines, et, notre lettre partie, nous attendîmes sa réponse. Ce n'est que deux mois plus tard que cette réponse nous arriva; Gordon nous invitait à nous rendre à Ladó.

Mais dans l'intervalle j'avais reçu de Vienne des lettres de ma famille qui me suppliait de rentrer en Europe; je souffrais aussi de la fièvre et, de plus, je devais, l'année suivante, accomplir mon service militaire ; je pris donc la résolution de céder au désir de ma famille.

Le docteur Emin se rendit à l'invitation de Gordon et partit pour le Sud ; peu de temps après, Gordon le nommait bey et gouverneur de Ladó, et lorsque Gordon Pacha dut quitter les Provinces Equatoriales, il choisit Emin pour le remplacer dans le gouvernement de ces provinces. Emin remplissait encore ces fonctions lorsqu'en 1889, Stanley vint l'arracher à sa difficile situation pour le conduire à Zanzibar.

Pour moi, traversant le désert de Bayouda, et passant par Dongola et Wadi-Halfa, j'arrivai en Egypte et de là je gagnai l'Europe où j'arrivai dans l'automne de 1876.

Comme dès cette époque j'avais pris la ferme résolution de retourner au Soudan, je fus enchanté de la proposition que me fit Gordon Pacha, en Juillet 1878, proposition qui me permettait de renouer mes relations avec Emin et Giegler Pacha. Je dus cependant prendre patience et attendre, pour répondre à l'invitation qui m'avait été adressée, que la campagne de Bosnie fut terminée.

Dans les premiers jours de Décembre 1878, mon régiment rentra en garnison à Presbourg ; comme officier de réserve je demandai et j'obtins aisément un congé avec autorisation de voyager dans le Soudan. Je passai seulement huit jours dans ma famille et quittai Vienne le 21 Décembre 1878 pour aller m'embarquer à Trieste.

Au Caire, je reçus de Suez un télégramme de Giegler Pacha, (alors Giegler bey) qui était parti quelques jours avant mon arrivée ; il allait à Massawah où, en qualité d'Inspecteur Général des Télégraphes du Soudan, il allait inspecter la ligne de Massawah-Khartoum. Dans son télégramme il m'invitait à faire avec lui le voyage jusqu'à Souaki et j'acceptai avec joie cette invitation toute gracieuse.

A Souakim nous dûmes nous séparer; Giegler continuait sa route sur Massawah en bateau à vapeur; moi, j'avais à faire mes préparatifs pour me rendre à dos de chameau à travers le désert jusqu'à Berber. Grâce à la bienveillante intervention de Alá-ed-Din Pacha, gouverneur de Souakim (le même qui plus tard, étant gouverneur général du Soudan, accompagna le général Hicks au Kordofan où il trouva la mort), je pus promptement me mettre en route pour Berber; de là, sur une barque que le général Gordon avait fait tenir à ma disposition, je repartis pour Khartoum où j'arrivai au milieu de Janvier 1879.

Gordon Pacha me reçut de la façon la plus cordiale et m'assigna pour logement la maison d'Ali effendi située vis-à-vis de la façade Sud de son palais. Dans nos entretiens journaliers il m'assura a maintes reprises de ses sympathies pour les officiers autrichiens qu'il avait appris à connaître au cours des travaux de la Commission du Danube, à Toultscha. Il me disait, en souriant, combien il regrettait que nous eussions échangé contre des uniformes bleus nos uniformes blancs qu'il considérait comme beaucoup plus commodes et plus élégants

Au commencement de Février, il me nomma inspecteur des finances avec mission de parcourir le pays et de rechercher pour quels motifs les habitants du Soudan se plaignaient des impôts, très modérés cependant, tandis que, de son côté, le Gouvernement se demandait pourquoi les revenus de la province étaient si faibles et tout à fait hors de proportion avec l'étendue et la richesse du pays.

Je me rendis donc à Fazogl par Mussellemie et Sennaar, visitai les montagnes de Kehli, Rigreg et Kashankero et parvins jusque dans le voisinage des Beni Shangol. Puis j'adressai mon rapport à Gordon Pacha.

Je lui exposais d'abord que la répartition de l'impôt, établie constamment sous l'influence des notables indigènes, manquait absolument d'équité. Le poids de la taxe pesait surtout sur le pauvre et sur le petit propriétaire, alors que les détenteurs de domaines considérables savaient toujours trouver auprès des fonctionnaires le moyen le plus convenable pour faire réduire à un minimum dérisoire le taux de leurs contributions. Cette inégalité se faisait sentir, encore aggravée, dans le monde des affaires où les charges imposées au petit commerce étaient extraordinairement lourdes, tandis que les gros capitalistes jouissaient d'immunités absolument injustifiées. Et non seulement la répartition des impôts était inique, mais encore il se produisait au cours de la perception des taxes les plus criantes injustices. Cette perception était effectuée par les soldats, les Bachi Bonzouks et fréquemment aussi par les Sheikhiehs, tribu originaire de Dongola. Le but de chacun de ces intermédiaires était surtout de s'enrichir le plus vite possible et par tous les moyens; le reste n'avait à leurs yeux qu'une importance secondaire. Je pouvais bien signaler ces abus mais j'étais incapable d'y porter remède; il me manquait de plus, pour obtenir un résultat positif, l'initiation administrative et la vocation nécessaire; je demandai donc d'être relevé de mes fonctions.

Pendant ce temps, Gordon Pacha était parti pour le Darfour afin de pouvoir, en se tenant plus près du théâtre des opérations, suivre les progrès de la campagne entreprise contre Soliman woled (fils de) Zobeïr. Sur sa proposition, Giegler avait été nommé Pacha et vice-gouverneur général. C'est donc au Darfour que j'envoyai à Gordon mon rapport et ma démission

J'eus souvent, pendant mon voyage d'inspection, l'occasion de constater des situations singulières et des manières de voir au moins étranges. Je me trouvai fréquemment en rapport avec d'anciens employés du gouvernement, des Soudanais, des Sheikhieh surtout, et même des Turcs devenus possesseurs des propriétés les plus belles et qui étaient absolument exonérés des taxes. A mes observations, ces propriétaires privilégiés répondaient invariablement qu'ayant rendu autrefois des services au gouvernement, il était de toute justice qu'on les exemptât de l'impôt. J'étais fort mal reçu lorsque je voulais leur expliquer que les services qu'ils avaient pu rendre, s'ils en avaient rendu quelqu'un, leur avaient été depuis longtemps payés, et je dus faire mettre en prison plusieurs d'entre eux pour les contraindre à payer l'impôt.

A Mussellemié, la ville la plus importante de la région comprise entre le Nil bleu et le Nil blanc (le Ghézireh), et le point central du commerce des régions méridionales, je trouvai des quartiers remplis de jeunes filles esclaves qui exerçaient là leur hideux métier pour le compte de leurs maitres, les plus riches et les plus influents marchands du Soudan. Le gain produit par ce genre d'affaires, d'une moralité plus que douteuse, était sans contredit d'une importance considérable, mais je n'avais aucunement le désir de me casser la tête pour établir un mode de taxation applicable à « cette matière imposable », et ce fut avec une joie réelle que je reçus enfin de Gordon la dépêche m'annonçant que je cessais d'exercer les fonctions d'inspecteur des finances. J'étais ainsi délivré de tout souci ultérieur et n'avais plus à me préoccuper du moyen d'établir, de répartir et de percevoir les impôts anciens, non plus que d'en inventer de nouveaux, tache tout à fait en dehors de mes goûts et de mes aptitudes.

Quelques jours plus tard, je reçus de Gordon une lettre me nommant Moudir (Gouverneur) de Dara, région sud-ouest du Darfour. Le général me donnait en même temps l'ordre de rejoindre immédiatement mon poste, afin de tenir tête au prétendant, le Sultan Hassan, qui, descendant des anciens rois, aspirait à reconquérir le domaine de ses pères dont l'Egypte s'était emparée.

Gordon me faisait savoir en outre qu'il revenait du Darfour et desirait me rencontrer sur la route, entre El-Obeïd et Dourrah el Khadrah. Aussitôt je m'embarquai sur l'un des bateaux à vapeur qu'on tenait toujours prêts pour Gordon Pacha et partis pour Dourrah el Khadra où j'avais déjà envoyé mes chameaux. De Dourrah j'allai à cheval au bureau télégraphique d'Abou Garad, situé à 11 kilomètres environ et qui forme en même temps la station frontière de Kordofan. A Abou Garad, j'appris que Gordon n'était plus qu'à 30 ou 40 kilomètres de là, sur la route de Dourrah el Khadra. Je partis sur le champ et, après environ deux heures de course rapide, je trouvai le général reposant à l'ombre d'un arbre. Il me reçut de la façon la plus affable, mais je le trouvai malheureusement très épuisé et fort affaibli par les pénibles et interminables chevauchées. Les courses continuelles avaient déterminé des plaies assez étendues aux cuisses et aux jambes. Il avait dû même, pendant des journées entières, se priver de boissons réconfortantes.

Par bonheur, j'avais apporté avec moi, sur le vapeur, quelques bouteilles de Henisson, tirées de ses propres réserves. Il m'engagea à l'accompagner à Dourrah el Khadra, où il avait à me donner quelques ordres complémentaires concernant mes nouvelles fonctions, et à me faire certaines communications sur la situation actuelle de la contrée.

En même temps, il me présenta les personnes de sa suite: Hassan Pacha Hilmi el Djoeser, ancien gouverneur du Kordofan et du Darfour et Youssouf Pacha el Shellali, qui, s'étant brouillé avec Gessi, lors de l'entreprise contre Soliman woled Zobeïr, avait demandé à Gordon de l'emmener avec lui à Khartoum.

Gordon Pacha ayant donné le signal du départ, prit les devants, suivant son habitude, à une telle allure que nous avions peine à le suivre. Nous arrivâmes bien vite à Dourrah el Khadra, où nous retrouvâmes les chameaux et les bagages du Gouverneur général que celui-ci avait envoyés en avant pendant la halte.

La rive du fleuve était peu profonde et les vapeurs qui avaient dû mouiller au large envoyèrent un canot pour nous conduire à bord. Dans la barque, je me trouvai assis près de Youssouf el Shellali qui était vêtu d'un léger costume de treillis gris ; comme il avait avec lui un gobelet, je lui demandai de me puiser un peu d'eau dans le fleuve. Gordon Pacha, en souriant m'avertit en français que Youssouf, malgré son teint foncé, était Pacha et par conséquent occupait un rang de beaucoup plus élevé que moi, qui n'étais que Moudir (Gouverneur) de Dara, il n'était donc pas correct de ma part de lui demander ainsi de l'eau. Je m'excusai aussitôt auprès de Youssouf expliquant que c'était par simple distraction que je lui avais demandé un semblable service. Il m'assura amicalement qu'il était tout prêt à rendre service à moi ou à n'importe lequel de ses compagnons.

Gordon et moi, nous montâmes sur l' « Ismaïlia » tandis que Hassan Pacha el Djoeser et Youssouf el Shellali se rendirent sur le « Borden ».

Je restai avec le général jusqu'au soir. Gordon me mit au courant de la situation du Darfour exprimant l'espoir de voir se terminer bientôt la guerre engagée avec le Sultan Haroun, et cette malheureuse contrée, qui servait depuis tant d'années de théâtre aux combats les plus terribles, jouir enfin d'un peu de repos. Il était persuadé aussi que Gessi terminerait rapidement la campagne entreprise contre Soliman woled Zobeïr qui, pressé par les circonstances, allait se voir contraint ou de se rendre ou de succomber. Après la défection des Basinger (esclaves noirs dressés à se servir des armes à feu) et les défaites continuelles qu'il avait éprouvées, il n'était plus permis à Soliman de compter sur la victoire.

A 10 heures du soir Gordon me congédia ; ordre était déjà donnée aux vapeurs de mettre sous pression, car il voulait se mettre en route cette nuit-même.

« Portez-vous bien, mon cher Slatin, me cria-t-il encore de loin, que Dieu vous protège! Je suis convaincu qu'en toute circonstance vous ferez tout ce qu'il vous sera possible de faire. Bientôt peut-être je partirai pour l'Angleterre et j'espère vous revoir à mon retour ».

Ce furent les dernières paroles que j'entendis de sa bouche. Qui pouvait prévoir alors le sort affreux qui l'attendait.

Plein d'émotion, je le remerciai de sa sympathie et de l'appui qu'il m'avait en tout temps accordé et je restai sur le rivage pendant près d'une heure attendant que le sifflet strident du vapeur eut annoncé qu'il avait levé l'ancre.

Gordon était parti. — Je ne devais plus le revoir vivant!

Le lendemain, dès le matin, je partis monté sur le cheval dont Gordon m'avait fait présent: c'était un magnifique étalon alezan de la race de Hamour qui me rendit les plus fidèles services pendant quatre années, jusqu'au moment de la reddition du Darfour.

Traversant Abou Garad, Halba Abou Shok et Khursi, je galopais jusqu'à El Obeïd où je rencontrai le Docteur Zurbuchen, inspecteur sanitaire du Soudan qui s'en allait en inspection dans le Darfour et voulut faire la route avec moi. Nous nous étions déjà connus au Caire et je fus vraiment heureux de l'avoir pour compagnon jusqu'à Dara. Aly bey Cherif, l'ancien gouverneur du Kordofan, nous procura des chameaux qui, moyennant finances, devaient transporter nos bagages jusqu'au Darfour.

Le jour du départ Aly bey Cherif me communiqua une dépêche qu'il venait de recevoir de Foga, station extrême des télégraphes du Soudan sur la frontière orientale du Darfour, dépêche qui annonçait que Soliman woled Zobeïr avait succombé à Djerra le 15 Juillet 1879. Ainsi se trouvaient réalisées les prévisions de Gordon.

* * *

Il ne serait peut-être pas inutile de retracer ici à grands traits les causes, les péripéties et les conséquences de cette campagne bien qu'elles soient, sans aucun doute, déjà connues en grande partie.

Après la conquête du Darfour, en 1874, la partie méridionale du pays, c'est-à-dire les régions de Dara et Shakka, avait été assignée par le gouverneur général Ismaïl Pacha comme domaine de Zobeïr auquel avait été conféré le titre de Pacha. Zobeïr qui toujours était en hostilité avec Ismaïl Pacha auquel il avait souvent reproché les impôts qui pesaient sur le pays, sollicita du Khédive l'autorisation d'aller au Caire l'assurer personnellement de sa fidélité et de son attachement, et, dès que cette autorisation lui eut été accordée, il partit.

Peu de temps après, le gouverneur général Ismaïl Pacha Ayoub, quitta également à son tour le Darfour et Hassan Pacha el Djoeser restait dans la province en qualité de Moudir Oumoum (gouverneur en chef).

Avant son départ, Zobeïr Pacha avait désigné comme son représentant auprès de ses partisans son fils, Soliman woled Zobeïr encore très jeune et qui reçut l'ordre de se rendre à Shakka.

Gordon Pacha, nommé gouverneur général du Soudan, en remplacement d'Ismaïl Ajoub, entreprit une tournée d'inspection et poussa jusqu'au Darfour. Ce pays, poussé par le prétendant au trône, le sultan Haroun sef el Din, commençait à se soulever contre le régime un peu sévère du gouvernement égyptien. Gordon voulait se montrer dans la contrée et, par sa présence et son habile intervention éprouvée tant de fois, calmer les esprits surexcités.

Arrivé à Faga le 7 Juin 1877, il avait envoyé à Soliman woled Zobeir l'ordre de venir conférer avec lui à Dara. Gordon avait appris que Soliman se plaignait de la situation qui lui était faite et de l'opposition que l'on mettait au retour de son père, retenu au Caire par le gouvernement égyptien. Zobeïr Pacha, disait-on, avait écrit du Caire à son fils et à ses partisans des lettres leur recommandant de secouer à toute occasion le joug de la domination égyptienne, et comme Soliman disposait d'une force militaire considérable, on se voyait contraint de compter avec lui.

Le gouverneur général se rendit par la route d'Ouman Shanger à Fasher où il donna les ordres et les instructions nécessaires pour la mise en état de défense de la capitale, et, après une halte de quelques jours à Fasher, il partit pour Dara.

Dans l'intervalle Soliman woled Zobeïr était arrivé de Shakka à Dara, avec 4000 Basingers commandés par les parents et les partisans de son père; il avait pris position dans la plaine, au sud-ouest des remparts.

On était loin d'être d'accord dans le camp de Soliman.

Les troupes prétendaient que le Darfour avait été conquis réellement par elles et occupé, seulement après cette conquête, par les Egyptiens. Par suite elles trouvaient injuste l'obligation qui leur était imposée d'abandonner le Darfour et de retourner à Shakka, abandonnant ainsi aux employés turcs et égyptiens cette riche contrée conquise grâce à leur énergie.

De plus, Soliman et les alliés de son père se montraient irrités de la séquestration tout à fait injuste à leur avis de Zobeïr Pacha au Caire, et désiraient obtenir son retour par n'importe quel moyen.

Les chefs des troupes de Zobeïr, pour la plupart des Djaliins et d'anciens marchands d'esclaves, avaient acquis leur pouvoir et la considération dont ils jouissaient par leur courage et les succès qu'ils avaient remportés dans le Bahr-el-Ghazal où ils avaient conquis des provinces entières. Ignorants des moyens d'action dont dispose un gouvernement régulièrement organisé, ils se croyaient invincibles. En outre, il plaisait à leur naturel enclin à la rapine et à la violence, de ne chercher le succès que par les armes.

C'est dans ces dispositions que l'on tint conseil sur ce qu'il convenait d'entreprendre contre le gouvernement égyptien et sur l'attitude à tenir lors de l'arrivée prochaine de Gordon.

Quelques têtes chaudes étaient d'avis d'attaquer immédiatement la garnison de Dara, garnison tout à fait insignifiante en comparaison des forces dont eux-mêmes disposaient. D'autres voulaient attendre l'arrivée de Gordon et de son escorte, l'attaquer à l'improviste et le prendre vivant, si possible, afin de l'échanger contre Zobeïr Pacha. Si dans l'action Gordon était tué, alors le sort en serait jeté. Un petit nombre seulement conseilla l'obéissance et la soumission au gouvernement.

Grâce à ce désaccord aucune résolution définitive ne fut prise.

Pendant qu'on délibérait ainsi, Gordon Pacha et son escorte étaient arrivés par Kéroult et Sheria jusque dans le voisinage de Dara, dont ils n'étaient plus éloignés que de six heures de marche. Suivant sa coutume, Gordon allait en avant de son escorte; toujours à cheval il marchait en tête, accompagné seulement de ses secrétaires Tohamy bey et Bosati et de quelque kawas.

Instruit de l'arrivée imminente de Gordon, Soliman woled Zobeïr fit disposer ses troupes sur trois lignes de bataille dont le front s'étendait du campement au rempart de Dara.

Les ordres de Soliman venaient à peine d'être exécutés que, au grand étonnement des soldats et de leurs chefs Gordon Pacha, escorté seulement de cinq hommes montés sur des chameaux, parut devant le front de l'armée, saluant tranquillement à droite et à gauche, et passa au galop se dirigeant vers les remparts. On lui rendit les honneurs réglémentaires et, avant même que le canon eût cessé de gronder, le général envoyait à Soliman woled Zobeïr et aux chefs de ses troupes l'ordre de se rendre auprès de lui.

Nour Angerer Hakar fut le premier à répondre à l'invitation du général : Saïd Hussein suivit bientôt son exemple et Soliman Zobeïr lui-même, reconnaissant que l'occasion propice à l'exécution de ses projets était passée, arriva à son tour accompagné des autres chefs qui ne voulaient pas l'abandonner. Après les salutations d'usage Gordon fit servir à Soliman le café et les cigarettes, le questionna avec intérêt sur sa situation et lui promit de lui accorder, autant qu'il serait possible, tout ce qu'il désirait. Puis, ayant congédié les chefs en recommandant à chacun d'eux de retourner auprès de ses troupes, il retint seulement Soliman Zobeïr. Il lui déclara alors qu'il savait de bonne source qu'il avait eu l'intention de le combattre personnellement, lui Gordon, et lui conseilla de ne point prêter l'oreille à des insinuations perfides. Il lui fit comprendre qu'il y avait plus à gagner à rester tranquillement soumis aux ordres du gouvernement égyptien qu'à prendre une attitude hostile. Il termina en lui pardonnant, à cause de sa jeunesse et son inexpérience et en exprimant l'espoir qu'il comprendrait la gravité de la faute qu'il avait commise; après quoi il l'autorisa à rejoindre ses troupes dont le commandement lui fut laissé et l'engagea énergiquement à se conformer scrupuleusement aux ordres qu'il pourrait recevoir.

Dans l'intervalle, l'escorte de Gordon avait à son tour franchi les remparts et, quelques instants après, Gordon manda de nouveau Saïd Hussein pour s'entretenir en particulier avec lui sur la situation. Saïd Hussein déclara que Soliman, mal conseillé par quelques têtes chaudes, était encore disposé, malgré le pardon qu'il venait d'obtenir, à poursuivre l'exécution de ses desseins, c'est-à-dire délivrer son père et se créer par les armes une situation prépondérante. Gordon congédia Saïd Hussein après l'avoir nommé Moudir de Shakka et lui prescrivit de rejoindre son poste le lendemain avec les chefs et les soldats, mais de tenir encore pendant quelques heures sa nomination secrète.

Nour Angerer Hakar fut ensuite appelé. Aux reproches que lui adressa le général, il répondit en reconnaissant, lui aussi, que Soliman Zobeïr faisait fausse route et marchait à un résultat déplorable pour lui-même et pour eux tous; il déclara que le jeune Soliman ne tenait aucun compte de leurs conseils et ne songeait qu'à exécuter ses desseins personnels, ne se rendant qu'aux avis de quelques cerveaux surexcités. Gordon, plein de confiance dans la déclaration de Nour Angerer, le nomma gouverneur de Sirga et Areba, dans le Darfour oriental, lui prescrivant de partir aussi le lendemain avec Saïd Hussein et d'amener tous les hommes placés sous ses ordres, ainsi que ceux qui voudraient se joindre à lui.

Soliman ayant appris comment les choses tournaient, fit à Saïd Hussein et à Nour Angerer Hakar de violents reproches, les accusant d'ingratitude envers son père prisonnier lequel, par sa bonté et sa bienveillance, les avait élevés à la situation qu'ils occupaient; mais ils lui repondirent que Zobeïr leur devait plus de reconnaissance qu'ils ne lui en devaient eux-mêmes, et qu'il n'avait conquis la renommée dont il jouissait que grâce à leurs fidèles services.

C'est sur ces mutuels reproches que Saïd Hussein et Nour Angerer se séparèrent de Zobeïr, les deux premiers quittant Dara pour rejoindre leurs postes avec leurs troupes conformément aux ordres de Gordon.

Après leur départ, Gordon Pacha fit appeler Soliman Zobeïr et les chefs restés avec lui. D'abord Soliman, emporté par son orgueil juvénile, refusa de se rendre à cet appel, mais, après quelques instants de réflexion, il céda aux conseils de ses compagnons dont le courage était considérablement abattu, et qui peu à peu comprenaient qu'une plus longue résistance pouvait avoir pour eux les plus funestes conséquences; tous se rendirent chez le gouverneur général qui se mit à expliquer à Soliman de la façon la plus aimable que pour son compte il n'avait rien à craindre; que la nomination de Saïd Hussein et de Nour Angerer n'avait eu d'autre but que de montrer à Soliman combien il s'était trompé dans ses prévisions en fondant la réalisation de ses desseins sur la fidélité et l'attachement de ses troupes. Il l'exhorta de nouveau à la soumission et lui fit comprendre que le gouvernement possédait assez de places et de domaines à distribuer pour remplir ses désirs les plus ambitieux. Quant à son père qui vivait au Caire, comblé d'honneurs et au milieu des relations les plus brillantes, il lui fallait prendre encore patience avant de le revoir. Enfin, il lui donna l'ordre de se rendre à Shakka et de l'y attendre.

Le lendemain, Soliman reçut des instructions complémentaires pour Saïd Hussein qui devait fournir tout ce dont il aurait besoin pour son entretien et pour l'entretien de ses troupes. Le jour suivant, Soliman se mit en route.

Ainsi Gordon Pacha, grâce à la faculté qu'il possédait de saisir rapidement et clairement le sens de chaque situation, grâce à la promptitude de ses décisions, avait, en deux jours à peine, résolu cette question épineuse et évité une lutte qui aurait pu l'entraîner facilement à de sérieux embarras, d'autant plus que le Darfour était encore en pleine effervescence et que Gordon ne disposait que de forces très inférieures.

Le gouverneur général partit à son tour, se rendit à Fasher et à Kabkabia et, par l'habilité qu'il déploya dans ses rapports avec les habitants, aussi bien que par sa générosité extraordinaire, gagna les sympathies d'un grand nombre de rebelles. Où ce fut nécessaire, il prit ses dispositions pour apaiser les émeutes et organiser administrativement les pays; enfin en Septembre 1877, il partit pour Shakka, par la route de Dara.

Là, il nomma Soliman Zobeïr, qui semblait s'être rendu à ses exhortations, gouverneur du Bahr-el-Ghazal, ancien domaine du père de Soliman, avec le titre de bey. Cette nomination rendit tout joyeux Soliman qui remercia Gordon de ce témoignage de confiance; un grand nombre d'esclaves qui, le croyant en disgrâce, avaient rejoint Saïd Hussein à Dara, revinrent auprès du fils de leur ancien maître si bien que Soliman, en rejoignant son poste, pouvait disposer de forces imposantes.

A son arrivée à Dem Zobeïr, chef-lieu du Bahr-el-Ghazal et ainsi nommé d'après son père, Soliman lança une circulaire avisant les colonies de sa nomination comme Moudir; en même temps, il envoya à Idris woled Dabter l'ordre de venir lui présenter ses rapports et rendre ses comptes. Idris était un Dongolais qui, lors du séjour de Zobeïr Pacha au Darfour, administrait en qualité d'intendant la province du Bahr-el-Ghazal.

Cette province, habitée aujourd'hui par différentes tribus de nègres, était autrefois gouvernée par des chefs indigènes. Les tribus des Djaliin et des Danagla qui habitaient les bords du Nil, avaient dans leur chasse aux esclaves pénétré dans le pays et en avaient peu à peu pris possession. Les Djaliin font remonter leur origine à Abbas, oncle du Prophète, et sont très fiers de cette illustre descendance; aussi regardent-ils avec mépris les

Danagla qu'ils considèrent comme les descendants de l'esclave Dangal. Ce Dangal, d'après la tradition, s'était, quoique esclave et tributaire de l'évêque copte de Bahnasa, élevé à la dignité de gouverneur de Nubie; tout le pays qui s'étend depuis la ville actuelle de Sarras jusqu'à Debba et Meroë, était sous sa domination. Cet esclave fonda la ville qui porte de lui le nom de Dankala (Dongola) et dont les habitants furent appelés Danagla (Dongolais). Ceux que l'on désigne aujourd'hui sous ce nom, sont pour la plupart des Arabes immigrés qui, dans le cours des temps, se sont mélangés aux indigènes. Tous cherchent à faire remonter leur origine aux tribus arabes libres et à repousser la tradition qui en fait les descendants d'un esclave. Malgré cela, le nom de Danagla est pour les Djaliin une épithète méprisante.

Il est indispensable de bien saisir les rapports existant entre ces deux tribus pour comprendre clairement ce qui va suivre.

Idris woled Dabter, avisé par ses amis, usa de fauxfuyants. Là, comme partout ailleurs, des intrigants cherchèrent à accroître l'antipathie et le désaccord qui se faisaient jour pour tirer profit de la discorde. Et comme on était arrivé à convaincre Idris Dabter que Soliman Zobeïr userait de son pouvoir de moudir pour le faire arrêter, Idris s'enfuit à Khartoum. Là, il accusa Soliman de considérer comme sa propriété personnelle la province du Bahr-el-Ghazal dont, disait-il, il avait pris possession aux lieu et place de son père. Il l'accusait en outre de n'employer les revenus de la province qu'en faveur de lui-même et de ses compatriotes, les Djaliin, tandis que les autres tribus et particulièrement les

Danagla étaient préservés et qu'on employait tous les moyens imaginables pour les ruiner et les affaiblir.

A l'appui de ses accusations, Idris présenta des pétitions signées de nombreux commerçants et marchands d'esclaves établis dans le Bahr-el-Ghazal et par lesquelles ils demandaient au gouvernement de destituer Soliman Zobeïr et de le remplacer par un autre fonctionnaire.

Grâce à l'influence de ses parents et de ses protecteurs, Idris arriva à ses fins; la déposition de Soliman fut décidée et Idris lui-même nommé à sa place; celui-ci s'engageait à livrer chaque année au gouvernement une certaine quantité d'ivoire et de gomme arabique, et à envoyer également chaque année à Khartoum un certain nombre de Basingers qui seraient incorporés dans l'armée régulière égyptienne. De son côté le gouvernement voulant donner au nouveau gouverneur quelque autorité et un prestige nouveau, lui accorda une garde de deux cents hommes d'infanterie régulière, sous les ordres de Abdes Sid effendi.

Idris partit donc de Khartoum, remonta le Nil blanc depuis le Bahr-el-Ghazal jusqu'à Neshra er Rek et de là se rendit à Ganada, pour informer Soliman Zobeïr de sa destitution. Au reçu de la nouvelle et du décret annonçant qu'il était remplacé par Idris Dabter, Soliman Zobeïr réunit ses parents et ses partisans et leur déclara nettement que jamais il ne se soumettrait à un ordre aussi inique; depuis son arrivée dans le Bahr-el-Ghazal, ajoutait-il, il n'avait rien entrepris qui pût autoriser le gouvernement à lui enlever, sur un simple soupçon, une charge qui lui revenait de droit. En cela Soliman était dans l'erreur; son père avait, il est vrai, conquis le Bahr-el-Ghazal, mais cette province appartenait au gouvernement et Soliman ne pouvait prétendre à la gouverner.

Dans une lettre qu'il écrivit à Idris Dabter, Soliman l'accabla de reproches lui reprochant son ingratitude et l'accusant d'agir contre toutes les lois de l'honneur; s'il en eut été autrement, en effet, jamais il n'aurait eu recours à de pareils moyens pour atteindre son but; il montrait la plus noire ingratitude envers Zobeïr, le père de Soliman, qui avait toujours protégé Idris et l'avait même pris comme son lieutenant dans le Bahr-el-Ghazal alors que lui Zobeïr était parti pour le Darfour.

Nommé Moudir du Bahr-el-Ghazal par Gordon Pacha, Soliman n'avait-il pas usé de son droit en exigeant qu'Idris lui rendit compte de ses actes? Mais Idris, au lieu d'obéir, était allé à Khartoum où il avait réussi par ses intrigues, à se faire nommer moudir à sa propre place. Soliman répétait enfin, dans sa lettre, que jamais il ne se soumettrait à un ordre aussi injuste. Idris répondit à Soliman en lui envoyant un ultimatum lui enjoignant de se soumettre aux ordres du gouvernement, le menaçant, s'il n'y consentait pas, d'être traité en rebelle.

Soliman pour toute réponse déclara qu'il ne céderait qu'à la force et qu'il était toujours prêt à laisser aux armes la liberté de décider qui serait gouverneur du Bahr-el-Ghazal.

Une guerre devenait ainsi inévitable. Les marchands, craignant pour leur vie et pour leurs richesses, se virent dans l'obligation d'opter pour l'un des deux partis afin de sauvegarder leurs intérêts.

Les Djaliin, qui avaient intérêt à ce que Soliman restât à la tête du gouvernement de la province, se déclarèrent pour lui, tandis que les Danagla et les marchands appartenant aux autres races et qui formaient la minorité, embrassaient le parti d'Idris Dabter. Celui-ci voyant son adversaire disposé à recourir aux armes pour garder le pouvoir, laissa son frère Ottoman Dabter en garnison à Ganda avec deux cents hommes de l'infanterie régulière commandés par Abdes Sid et un grand nombre de Basingers, et lui-même, escorté d'une petite troupe de Basingers, alla rassembler ses compatriotes et leurs esclaves armés pour prendre l'offensive contre Soliman Zobeïr. Soliman poussé par ses amis et par les Djaliin qui haïssaient les Danagla et n'auraient jamais consenti à se plier à leur autorité, saisit avec joie l'occasion, qui répondait d'ailleurs à ses plus secrets désirs, de reconquérir par les armes l'indépendance rêvée.

Il concentra ses forces à Dem Zobeïr et pendant qu'Idris Dabter était occupé à réunir ses partisans et ses compatriotes, il attaqua à l'improviste Ganda. Malgré la défense héroïque de la garnison commandée par Ottoman Dabter et par Abdes Sid effendi, la forteresse fut enlevée d'assaut dans les premiers jours de l'année 1878 par Soliman qui disposait de forces supérieures. Ottoman fut tué et avec lui un grand nombre de défenseurs de la ville ; bien peu réussirent à s'échapper. Sur l'ordre de Soliman, les fortifications, les maisons, les huttes furent incendiées et les morts jetés aux flammes en même temps que les ennemis blessés. Ainsi le sort en était jeté et toute entente cordiale entre les deux partis était devenue impossible.

Après un tel échec Idris Dabter comprenant que ses partisans auraient grand peine à remporter quelque succès par les armes, s'enfuit jusqu'à Khartoum où il apporta la nouvelle de l'insurrection de Soliman qui s'était déclaré indépendant dans le Bahr el Ghazal.

Cependant Soliman adressait aux principaux commerçants résidant dans le Bahr el Ghazal, tels que: Gessaoui Abou Amouri de Dembo, Arbab Zobeïr woled El Fahl de Golo, etc., ainsi qu'aux marchands d'esclaves une circulaire les informant qu'il avait pris l'offensive contre le gouvernement égyptien et les invitant à se joindre à lui pour la défense commune. On peut voir dans ce fait une preuve que Soliman savait fort bien que le gouvernement n'abandonnerait pas ainsi sans protestation des provinces qui lui étaient particulièrement précieuses.

Les Danagla qui n'avaient aucune grâce à attendre des Djaliin se préparèrent à la défense. Gessaoui Abou Amouri et Arbab Zobeïr el Fahl, un Djaliin de sang noble, restèrent neutres, désirant comme d'autres marchands de moindre importance, éviter toute difficulté avec le gouvernement.

Dans l'intervalle, Romolo Gessi (¹), l'officier bien connu, avait été nommé à Khartoum commandant de l'expédition contre Soliman Zobeïr. Accompagné de Youssouf el Shellali et d'une quarantaine de soldats et d'officiers subalternes, il s'embarqua sur un bateau à vapeur pour rejoindre son poste; à Fashoda il fut renforcé de deux

---

(¹) Romolo Gessi, né en 1831 à Constantinople, combattit en Crimée à côté des Anglais et y fit la connaissance de Gordon qui l'appela en 1874 au Soudan où, après diverses campagnes, il fut enfin nommé gouverneur de la province du Bahr el Ghazal.

compagnies et il reçut à Lado et à Makraka un renfort de troupes régulières et irrégulières. A Gaba Shambé, il trouva des fusils Remington et des Basinger de sorte que là déjà il disposait d'une force de près de 2500 fusils.

En Juillet 1878, Gessi qui n'avait rien pu entreprendre contre Soliman pendant la saison des pluies, se rendit à Rumbeck et envoya à Gessaoui et à Arbab Zobeïr El Fahl l'ordre écrit de venir le rejoindre. Ceux-ci obéirent aussitôt et lui envoyèrent un renfort de 2500 hommes environ. Gessi recevait en outre des petits marchands et des Basinger dispersés d'Idris Dabter, des renforts continuels si bien qu'au commencement de Décembre, la saison des pluies étant passée et le sol étant redevenu praticable, il put se mettre en marche sur Ganda, avec une armée de plus de 7000 hommes. Il possédait en outre deux canons et plusieurs obusiers. A la même époque, Moustapha Bey Abou Shera était, sur l'ordre de Gordon, parti pour Shakka afin de remplacer dans son commandement Saïd Hussein en qui on ne pouvait avoir entièrement confiance. Dès que Moustapha Bey fut arrivé à Shakka, Saïd Hussein fut envoyé sous escorte à Khartoum, tandis que les anciens chefs de Zobeïr, Ottoman woled Tai Allah, Mousa woled el Hag, etc., qui se trouvaient à Shakka et à Kallaka, se joignaient à Soliman Zobeïr. Depuis longtemps déjà, Soliman avait réuni ses forces auxquelles vinrent s'ajouter encore quelques milliers d'hommes provenant de petites bandes d'esclaves, surtout des Arabes Risegat et Habania qui, à vrai dire, ne lui furent pas d'une grande utilité, habitués qu'ils étaient à prendre parti pour le plus fort et à ne chercher en tout que leur propre intérêt.

Arrivé à Ganda, Gessi établit une zeriba (un camp) qu'il fortifia et entoura de fossés. D'abord Youssouf el Shellali et les autres se moquèrent de ses précautions, mais bientôt ils eurent l'occasion de se convaincre de l'utilité d'un pareil système de défense.

Le 25 décembre 1878, Soliman dirigea sa première attaque sur Ganda. Malgré leur nombre et leur bravoure les assaillants furent repoussés par Gessi et ses compagnons grâce aux précautions prises. Des deux côtés les pertes furent considérables, mais celles de Soliman Zobeïr furent de beaucoup supérieures à celles de Gessi. Dans l'espace de trois mois, Soliman tenta par quatre fois de s'emparer de Ganda, mais il fut chaque fois repoussé avec de grosses pertes. En mars 1879 Gessi, ayant reçu de Khartoum des renforts et des munitions, put à son tour prendre l'offensive contre Soliman qui dans ses inutiles assauts avait perdu un grand nombre de ses hommes et avait eu à déplorer la mort de ses meilleurs chefs et dont les troupes étaient déjà découragées.

Gessi se porta en avant et fut victorieux dans le combat du 1er mai 1879; les pertes, en comparaison de celles éprouvées précédemment, furent insignifiantes, mais le résultat en fut absolument décisif. Soliman prit la fuite abandonnant les richesses accumulées à Dem Zobeïr. Les Danagla se partagèrent en secret la plus grande partie du butin, sans que leur chef en fut informé et eut donné son consentement.

Soliman était perdu. Il lui fallait ou bien s'enfuir jusqu'au cœur de l'Afrique, ou bien se rendre à merci au gouvernement. Ses richesses et celles de ses chefs étaient tombées aux mains de Gessi, ou plutôt aux mains des Danagla. Soliman devait posséder de six à huit cents femmes, ses chefs et leurs parents on possédaient également plus de cent; les Basinger qui n'étaient pourtant que des esclaves, possédaient eux-mêmes des femmes esclaves. Toutes tombèrent aux mains du vainqueur. D'après les dires des domestiques qui furent faits prisonniers à droite et à gauche ou qui, de leur propre mouvement, vinrent prendre du service auprès des employés du gouvernement, Soliman et ses principaux chefs possédaient encore une fortune importante en or et en agent monnayé.

Il ne pouvait guère en être autrement si l'on réfléchit que tous les chefs de Soliman avaient pris part avec son père Zobeïr au pillage de Dara, de Manoashi (où était tombé le sultan Ibrahim fils du sultan Hussein, le dernier souverain régnant du Darfour), de Fasher, de Kobbé, l'ancienne capitale du Darfour, de Kabkabia, etc. et avaient eu là l'occasion de recevoir un butin considérable en argent et en objets précieux. Les Danagla s'étaient entendus pour cacher tout ce butin à Gessi, qui comprenait à peine l'arabe, et, pour se le partager.

Gessi laissa la plus grande partie de ses forces dans la forteresse abandonnée par Soliman et se mit à la poursuite de celui-ci avec une troupe relativement minime. Soliman s'était refugié avec ses partisans dans les grands territoires de l'ouest et là, il partagea ce qui lui restait d'armée en plusieurs fractions pour rendre plus difficile la poursuite. Grâce à cette manœuvre, Gessi ne put ni s'emparer de lui, ni savoir exactement l'endroit où il s'était retiré. Dans ses expéditions à droite et à gauche, il ne rencontra qu'une troupe des partisans de Soliman, commandée par Rabeh, troupe qu'il battit et dispersa sans grand effort; mais Rabeh put s'échapper. Après de vaines recherches, Gessi rentra à Dem Zobeïr où il reçut l'ordre, ou plutôt la permission de se présenter devant Gordon Pacha dans le Darfour.

Laissant donc le gros de son armée se reposer de ses fatigues à Dem Zobeïr, et accompagné seulement de quelques-uns de ses officiers, parmi lesquels Youssouf el Shellali, Gessi se rendit au Darfour. A Taouesha, station principale de la route des caravanes Dara-Omm Shanger - El Obeïd, il rencontra Gordon. Le général, pendant son second séjour au Darfour, avait appris que des marchands soudanais d'El Obeïd vendaient des armes et des munitions au rebelle Soliman vers lequel ils étaient portés par des raisons particulières et intéressées. Ces marchands étaient des principaux commerçants d'El Obeïd qui souhaitaient dans leur cœur le triomphe de Soliman mais qui en tout cas, pensaient encore plus en opérant ce trafic au bénéfice qu'ils pourraient en retirer. Ces armes étaient démontées par les Gellaba, petits marchands qui les introduisaient en contrebande et, parmi d'autres marchandises dans la province du Bahr el Ghazal, où les rebelles payaient à des prix extravagants les munitions et les armes. Pour un fusil à percussion à deux coups, par exemple, on donnait six ou même huit esclaves; une petite boîte de capsules pouvait en valoir un ou deux. L'argent était rare et les esclaves formaient la valeur régulière d'échange.

Le gouvernement avait donné des ordres pour mettre fin à ce commerce; mais l'exécution de ces ordres était fort difficile, les pays situés entre El Obeïd et le Bahr el Ghazal étaient presque complètement peuplés par des tribus nomades, comme les Arabes Baggara (Baggara veut dire « qui possède des troupeaux de bœufs »), les Haouasma, les Hamr, les Messeria, les Risegat, etc. Aussi était-il fort aisé aux Gellaba, qui ne voyagent qu'en petites troupes, de passer inaperçus dans ces régions couvertes de forêts et très peu peuplées. De plus, les employés du gouvernement étaient corrompus à tel point qu'une caravane, à supposer qu'elle eut été arrêtée, obtenait très facilement la permission de continuer son voyage.

Gordon Pacha fit paraitre son arrêté, supprimant tout commerce entre El Obeïd, Shakka et le Bahr el Ghazal. Les marchands reçurent l'ordre d'abandonner la région située au sud de la route des caravanes El Obeïd-Taouesha-Dara et de restreindre leur trafic, au moins jusqu'à la fin de la lutte engagée entre le gouvernement et Soliman Zobeïr, au Darfour central et septentrional. Mais, bien que les instructions de Gordon furent conçues en termes très sévères, bien que ces ordres eussent été publiés dans toute la contrée, les marchands entraînés par l'espoir d'un gain énorme n'en continuaient pas moins leurs opérations illicites. Et, comme l'ennemi, grâce à cette contrebande, reprenait constamment des forces, le gouvernement dut chercher à supprimer d'une façon quelconque le commerce des armes qui grandissait chaque jour au lieu de diminuer. Gordon donna donc aux Sheikhs des tribus arabes dont nous avons parlé, l'ordre de se saisir de tous les Gellaba qui se trouveraient sur leur territoire et de les mener sous escorte à Dara, Taouesha, Omm Shanger et El Obeïd. En même temps, les sheikhs étaient avertis que, si dans quelque tournée d'inspection ultérieure, on trouvait des Gellaba dans leur district, eux-mêmes seraient tenus pour responsables. Nul ordre ne pouvait être plus agréable à la cupidité des Arabes. Bien que parmi les marchands il s'en trouvât sinon beaucoup, du moins quelques-uns n'exerçant pas la contrebande des armes, on ne pouvait ou on ne voulait guère séparer l'ivraie du bon grain. Les Arabes commencèrent donc une chasse générale et effrenée contre les Gellaba qui, dépouillés de leurs biens, et même de leurs vêtements furent chassés presque nus et par centaines comme des fauves, vers Dara, Taouesha et Omm Shanger.

La punition était sévère, mais il faut reconnaitre que pour la plupart des Gellaba, c'était le juste châtiment de leur complaisance envers l'ennemi auquel ils fournissaient des secours. Depuis de longues années plusieurs Gellaba étaient installés dans ces districts; ils y avaient leur famille, leurs femmes, leurs enfants, des esclaves; tout leur fut enlevé. Terrible vengeance du sort, eux qui jadis exerçaient le fructueux métier de chasseurs d'hommes et de voleurs d'esclaves! Œil pour œil, dent pour dent!

Comme les Gellaba appartenaient presque entièrement à la population agricole de la vallée du Nil, surtout aux Djaliin, ces incidents accrurent davantage encore l'inimitié irréconciliable entre les tribus arabes de l'ouest et les habitants de la vallée du Nil, inimitié qui existe encore aujourd'hui.

Au point de vue de nos idées humanitaires, cette expulsion arbitraire et violente des Gellaba est sujette à critique ; cependant, d'autre part, on doit convenir qu'un état de choses aussi anormal exige également des mesures anormales et que, en ces temps troublés, la raison d'état peut obliger à avoir recours aux moyens les plus violents qui seuls peuvent amener le résultat cherché. L'Arabe lui-même dit : « Nar el ghaba julzim el hariga », expression que nous essayerons de rendre par « pour combattre le feu des prairies, il faut un feu plus violent encore », c'est-à-dire, à la force il faut opposer la force.

Les Gellaba expulsés des districts du sud appartenaient aux populations du Cordofan et de la vallée du Nil (les Djaliin, Sheikieh et Danagla) ; ils avaient quitté leur patrie pour chercher la richesse dans le commerce et la traite des noirs, mais avaient laissé chez eux leurs parents et leurs amis qui prenaient le plus grand intérêt à leur prospérité ; ceux-ci participaient aussi en partie financièrement à leurs entreprises et, par suite s'intéressaient à leur sort.

Aussi l'ordre d'expulsion des Gellaba devait porter une grave atteinte à la considération et à la popularité de Gordon Pacha, auprès des habitants de la vallée du Nil. Quelques-uns sans doute, mais la minorité, comprenaient que les circonstances seules avaient forcé Gordon à recourir à des mesures disciplinaires aussi rigoureuses et que, d'autre part la victoire et l'existence même de l'armée de Gessi étaient incontestablement en jeu.

Dans l'entrevue qu'il eut avec Gordon Pacha à Taouesha, Gessi le mit au courant des évènements qui venaient de se passer et reçut l'ordre de retourner à Dara pendant que Gordon poursuivait sa route sur Khartoum. Youssouf bey El Ghellali qui avait fidèlement servi le Gouvernement sous les ordres de Gessi s'était trouvé en désaccord avec celui-ci à la suite des menées de quelques intrigants et avait obtenu de Gordon l'autorisation de l'accompagner à Khartoum ne voulant plus à aucun prix retourner auprès de Gessi et reprendre du service sous ses ordres. Gordon ne se contenta pas de le prendre avec lui, mais en récompense de ses fidèles services il lui accorda le titre de pacha.

A Dara, Gessi apprit que Soliman Zobeïr avait de nouveau rassemblé ses troupes et, ayant abandonné la province du Bahr-el-Ghazal, se trouvait actuellement dans la région méridionale du Darfour. On pensait qu'il voulait, pour chasser l'étranger du pays, se joindre au sultan Haroun bey Sef ed Din, le descendant direct de la dynastie royale du Darfour, et qui en sa qualité de prétendant au trône avait engagé la lutte contre le Gouvernement. On ne peut affirmer que telle était l'intention de Soliman, mais il est certain que jamais le sultan Haroun n'eut consenti à faire alliance avec lui. Car, ainsi que tous les gens du Darfour, il haïssait Zobeïr et son fils encore plus que les Égyptiens. En comparaison des bandes indisciplinées des Basinger de Zobeïr, les Égyptiens jouissaient dans le Darfour d'une réputation relativement excellente. D'ailleurs Zobeïr et les Égyptiens considéraient le Darfour qu'ils avaient conquis comme leur possession légitime et ne s'étaient fait faute, ni les uns, ni les autres, de se livrer à tous les actes les plus tyranniques et à l'oppression la plus dure.

Gessi qui n'était accompagné que de quelques-uns de ses officiers et avait laissé ses troupes au Bahr-el-

Ghazal demanda à Zogal bey (plus exactement Mohammed bey Khaled), alors chargé des affaires du Gouvernement à Dara, deux compagnies d'infanterie régulière qui furent immédiatement mises à sa disposition sous le commandement du Saghcolaghassi (capitaine de première classe) Mansour effendi Hilmi. Il prit en outre avec lui Ismaïn woled Bernou, Égyptien d'origine, et né au Darfour, qui se distinguait par sa bravoure et sa parfaite connaissance du pays. De Dara il se rendit à Kallaka, résidence des Arabes Habania, et là vit sa petite troupe renforcée par Madibbo bey, sheikh des Risegat et entièrement dévoué au Gouvernement, qui lui fournit quelques centaines de chevaux; de plus, le sheikh des Arabes Habania, Arifi woled Ahmed se mit également à sa disposition.

L'étoile de Soliman Zobeïr pâlissait de plus en plus. Un grand nombre de ses parents et de ses compatriotes, c'est-à-dire les individus appartenant à la population libre de la vallée du Nil l'avaient abandonné pour retourner inaperçus dans leur pays à travers les forêts en suivant la route de Shakka et d'El Obeïd. D'un autre côté, une partie considérable de ses Basinger, affaiblis par la faim et les fatigues résultant des marches et des contremarches exécutées sans plan précis, s'étaient dispersés dans la campagne à la recherche de nouveaux maîtres auprès desquels ils pourraient enfin trouver un peu de repos et une nourriture assurée.

Gessi qui, pendant son séjour à Kallaka, avait été exactement renseigné sur tout ce qui se passait au camp de Soliman, résolut de contraindre ce dernier à se rendre. Il dépêcha donc Ismaïn Bernou qui connaissait depuis longtemps Soliman et avait eu jadis d'amicaux rapports avec son père; c'était bien là l'intermédiaire qu'il convenait le mieux de charger d'une pareille mission à Djerra, où Soliman avait établi son camp.

Par l'entremise d'Ismaïn, Gessi proposait la paix à Soliman, lui promettant s'il voulait se soumettre: la vie sauve pour lui et ses chefs, assurant à tous un traitement honorable et la sécurité entière pour les membres de leurs familles, leurs femmes et leurs enfants. Il ne lui demandait que de livrer les armes et les Basinger, et de prêter un nouveau serment de fidélité au Gouvernement égyptien.

Ismaïn fit comprendre clairement à Soliman que le mieux pour lui était de se soumettre puisqu'il ne pouvait plus compter sur une issue favorable à ses armes. Il ajoutait en confidence que, né dans le pays, lui Ismaïn savait pertinemment que Soliman devait renoncer à toute idée d'une alliance défensive et offensive avec le sultan Haroun.

Soliman Zobeïr tint conseil avec ses chefs : devait-on accepter les conditions proposées et conclure la paix ? Pour la plupart, les officiers de Soliman étaient las de combattre et presque anéantis au physique comme au moral par les nombreuses défaites qu'ils avaient essuyées. Cependant un certain nombre d'entre eux mettait en doute la sincérité des propositions de Gessi et redoutait la rupture de ses engagements. Ismaïn affirma que Gessi était vraiment sincère et désirait personnellement la fin d'une guerre qui avait fait des deux côtés tant de victimes : qu'au surplus il était chargé d'affirmer au nom de Gessi et sous la foi du serment la sincérité des propositions présentées et leur exécution intégrale. A la fin

Soliman et ses chefs consentirent à accepter les propositions de paix ; seul Rabeh, le souverain futur de Bagirmi, fit opposition. « Vous n'ignorez pas, dit-il, qu'avant que nous ayons engagé la lutte contre le Gouvernement, j'ai toujours été d'avis, et les évènements m'ont malheureusement donné raison, que l'insurrection ne pouvait avoir une heureuse issue. En ce qui me concerne, il me serait pénible de me séparer de camarades dont pendant toute une année j'ai partagé les joies et les peines, mais jamais je ne consentirai à me mettre au pouvoir de Gessi qui ne doit ses succès qu'aux Danagla ». Et, après leur avoir rappelé l'inimitié farouche qui séparait les Djaliin des Danagla et les cruautés commises à la prise de Ganda que défendait Othman Dabter, il proposa les deux solutions suivantes:

Ou réunir toutes les forces actuellement disponibles et se porter immédiatement vers l'ouest dans les pays de Banda qui jusqu'alors avaient échappé à toute invasion étrangère ; les milliers de Basinger encore présents et tous remplis de bonne volonté suffisaient pour conquérir ces contrées et les mettre en état de servir à leur but. Gessi et ses hommes, fatigués par une lutte prolongée et pénible ne feraient certainement aucune tentative pour les poursuivre dans ces régions inconnues ;

Ou bien, dans le cas où, tout à fait las de combattre, on aspirerait à se reposer et à vivre au milieu des populations riveraines du fleuve et au milieu de leurs parents les Djaliin qui habitent les bords du Nil demander, directement et sans l'intermédiaire de Gessi la paix et le pardon au souverain du pays, c'est-à-dire au vice-roi d'Egypte, ou tout au moins à Gordon Pacha. Gessi ne leur demandait que de livrer les armes et les Basinger, car depuis la prise de Dem Zobeïr il avait entre les mains toute leur richesse; il ne leur restait plus pour tout bien que la vie et encore finiraient-ils par la perdre plus tard, grâce aux intrigues incessantes des Danagla. Si l'on voulait se contenter d'avoir la vie sauve, on n'avait qu'à laisser là les armes et les Basinger et, sans craindre d'être atteints par Gessi ou ses gens se retirer, par Kallaka et Shakka, à travers des forêts presque inhabitées, sur Foga, poste télégraphique extrême de l'ouest du Soudan, sur la frontière orientale du Darfour; de là on annonçait télégraphiquement sa soumission et l'on implorerait un pardon qui serait certainement accordé. On pouvait aussi de Shakka se diriger par Dar Homr (un peu au nord de Dar Djangé) sur El Obeïd d'où, par l'entremise du parent de Rabeh, Ilija (Elias) pacha woled Omberir, on pouvait demander la paix.

Rabeh finit son discours en déclarant que, si ses propositions étaient repoussées, il se verrait obligé à son grand regret de réunir ceux qui voudraient se joindre à lui et de partir pour l'ouest à la grâce de Dieu. Il répéta encore, avec plus d'énergie, qu'en aucun cas il ne consentirait à se soumettre à la domination de Gessi et des Danagla quelque bienveillantes que pussent paraitre leurs propositions de paix.

Rabeh avait exposé ses récriminations en présence d'Ismaïn, qui s'efforça d'en atténuer l'impression. On n'avait, dit-il, rien de mal à craindre de Gessi; il avait dès le commencement conduit la campagne contre Soliman et son amour propre serait certainement flatté s'il la pouvait terminer ainsi; aussi était-il disposé à adresser au Gouvernement un rapport favorable à Soliman. Mais si l'on se décidait à fuir et à demander le pardon sans son entremise, ce serait pour lui une offense; il leur refuserait son appui en toute circonstance et parviendrait peut-être à aggraver encore leur situation par des rapports défavorables.

Mousa woled el Hag dont les conseils avaient déjà été en faveur auprès de Zobeïr dit alors à Rabeh:

« Tu as ouvertement exposé les deux propositions en présence d'Ismaïn Bernou. Si nous nous y rangeons, que comptes-tu faire de lui? Ismaïn est notre ami et il a été autrefois étroitement lié avec Zobeïr. Loin de moi l'idée de vouloir lui faire du mal! Cependant, si nous nous décidons à fuir, notre propre salut exige que nous ne le perdions pas de vue et que nous l'emmenions avec nous jusqu'à ce que nous ayons mis entre nous et Gessi une distance qui rende toute poursuite impossible. A ce moment-là seulement Ismaïn et ses compagnons pourraient retourner chez eux. »

Enfin, après de longs et vifs débats, deux partis se formèrent: Soliman Zobeïr et, avec lui, Hassan woled Aagil (oncle de Zobeïr et, par conséquent, grand-oncle de Soliman), Mousa woled el Hag, Ibrahim woled Hussein (frère de Saïd Hussein moudir de Shakka et qui peu de temps auparavant avait été envoyé à Khartoum), Soliman woled Mohammed, Ahmed woled Idris, Abdel Kader woled el Imam et Babaker woled Mansour, tous de la tribu des Djimeab et Arbab Mohammed woled Diab de la tribu des Sadab (les

Djimeab et les Sadab font partie de la grande tribu des Djaliin) étaient disposés à se rendre à Gessi.

Rabeh, Aboul Kassim de la tribu des Magadib (faisant également partie des Djaliin), Mousa woled El Djali, Idris woled El Sultan et Mohammed woled Fadhl Allah, de la tribu des Djimeab, ainsi que Abd el Bayin, un esclave de Zobeïr ne voulaient en aucun cas se soumettre et étaient résolus à chercher le salut dans la fuite.

Comme, après tout et conformément aux instructions de Gessi, Ismaïn ne tenait qu'à la soumission de Soliman, il demanda de tenir la discussion pour close et de lui remettre un document écrit constatant l'acceptation de la paix aux conditions proposées et certifiant qu'on était disposé à se soumettre. L'écrit fut dressé dans ce sens et signé par Soliman et les huit chefs qui s'étaient joints à lui, et Ismaïn emmenant les esclaves mâles et femelles qui lui avaient été remis comme présents, retourna au camp de Gessi à Kallaka.

A peine Ismaïn était-il parti que Rabeh éclata en violents reproches contre ceux qui avaient consenti à se rendre, et les supplia une fois encore de suivre ses avis. Mais ses exhortations restant vaines, il donna l'ordre à ses partisans et à ses Basinger de battre le tambour de guerre. Il prit, avec émotion, congé de ses anciens compagnons d'armes et partit pour les régions lointaines du sud-ouest aux accents sonores de *l'umbaia* (dent d'éléphant creusée qui sert de trompette guerrière et qui produit des sons éclatants). Un grand nombre des Basinger de Soliman se joignirent à lui, préférant mener au milieu des bois une vie pleine de dangers plutôt que de se soumettre aux Danagla détestés.

Avec Rabeh partirent aussi les cinq chefs dont nous avons parlé plus haut, mais à la première halte ils se séparèrent de lui dans l'intention de se tenir d'abord cachés pendant quelque temps grâce aux sheikhs arabes qu'ils connaissaient, et plus tard, quand tout danger serait écarté, de retourner dans leur pays sur les bords du Nil.

Gessi, aussitôt qu'il eût reçu la soumission de Soliman, se porta en avant sur Djerra. Ismaïn conseillait une marche rapide, dévoilant les projets de Rabeh et faisant comprendre que, étant donnée l'inconstance de Soliman et de ses gens, on pouvait craindre qu'au dernier moment ils se fussent rendus aux avis de Rabeh. Gessi qui avait reçu des renforts importants de Madibbo bey, de Arifi et de leurs arabes, arriva à Djerra et expédia Ismaïn à Soliman avec une lettre dans laquelle il déclarait accepter la soumission de Soliman et s'engageait à respecter scrupuleusement les conditions déjà proposées. Ismaïn revint bientôt et annonça que Rabeh et ses partisans s'étaient enfuis emmenant un grand nombre des Basinger et une grande partie des armes et des munitions, mais que Soliman et ses adhérents étaient prêts à faire leur soumission.

Gessi, à la tête de toutes ses troupes, se rendit à Djerra où Soliman et ses compagnons l'attendaient à pied; les fusils de leurs Basinger avaient été mis en faisceaux. Gessi s'avança vers Soliman et lui déclara de vive voix qu'il lui accordait le pardon demandé, puis il donna l'ordre à ses gens de saisir les armes et répartit les Basinger entre Madibbo bey, le sheikh Arifi et leurs chefs avec ordre de les garder sous escorte et de se tenir prêts à les romettre aux employés du Gouvernement qu'il désignerait ultérieurement. Ces ordres furent strictement exécutés et en peu d'instants il ne resta plus auprès de Gessi que Soliman et ses chefs avec quelques-unes de leurs femmes et un certain nombre de leurs serviteurs ; tous étaient étroitement surveillés.

Comme l'avait fait préssentir Rabeh, les Danagla ne tardèrent pas à nouer leurs intrigues contre Soliman Zobeïr.

Soliman, prétendaient-ils, avait déclaré à ses serviteurs qu'il regrettait amèrement de s'être rendu à Gessi ; s'il avait prévu qu'il serait ainsi accueilli et traité d'une manière aussi humiliante il aurait préféré de beaucoup succomber les armes à la main.

Gessi, qui à la vérité était d'un caractère honnête et loyal, ne sut pas malheureusement résister à ces suggestions ; il accordait à des gens qui si souvent avaient risqué leur vie pour lui procurer la victoire une confiance beaucoup trop grande dans des circonstances aussi délicates. Les Danagla avaient un intérêt capital à rendre Soliman et ses compagnons à jamais incapables de nuire. Comme nous l'avons déjà dit, ils s'étaient approprié et partagé secrètement dans différentes affaires et surtout à la prise de la Zeriba de Soliman un butin considérable, esclaves des deux sexes, bijoux, or, argent et de grosses sommes d'argent monnayé. Gessi l'ignorait ; aussi craignaient-ils que Soliman, pour se concilier la faveur de Gessi, ne lui révélât leur fourberie, et que celui-ci ne les contraignît à restituer les biens volés pour les remettre au Gouvernement.

Les Danagla d'Idris Dabter avaient adroitement désigné Soliman comme l'unique fauteur de la révolte se donnant eux-mêmes non seulement comme de fidèles alliés du Gouvernement, mais encore comme des martyrs. Ce n'était pas sans raison qu'ils redoutaient l'envoi de Soliman à Khartoum où il pouvait obtenir la permission de visiter son père au Caire. Ils savaient que Zobeïr y possédait assez d'influence pour les poursuivre comme ravisseurs de sa fortune; ils le savaient capable aussi de faire l'impossible pour démontrer que Soliman n'était en rien responsable de la révolte.

Ils se lignèrent donc et annoncèrent à Gessi que Soliman avait dépêché à Rabeh des serviteurs de sa maison pour le rappeler et reprendre la lutte contre Gessi; Soliman, d'après eux, avait fait savoir à Rabeh que les forces de Gessi étaient si peu importantes qu'il aurait pu les vaincre lui seul si on ne lui avait par ruse enlevé ses armes avant qu'il eut pu reconnaitre la faiblesse de son ennemi. Mansour effendi lui-même vint confirmer ces dénonciations auprès de Gessi; il était, disait-il, convaincu que Soliman était aussi hostile à Gessi qu'avant sa soumission et qu'à la première occasion il se révolterait de nouveau contre le Gouvernement. Gessi céda à la pression générale et promit de mettre Soliman et ses compagnons hors d'état de nuire.

Dans le courant de la journée, il fit venir dans sa tente Soliman et ses huit compagnons; là, il leur reprocha sévèrement la perfidie de leur conduite. Habitués, en hommes libres, à ne pas déguiser leurs sentiments, les captifs répondirent aigrement à Gessi; de part et d'autre la dispute devint telle que Gessi, en proie à la plus violente colère, sortit de la tente et donna aux Danagla l'ordre impatiemment attendu d'exécuter Soliman et ses compagnons. Les Danagla se précipitèrent dans la tente, se jetèrent sur les malheureux désarmés, et leur ayant lié les mains derrière le dos, les poussèrent devant eux. Soliman et ses compagnons raillaient les Danagla, leur adressant les insultes les plus humiliantes, jusqu'au moment où tous ensemble tombèrent sous les balles que leur tirèrent dans le dos les soldats de Mansour effendi Hilmi. Cela se passait le 15 juillet 1879.

Ainsi s'accomplit la destinée de Soliman et de ses compagnons ; on ne peut dire qu'elle était tout-à-fait imméritée : ils avaient aussi longtemps qu'ils l'avaient possédé, usé du pouvoir d'une façon aussi détestable que l'avaient fait leurs ennemis; ils avaient, par leur avidité et leur cruauté, dévasté les provinces du Bahr-el-Ghazal et du Darfour.

Gessi expédia immédiatement une dépêche à la station de Foga pour informer Gordon pacha de la mort de Soliman et de la fin de la campagne. Cette nouvelle, comme je l'ai déjà fait remarquer, me fut communiquée par le gouverneur Ali bey Sherif le jour où je quittais El Obeïd.

Gessi pacha réclama alors aux sheikhs arabes les Basinger confiés à leur garde; mais la plupart s'étaient, paraît-il, enfuis; ce qui n'avait rien d'impossible du reste, étant donné le petit nombre des surveillants. Gessi rassembla donc les troupes qui lui restaient, marcha sur le Bahr-el-Ghazal et fit tous ses efforts pour établir une administration régulière dans cette province désolée par de longues années de guerre. Quelque temps avant son départ, il fut informé que Abou'l Kassim, Mousa El Djali, Idris El Sultan, Mohammed Fadhl Allah et

Abd el Bayin, les cinq chefs qui s'étaient séparés de Soliman et de Rabeh se trouvaient encore dans le pays, cachés chez des Arabes de leurs amis. Ordre fut immédiatement donné de se saisir de leurs personnes et, comme il partait pour le Bahr-el-Ghazal, de les envoyer à Fasher pour y être punis par le gouverneur de cette ville. En même temps Mohammed bey Khaled (plus connu sous le nom de Zogal bey) lieutenant du gouverneur de Dara et de Shakka était invité à faire le nécessaire pour s'emparer des rebelles. Ceux-ci tombèrent, l'un après l'autre, entre les mains des sheihks arabes qui les amenèrent à Fasher liés à la *Sheba*. La *Sheba* est une sorte de fourche formée de fortes branches de bois; on y introduit le coup du prisonnier et les deux dents de la fourche sont alors reliées au moyen d'un bâton ou d'une tige de fer. Le gouverneur de Fasher qui était alors Messedaglia bey les fit pendre sur la place du marché sans autre forme de procès.

Ainsi tombèrent Soliman et tous ses chefs, à l'exception de Rabeh. La puissance des Bahara (c'est ainsi que l'on nommait Zobeïr, ses partisans et ses alliés) était anéantie.

Le Gouvernement, dans cette campagne, avait fait de grosses pertes en hommes, en armes, en munitions, etc., tandis qu'au contraire les tribus arabes du sud, Baggara, Taasha, Habania et Risegat, qui avant et après la soumission de Soliman avaient fait un riche butin en Basinger et en armes, se trouvaient enrichies et désormais en situation d'augmenter leur puissance. Aussi devaient-ils nous susciter plus tard de grosses difficultés.

CHAPITRE II.

Séjour au Darfour. — Histoire de la Province.

Arrivée à Omm Schanger. — Une histoire de mariage. — Un Falstaff soudanais. — Description d'El Fascher. — Histoire ancienne du pays. — Les For et les Tadjo. — Fondation de la dynastie des Tunscher. — Coup d'œil rétrospectif sur les dynasties du Darfour. — Prise du Darfour par Zobeïr Pacha. — La tribu des Risegat. — Différends entre Zobeïr Pacha et le gouverneur général. — Gordon Pacha gouverneur général du Soudan. — Entrée en fonctions à Dara. — Description de Dara. — Zogal bey sous-gouverneur. — Expédition de Bir Gani. — Entrevue avec le Dr. Felkin et le Révérend Wilson. — Le jeune Rapsun. — Campagne contre le Sultan Haroun. — Niurnja, forteresse de Haroun dans le Gebel Marrah. — Défaite du Sultan à Rahat en Nabak. — Mort de Haroun. — Lettre de Gordon écrite d'Abyssinie.

Au commencement de juillet 1879, j'avais quitté El Obeïd accompagné du Dr. Zurbuchen, inspecteur général de la santé au Soudan. Dans notre voyage, nous traversâmes le Dar Hamr et à notre passage à Foga, je reçus une dépêche de Gordon Pacha m'informant qu'il se rendait en Abyssinie, en mission auprès du roi Jean. A notre arrivée à Omm Schanger nous trouvâmes la ville envahie par une foule de Gellaba récemment chassés des contrées du sud. Ces gens, presque tous dans un état misérable, ne me regardaient pas d'un bon œil, le bruit singulier s'étant répandu que j'étais le neveu de Gordon, c'est-à-dire le parent de celui aux ordres de qui ils étaient redevables de leur infortune. Comme j'avais la taille de Gordon, ses yeux gris-bleu et ses cheveux blonds, que je me rasais régulièrement la barbe, quoique j'en eus fort peu, il pouvait y avoir eu, en effet, entre nous une certaine ressemblance faisant croire à notre parenté. Accablé de requêtes, je dus déclarer à ces pauvres gens que, Omm Schanger n'étant pas de mon ressort, je ne pouvais rien faire pour eux. Du reste, il m'eût été impossible, même avec la meilleure volonté du monde, de satisfaire avec les moyens dont je pouvais disposer, à toutes ces réclamations.

Mes souvenirs de cette époque me rappellent un épisode tragi-comique que je mentionnerai brièvement ici.

Un jeune homme d'environ dix-neuf ans était venu, quelques mois auparavant, à Omm Schanger, pris aux filets d'une dame noire, âgée, mais très riche, il l'épousa, moins épris sans doute de ses charmes que de sa grande fortune.

Cependant le gaillard était déjà fiancé depuis longtemps dans son pays avec une jeune cousine, point riche, il est vrai, et ce mariage causa un dépit extrême à ses parents qui arrivèrent à Omm Schanger en même temps que moi, pour y réclamer l'infidèle. Ils me l'amenèrent; c'était un charmant jouvenceau, joli, svelte; grâce à mes remontrances énergiques, je réussis, non sans peine, à triompher de sa cupidité apparente et à le décider à déposer une demande en divorce devant le cadi (juge) qui avait été convoqué dans l'intervalle.

Pour qu'on ne put annihiler après coup le résultat de mon heureuse intervention, j'engageai Ali ibu Mohammed, employé du gouvernement à Omm Schanger, à faire partir du Darfour le jeune homme qui se vit ainsi forcé de regagner ses pénates avec ses parents.

On ne manqua pas de me rendre responsable de cet insuccès conjugal et de m'en imputer la faute; aussi, dans l'après-midi même, l'épouse abandonnée et, de fait, lésée dans ses droits, me fit une scène que je n'oublierai jamais. Zurbuchen était dans ma tente lorsqu'elle arriva; étant le plus âgé, elle le prit aussitôt pour le coupable et le malheureux docteur cherchait un moyen d'échapper par la fuite aux doléances de la dame, lorsque je me déclarai coupable; jamais un torrent de reproches plus passionnés ne s'abattit sur moi. Elle pleura, jura, cria comme une furie, chamailla, se plaignant et gesticulant, me mettant fort désagréablement les poings devant le visage; je ne commençai à respirer librement que lorsque les kawas trouvant la conversation trop vive et déjà trop longue poussèrent doucement mais énergiquement la dame vers la porte, bien qu'ils n'en eussent pas reçu l'ordre.

Si cette femme n'avait pas été si laide, avec ses cheveux gris en désordre, avec sa figure massive et ridée, son nez percé d'une branche de corail et ses joues tatouées de larges raies jusqu'au menton, je me serais peut-être repenti de mon intervention en somme illégale.

Deux jours après, nous quittâmes Omm Schanger et passâmes la nuit à Gebel el Hella, où nous fûmes reçus par Hasan bey Omkadok qui venait d'être nommé bey par Gordon Pacha, en sa qualité de Sheikh des tribus des Berti du nord et à cause de sa fidélité envers le Gouvernement. C'était un homme de taille moyenne mais très gros, aux épaules larges et au visage rond; il riait toujours, — un véritable Falstaff soudanais! Appelé plus tard à Omm Derman, sous le gouvernement du Calife Abdullahi, il prit rang à côté de moi comme mulazem (garde du corps) et nous égaya par sa jovialité pendant maintes heures de tristesse. Son frère Ismaïn lui était diamétralement opposé: d'une taille bien au-dessus de la moyenne, il était maigre et sérieux. Ils n'avaient qu'un point de commun: c'était de ne jamais avoir assez de bière soudanaise; boire jusqu'à la dernière limite de leur capacité était leur ambition.

A souper, on nous apporta un mouton rôti, plusieurs poulets rôtis également, un plat d'assida (bouillie semblable à la polenta italienne, préparée avec différentes sauces de viande) et naturellement aussi quelques dulang d'assalia (vases de terre contenant de la bière du pays). Nous fîmes honneur au repas, laissant toutefois l'assalia à Hasan bey et à Ismaïn qui nous tenaient compagnie, et préférant de beaucoup boire notre vin rouge. Quant aux maîtres du logis, ils firent honneur non-seulement à la bière qu'ils avaient brassée eux-mêmes, mais aussi à notre vin.

Hasan bey me parla beaucoup de Gordon Pacha qu'il honorait; il fut attristé d'apprendre qu'il allait chez le roi Jean en Abyssinie. « Il ne nous reviendra certainement plus; il retournera chez lui, disait-il d'un ton attendri, » et, sans le savoir, il disait vrai! Puis, il alla chercher une selle turque et un sabre. « Voici, nous dit-il, ce sont ses derniers cadeaux; il me les fit lorsque je l'accompagnai à Fascher; il était si bon et si généreux envers nous! »

Ismaïn aussi nous montra un cadeau qu'il avait reçu de Gordon: c'était un manteau brodé d'or. « Gordon, nous dit Hasan, n'était point orgueilleux; ainsi dans notre voyage à Fascher, un de ses compagnons tua une hubara (une outarde). Pendant que nous faisions la sieste, son cuisinier, après avoir fait bouillir de l'eau, y jeta l'oiseau pour le déplumer ensuite. Gordon le voyant ainsi occupé, s'assit à côté de lui et lui vint en aide pour activer la besogne. J'accourus à la hâte et priai Gordon de me laisser faire ce travail à sa place. Il me remercia en disant que le travail n'était pas humiliant, qu'il pouvait se servir lui-même et qu'il ne laisserait aucun bey remplir pour lui l'office de cuisinier.

Jusque bien avant dans la nuit, Hasan nous entretint de la prise du Darfour par Zobeïr, des révoltes qui y éclatèrent plus tard, de l'état actuel du pays. Mais à chaque instant, il rappelait le souvenir de Gordon qu'il paraissait admirer sincèrement. « Une fois, nous raconta-t-il entre autres, je me trouvais faire partie de son escorte. Quand je tombai malade, Gordon Pacha vint lui-même me visiter dans ma tente. Dans le courant de la conversation, je me plaignis de ce qu'étant habitué aux boissons spiritueuses, j'en étais privé depuis plusieurs jours, et, j'attribuai à cela la cause de mon malaise. Mon but, je l'avoue, était simplement d'obtenir de Gordon Pacha des spiritueux que j'aime beaucoup. Mais il me fit de sérieux reproches, ne comprenant pas qu'un musulman respectât si peu les lois de sa religion, il ajouta que, ma croyance l'exigeant, je devais radicalement éviter l'usage des spiritueux et que tout homme devait obéir sans réserve aux prescriptions religieuses.

Je répliquai que j'avais été toute ma vie habitué aux spiritueux, mais qu'à l'avenir j'essayerais d'y renoncer dans la mesure du possible. Gordon parut content, se leva et me tendit la main en partant. Le lendemain, il m'envoya trois bouteilles de cognac en me priant d'en user avec modération. Il était si bon pour moi; Dieu veuille que je puisse le revoir! »

Et Hasan bey était tout ému en terminant son histoire. Tandis que Hasan parlait, Ismaïn nonchalamment accoudé vidait à grands coups sa calebasse remplie au fur et à mesure d'assalia fraîche. Il finit par se lever et, plongé dans de mélancoliques souvenirs, il murmura tout en s'essuyant la bouche avec les mains : « Oui, le cognac était bon; il ne fit pas l'effet d'une boisson spiritueuse, mais d'une médecine. Gordon était noble et généreux, nous ne retrouverons plus un homme comme lui ».

Il était tard lorsque nos hôtes nous quittèrent.

Nos chameaux étant commandés pour l'aube, nous n'eûmes que quelques heures de repos. Le lendemain, comme nous allions prendre congé de nos hôtes, nous vîmes Ismaïn accourir vers nous; il paraissait encore se ressentir de ses copieuses libations de la veille. « Monsieur, dit-il d'une voix tremblante d'émotion, dans votre pays que l'on nous décrit comme celui de la justice, on n'a certainement pas l'habitude de porter préjudice à ses hôtes. Or, cette nuit, en partant avec les chameaux de charge, vos gens ont emporté le beau et grand tapis que nous avions étendu hier en l'honneur de votre réception ».

Cette accusation me causa une désagréable surprise; plein de méfiance, je le priai de vouloir bien regarder encore dans la maison et de voir si, par hasard, un des domestiques n'avait pas mis le tapis dans un coin quelconque. Il m'assura que tout avait été minutieusement visité et que le tapis devait avoir été emporté par un de mes hommes. J'ordonnai aussitôt à un de mes kawas de monter mon propre chameau, un excellent coureur, de rattraper la caravane et de visiter les bagages. Le tapis était assez grand pour qu'on ne pût le cacher facilement. Je lui donnai l'ordre de lier le voleur et le tapis en croupe sur le chameau et de les ramener avec lui.

Après deux heures d'attente qui me parurent interminables à cause de ma disposition d'esprit, le kawas revint, le tapis étendu sur le mahlusa (selle du chameau) et, en croupe, les mains liées au pommeau de derrière la selle, un des huit soldats nègres qui nous servaient d'escorte d'El Obeïd à Fascher. Le voleur demanda grâce; il prétendit avoir emporté le tapis par mégarde. En sa qualité de soldat d'escorte, il n'avait pas à toucher à nos bagages, donc on ne pouvait pas s'y méprendre, il s'était approprié le tapis. Je lui fis donner 200 coups de courbache, punition d'usage en pareil cas, et, après que le Dr. Zurbuchen l'eût examiné, Hasan bey le fit conduire enchaîné à Omm Shanger, station militaire la plus proche. (La courbache est un fouet fait de peau d'hippopotame.) Je fus très irrité de cet incident, car ici aussi on aime à citer le dicton « tel maître, tel valet. » Il me fallut procéder avec sévérité, non-seulement pour montrer combien je désapprouvais le vol, mais aussi pour tâcher de prévenir par la terreur le retour de pareils incidents. Je présentai de nouveau mes excuses à nos hôtes, puis nous quittâmes Gebel el Hella et nous dirigeâmes par Brusch, Abiadh et Orgat sur Fascher que nous atteignîmes après cinq journees de marche.

Fascher, choisi pour résidence par les rois du Darfour depuis le siècle précédent, est situé sur deux collines sablonneuses qui s'étendent du sud au nord, et sont séparées par une vallée, large d'environ 400 mètres, riche en humus, le «Rahat Tendelti», surnommé «l'étang de pluie», qu'on ensemence de blé après la saison des pluies quand l'eau a disparu et que le sol est redevenu sec. A la lisière de la vallée se trouvent des jardins remplis de bananiers, de citronniers, de grenadiers, qui donnent à Fascher l'aspect le plus attrayant. Sur la colline ouest et suivant ses sinuosités se trouve le rempart; c'est un mur épais d'un mètre, muni dans les angles de brèches et de batteries, et protégé par un fossé large de cinq mètres. A l'intérieur du rempart s'élèvent les bâtiments du Gouvernement (moudirieh), la résidence du gouverneur, celle du commandant et les casernes de la garnison. La cavalerie seule est cantonnée à l'extérieur. Les puits se trouvent à environ 150 mètres du rempart, à la lisière de la vallée.

Nous fûmes reçus, le Dr. Zurbuchen et moi, d'une façon toute amicale par le gouverneur, l'Italien Messadaglia; on nous assigna la moudiria comme logement. Comme nous avions pris froid sur la route et que la fièvre nous tenait, nous dûmes retarder notre départ de quelques jours.

* * *

Il convient de donner ici un aperçu de l'histoire du Darfour.

Le Darfour était autrefois un des plus grands parmi les royaumes qui se succédèrent dans l'Afrique centrale. Au commencement du XVII° siècle, les rois du Darfour régnaient sur les terres situées à l'est jusqu'à la frontière de l'Atbara. La tribu des Fung, énergique et belliqueuse, les chassa peu à peu des contrées situées à l'est du Nil Blanc. En 1770, le Darfour dut même abandonner au roi Adlan de Sennaar, la province de Kordofan qu'administrait un lieutenant du royaume. Cependant, cinq ans plus tard, le Kordofan fut reconquis par le Darfour et lui resta annexé jusqu'en 1822; à cette époque, Mehmed bey ed Defterdar, le beau-frère d'Ismaïl Pacha qui fut brûlé par les Djaliin à Schandi en prit possession pour l'Égypte. La bravoure de Muslim, en ce temps vice-roi du Darfour et «préfet» du Kordofan ne le servit guère. Lui-même et une partie de ses cavaliers qui connaissaient à peine le maniement des armes à feu, tombèrent sous les balles turques. Le Kordofan resta soumis à l'Égypte jusqu'en janvier 1883, époque où les Mahdistes prirent El Obeïd et assujettirent le pays. Le centre naturel du Darfour, c'est la chaîne du Gebel Marrah dont les monts inaccessibles dominent la contrée et dont l'étendue de l'est à l'ouest et du nord au sud se mesure par plusieurs journées de marche. Les hauts sommets dont quelques-uns atteignent jusqu'à 2000 mètres sont séparés par des vallées plus fertiles même que la plaine; outre la saison des pluies, qui dure de la fin du mois de mai au milieu de septembre, de nombreuses sources donnent la possibilité d'arroser artificiellement le sol, à l'aide des puits artésiens (nabr). Pendant la saison des pluies, l'eau descend en grande quantité vers le sud et le sud-ouest. A ce moment d'immenses vallées, comme celles de Wadi Azum et de Wadi Ebra se transforment en torrents rapides, infranchissables. La première de ces vallées aboutit au lac Iro qui s'écoule dans le Shari, la seconde envoie ses eaux dans le Bahr el Arab, affluent du Bahr el Ghazal qui se jette à son tour dans le Bahr el Abiadh ou Nil Blanc. L'apport des eaux est moins fort vers le nord où elles sont en grande partie absorbées par les terrains sablonneux de la région.

On cultive sur le Gebel Marrah de l'orge, du maïs et du duchn (penicillaria), tandis, que les plaines du Darfour ne sont ensemencées que de cette dernière espèce de blé. Suivant la qualité du sol, le duchn, nourriture ordinaire de la classe ouvrière du Darfour, mûrit en 90 ou 100 jours, au sud, et en 60 ou 70 jours au nord.

Les tribus primitives du pays étaient les For et les Tadjo qui pendant ces cent dernières années avaient étendu leur domination du Gebel Marrah sur la plaine.

Les Tunscher, qui émigrèrent de Tunis vers le XIVe siècle et s'étendirent sur le Bornou et le Wadai, pénétrèrent aussi dans le Darfour.

Deux membres de cette tribu, les deux frères Ali et Ahmed, parvinrent avec leurs troupeaux jusque sur les pentes occidentales des montagnes du Marrah. Ali, l'aîné et le plus riche, venait d'épouser une jeune fille de sa tribu; celle-ci, par suite des travaux journaliers exécutés en commun, conçut pour son beau-frère resté célibataire, un amour passionné. Vaincue par la passion elle fit un jour, en l'absence de son mari, l'aveu de son amour coupable et insensé au jeune homme.

Celui-ci, d'une bravoure et d'une loyauté reconnues, n'écoutant que la voix de l'honneur, la repoussa et lui promit de n'en rien dire à son frère; son frère en effet adorait sa femme et la révélation de cet amour lui eût porté un coup terrible.

L'Arabe passionnée, mais blessée, exaspérée par ce refus, résolut de se venger : Ahmed ne devait posséder aucune femme, il ne devait ni être heureux ni rendre une autre femme heureuse.

Etant tombée malade, elle fit mander son mari près d'elle et après qu'il eut juré de ne jamais trahir le secret qu'elle allait lui confier, elle lui dit que son beau-frère Ahmed la fatiguait par de continuelles poursuites.

Ali fut saisi d'horreur en apprenant la perfidie d'Ahmed en qui il avait pleine confiance; il en conçut un profond chagrin; mais malgré la méfiance qu'il sentait naître en lui, il ne pouvait croire vraiment au crime de son frère.

Ahmed par compassion, fit tout ce qui lui était possible pour calmer la peine de sa belle-sœur; il la traitait avec la plus grande indulgence, comme si rien ne s'était passé. Ali de son côté devenait de plus en plus méfiant, et enfin persuadé de la culpabilité de son frère, il résolut de se venger. Il écarta tout d'abord la pensée d'attenter aux jours de son frère pour lequel il avait toujours eu une sincère affection, mais chercha un moyen de lui infliger une punition dont il se ressentirait pendant toute sa vie.

Un jour, ayant décidé de changer de campement, il expédia en avant ses gens et ses troupeaux, et resta seul avec son frère. Ils s'entretinrent d'abord de choses sans importance, puis, peu à peu, Ali amena une discussion sur les armes et joignant le geste à la parole, il tira son épée, attendit le moment favorable et subitement coupa le tendon d'Achille du pied droit de son frère; puis il s'enfuit à la hâte. Ahmed, fidèle à sa renommée de courage et de fierté ne proféra aucune plainte, il demeura baignant dans son sang, la tête cachée dans ses mains, et attendant ce qui adviendrait.

Bizarrerie du sort, Ahmed el Ma'kur (l'homme au tendon coupé) devait être le fondateur d'une nouvelle dynastie !

Cependant l'amour fraternel n'était pas tout à fait mort chez Ali. Il envoya auprès de son frère deux de ses esclaves, avec ordre de prendre soin de lui, Seid et Birket (les ancêtres des tribus actuelles des Seiadia et des Birket) montés sur deux chameaux mâle et femelle tout équipés; il leur était interdit, sous peine de mort, de le ramener. Ali se retira dans le pays de l'ouest et peu de temps après se sépara de sa femme dont la vue lui rappelait continuellement ce malheureux frère, à la culpabilité duquel il crut pendant toute sa vie.

Les deux esclaves trouvèrent Ahmed évanoui et ayant perdu une grande quantité de sang. Ils pansèrent sa blessure, le ranimèrent de leur mieux et, à sa prière le transportèrent aux habitations les plus proches. Les habitants le reçurent cordialement et informèrent leur roi Kor, le dernier de la tribu des Tadjo, de l'étrange nouvelle de l'arrivée d'un étranger, auquel son propre frère avait sans aucun motif coupé un tendon et qui se trouvait dans le village grièvement blessé.

Ahmed fut transporté devant le roi qui lui fournit tout ce dont il avait besoin et le fit soigner par ses propres médecins ; Ahmed ne put toutefois satisfaire la curiosité du roi, car lui-même savait à peine la cause de l'inimitié de son frère.

Le roi Kor était païen comme tous ses ancêtres ; il n'avait jamais vu d'étranger, et n'avait aucune idée du monde et de ce qui s'y passait. Il envoyait des troupes exécuter des razzias et piller les tribus de la plaine ou plus simplement encore se procurait tout ce qui lui était nécessaire pour l'entretien de sa cour en s'appropriant les richesses de ses sujets.

Ahmed lui plut; il le chargea de la direction de sa maison et fit de lui son conseiller intime. D'après ses avis ce roi prescrivit à tous ses chefs de faire un partage équitable des terres cultivables et de les distribuer aux habitants à titre de propriété perpétuelle. L'année précédente, à la saison des pluies, les habitants du Gebel Marrah avaient ensemencé les terrains qui leur convenaient le mieux ; mais comme il n'y avait ni propriétés individuelles, ni délimitations quelconques, chaque année, avaient lieu des combats sanglants qui coûtaient la vie à de nombreuses personnes. Aussi fût-ce avec joie que les montagnards saluèrent ce partage des terres, auquel ils n'avaient jamais songé.

Ahmed, qui avait vu beaucoup de choses dans ses voyages depuis qu'il avait quitté Tunis et qui, en sa qualité d'Arabe, était plus intelligent que les indigènes, fit de nombreuses améliorations dans la direction intérieure de la maison du roi.

Toute la cour, c'était l'usage, était nourrie par le roi, chacun prenant ses repas à l'heure qui lui convenait et sans égard aucun pour les autres commensaux. Aussi arrivait-il souvent que ceux qui étaient présents au moment du service avaient des mets en abondance tandis que les retardataires mouraient de faim ; de là, d'interminables querelles.

Ahmed fixa les heures des repas auxquels chacun devait assister ; cette prescription ramena la paix et la concorde. Il ne tarda pas à devenir le favori du roi Kor, qui, n'ayant pas de fils, lui donna sa fille unique en mariage ; et quand son beau-père mourut, Ahmed qui était très-aimé de tous fut élu roi. Il y eut bien quelques mécontents, mais Ahmed les mit promptement à la raison.

Les Tunscher établis à Wadai et dans le Bornou, apprenant qu'un des leurs était devenu roi du Darfour, arrivèrent en foule dans ce pays et refoulèrent peu à peu les Tadjo.

Ceux-ci vivent actuellement dans le voisinage de Dara et obéissent à un sheikh nommé par eux. Ils possèdent, en outre, un petit domaine indépendant dans le sud-ouest du Darfour : c'est le Dar Sula gouverné par un roi particulier. Le souverain actuel Abu Rischa el Tadjani est surnommé le Buffle Jaune (Djamus el Asfar).

Ahmed el Ma'kur eut un règne long et heureux ; après lui, ses descendants lui succédèrent sur le trône. Environ un siècle plus tard, régnait un de ses arrière-petits-fils, le roi Dali. La mère de ce prince étant de la tribu des Kera-For, le sang de la dynastie fut donc mêlé au sang nègre des For.

Ce roi Dali employa tous ses efforts à relever la culture du pays. Il s'entoura de gens éclairés et adonnés à l'étude, de voyageurs expérimentés et connaissant les mœurs et les coutumes des peuples étrangers. Il répartit le pays en provinces et en districts ; il fit élaborer un code de loi qu'il mit en vigueur dans tout le royaume et qu'on appela Kitab Dali (le livre de Dali). Jusqu'au milieu de ce siècle, ses successeurs suivirent son exemple et se conformèrent à sa méthode.

Après une longue succession d'années, Soliman Solong monta sur le trône. Le mot Solong signifie, dans la langue des For, « Arabe ».

Sa mère était une Arabe et lui-même prit aussi une Arabe pour femme.

La famille royale qui régna jusqu'en 1878, descendait directement de Soliman Solong. Malgré sa haine pour les Arabes nomades, cette famille est fière cependant de compter parmi ses aïeux des Arabes libres et ne consentirait jamais à admettre que du sang nègre coule dans ses veines.

D'après la loi de Dali, le fils aîné du roi était généralement reconnu comme l'héritier de la couronne ; mais ce principe ne fut pas toujours observé. On choisissait, il est vrai, presque toujours un des fils du roi défunt, mais ce choix tombait invariablement sur celui que préféraient les hauts dignitaires. L'Abou Sheikh, c'est-à-dire, « l'eunuque en chef » de la maison royale avait ordinairement une influence capitale dans l'élection du nouveau roi. Tous les princes qui faisaient usage du Merisa (bière du pays) ou d'autres boissons spiritueuses étaient exclus de la succession.

Soliman Solong eût pour successeur son fils Musa. Ahmed Bakkor qui succéda à Musa était très libéral et s'entretenait volontiers avec les étrangers de passage cherchant à obtenir d'eux le plus de renseignements possibles sur l'agriculture. Après lui régna son fils Mohammed Daura. Quand il monta sur le trône, il avait, à ce que l'on raconte, 150 frères; il en fit mettre à mort plus de la moitié, et tua de sa propre main son fils ainé qu'il soupçonnait de le vouloir détrôner.

Le fils de Mohammed Daura, Omer Lele (appelé Lele du nom de sa mère) régna après son père et se montra aussi barbare que lui; il fut du reste aussi populaire. Il mourut au cours d'une expédition qu'il avait entreprise contre le Wadai, et son oncle Abou-el-Kasim lui succéda. Abou et ses frères Mohammed Terab et Abd er Rahman étaient du petit nombre de ceux qui avaient échappé à la mort, lors de l'avènement de Mohammed Daura. Comme il accordait toute sa confiance aux esclaves, ses parents en furent blessés et l'abandonnèrent pendant une expédition contre le Wadai, en sorte qu'il resta seul avec ses esclaves en plein pays ennemi.

D'après les uns, il mourut en combattant, d'après d'autres, revenu au Darfour après de longues années d'absence, il aurait été exécuté par son frère Mohammed Terab qui s'était emparé du pouvoir.

Mohammad Terab fut un roi énergique et ambitieux; vers la fin de son règne, voulant reculer les frontières de son empire et rétablir l'état glorieux des For qui s'était jadis étendu jusqu'à l'Atbara, comme nous l'avons déjà dit, il appela aux armes les tribus qui lui étaient soumises pour attaquer les Fung qui régnaient sur la rive orientale du Nil; lui-même, accompagné de son frère Abd er Rahman, d'une armée de cavaliers et de lanciers, se dirigea vers l'est. Arrivé à Omm Derman, capitale actuelle des Mahdistes, il se trouva, à sa grande surprise, arrêté par le Nil; les habitants ayant eu la précaution de cacher toutes les barques, Terab essaya, mais en vain, de construire un pont.

Il ne réussit pas davantage dans la tentative qu'il fit de franchir le cours impétueux, large en cet endroit de 600 mètres, dans des troncs d'arbre creusés. Le sultan Terab ne pouvant atteindre le but qu'il s'était proposé, les chefs lui conseillèrent de retourner au Kordofan et au Darfour; l'important était de sauver l'armée, mais Terab était trop fier pour accepter de pareils conseils; il considérait comme une honte d'abandonner ses projets, et menaça de mort quiconque parlerait de retourner en arrière.

Ses chefs ne se tinrent pas pour battus et cherchèrent à faire prévaloir leur avis par un autre moyen. Ils arrivèrent à convaincre Chadiga, son épouse favorite, qu'en tuant Terab, elle sacrifiait noblement son amour au bien public. Terab mourut après un repas que lui avait préparé Chadiga. Son frère, le pacifique Abd er Rahman fut proclamé roi par l'armée. De nos jours on voit encore à l'extrémité sud d'Omm Derman les soubassements en pierre d'un bâtiment que le Sultan Mohammed Terab fit construire pendant son séjour. Son corps embaumé fut transporté à Bara et plus tard à Turra, nécropole des rois du Darfour, à une journée et demie (de marche) à l'ouest de Fascher.

Abd er Rahman retourna avec son armée au Darfour, où Terab avait laissé son fils Ishaak pour administrer le royaume. Celui-ci ne voulant pas reconnaître son oncle comme roi, un combat fut décidé dans lequel Ishaak succomba.

La favorite d'Abd er Rahman, Ombussa, était de la tribu des Begus. Elle eut une influence d'autant plus grande dans les affaires du gouvernement, que son mari était disposé à satisfaire à tous ses désirs.

Les Begus occupaient primitivement le district septentrional du Bahr el Ghazal d'où ils avaient émigré autrefois au Darfour où le roi leur avait accordé des terres à la condition que, chaque année, ils fourniraient au harem du Sultan une belle fille de leur tribu.

Les Begus, race africaine très pure, descendent de la famille de Mudke.

Ombussa doit avoir été une femme non seulement très belle, mais aussi très intelligente; d'esclave qu'elle était, elle devint la femme légitime d'Abd er Rahman. Il avait soixante ans quand Ombussa lui donna un fils. Il l'appella Mohammed el Fadhl et le confia à l'ancien gouverneur du Kordofan, Abou Sheikh Kurra. Ce dernier avait été emmené captif au Darfour et obligé de s'humilier devant Abd er Rahman, dont il avait su conquérir la faveur.

C'est pendant le règne d'Abd er Rahman que le voyageur Browne arriva au Darfour. C'est également ce Sultan qui envoya, en 1797, une lettre de félicitation et 2000 esclaves nègres à Bonaparte, alors dans la Basse-Égypte avec son armée. Sous son règne, la résidence royale fut transférée de Kobbe à Fascher.

A la mort d'Abd er Rahman, son fils Mohammed el Fadhl, âgé de 13 ans, fut proclamé roi par son gouverneur Abou Sheikh Kurra. Son grand-père maternel

Omer, habitait Dar Begu, pays situe au sud-ouest du Darfour, à deux journées environ de Dara. Là le vieillard menait ses troupeaux à l'abreuvoir lorsqu'un cavalier monté sur un cheval couvert d'écume s'approcha : « Je t'apporte un heureux message, seigneur, lui dit-il en sautant à bas de son cheval; le fils de la noble fille Ombussa est seigneur et roi du Darfour, depuis cinq jours ».

Omer ne répondit pas, mais creva d'un coup la paroi du Dabarek (¹) et laissa couler l'eau dans le sable.

« Plus jamais, dit-il enfin, ni moi, ni ma famille n'abreuverons le bétail à la fontaine. Dieu, miséricordieux et juste, a choisi mon petit-fils pour être roi du Darfour. » Et partageant ses troupeaux entre ses compatriotes, il se rendit sur le champ à Fascher chez son petit-fils.

Mohammed el Fadhl déclara libre la tribu de sa mère : ce fut son premier acte. Il abolit ensuite le tribut qui consistait à livrer annuellement une belle fille à son harem. Il défendit, sous peine de mort, d'acheter ou de vendre un membre de la tribu des Begus. Bien que pendant près de quatre années, Abou Sheikh Kurra remplit auprès du jeune roi son emploi de tuteur et de régent avec justice et énergie, certaines intrigues cependant amenèrent la défiance entre le tuteur et son pupille. Au roi on donnait à entendre que Kurra aspirait à une autorité plus grande que celle qu'il possédait ; à Kurra on laissait croire que le roi cherchait à lui enlever son pouvoir.

(¹) Le Dabarek est un réservoir maçonné, rond et bas, d'environ trois mètres de diamètre, qui reçoit l'eau du puits et sert à abreuver le bétail.

De la méfiance réciproque, on passa aux hostilités ouvertes. Un combat eut lieu au Rahat Tendelti (étang de pluie) près d'El Fascher. Kurra fut vaincu et aussitôt exécuté.

Mohammed el Fadhl songea ensuite à châtier les orgueilleuses tribus arabes qui, bien loin de consentir à se soumettre cherchaient à secouer le joug du Darfour. D'abord les fonctionnaires furent chargés de mettre à la raison les Arabes « Beni Halba » qui se refusaient à payer le tribut et dont tous les biens furent confisqués. Ensuite il fit exterminer presque en entier la tribu des « Eregat » (Arabes possesseurs de chameaux), une des plus puissantes du Darfour. L'assujettissement des Risegat fut plus difficile; c'était certainement la tribu la plus puissante et la plus belliqueuse de la contrée.

Quelques siècles auparavant, un Arabe de l'ouest, nommé Riseg, l'ancêtre des Risegat, s'était établi dans la partie sud du Darfour avec ses trois fils, Mahmoud, Mahir et Nuwaib, leurs familles et leurs troupeaux.

Là, dans les forêts immenses, ils trouvèrent pour eux-mêmes et pour les leurs, largement de quoi vivre. Ils étaient également protégés à l'abri, dans ces contrées désertes, de toute attaque de l'ennemi. Ils se multiplièrent rapidement et de nombreuses tribus de moindre importance étant venues se joindre à eux, ils devinrent à la fin si puissants que les sultans du Darfour, malgré tous leurs efforts, ne purent jamais les assujettir complètement. Seul, Mohammed el Fadhl réussit après une lutte longue et pénible, à subjuguer complètement la tribu. Ayant fait cerner peu à peu par ses innombrables Darfour les forêts occupées par les Risegat, il fondit sur eux et en tua un nombre considérable. On fit quelques prisonniers que l'on amena au Sultan. Celui-ci leur ayant demandé où se trouvait le gros des Risegat, «Seigneur, lui répondirent-ils, nous avons tous été tués ou dispersés par tes soldats.» Sur quoi, le sultan donna l'ordre de mettre à mort tous les hommes âgés de plus de trente ans et se fit amener les jeunes gens au nombre de plusieurs milliers. Il prit soin lui-même de classer les captifs d'après leur descendance, et en forma trois groupes d'après les trois tribus originelles dont nous avons parlé. Chacun de ces groupes fut à son tour partagé en deux parties— L'une fut autorisée à vivre comme par le passé dans leur patrie avec leurs femmes, et comme presque tous les troupeaux étaient tombés aux mains de ses chefs, il fit donner un bœuf et une vache à chaque homme, ainsi qu'à chaque femme dont le mari avait été tué pendant le combat. L'autre moitié fut transportée, hommes et femmes, et sous escorte au nord du Darfour. Là, chacun reçut un chameau et une chamelle et on leur assigna pour demeure les pâturages des Eregat qui avaient été presque complètement exterminés. Ce sont là les tribus actuelles des Mahria, des Mahamia et des Naueiba, possesseurs de chameaux et parents des Arabes Risegat (Baggara). Baggara (qui vient de Bagr, la bête à cornes) est un nom qui s'applique à tous les Arabes qui s'occupent de l'élevage des bêtes à cornes; les Risegat., les Habania, les Taascha, les Beni Halba, etc., sont tous des Baggara.

Mohammed el Fadhl mourut au commencement de l'année 1838. Son fils et son successeur Mohammed Husein s'efforça de reconquérir la popularité que son père avait perdue. Mais en 1856, étant devenu aveugle, il dut remettre la direction de presque toutes les affaires à sa sœur Ija Basi Semsem qui gouvernait déjà depuis longtemps en qualité de régente. La sœur aînée des rois du Darfour portait toujours le titre de « Ija Basi » et avait une grande influence politique. La sœur de Mohammed Husein était non seulement prodigue, mais menait une vie tellement relâchée que l'entretien de sa cour engloutissait la plus grande partie des revenus de l'état. A cette époque la province du Bahr el Ghazal était soumise au Darfour. Les tribus nègres devaient payer au sultan une redevance en esclaves et en ivoire. Des retards se produisaient souvent dans le paiement du tribut. C'était pour les habitants du Darfour une occasion qu'ils ne laissaient pas échapper d'opérer une razzia qui ordinairement leur procurait un riche butin. Les esclaves et l'ivoire étaient échangés contre les marchandises européennes aux marchands égyptiens se dirigeant sur le Caire par les routes désertes de Bir el Milh, l'oasis Wohad et Siout. C'est de cette manière qu'entraient dans le pays tous les objets recherchés par les For: selles turques richement dorées, brocart d'or et étoffes de soie, parures en or et en argent, armes à feu surtout et munitions.

Le cours du récit nous amène à parler maintenant de l'époque où entre en scène le célèbre Zobeïr Pacha. Membre de la tribu des Djimeab (fraction de la tribu des Djaliin), Zobeïr avait, tout jeune encore, quitté Khartoum et s'était dirigé vers le sud dans l'espoir d'y faire fortune. De nombreux marchands et des chasseurs d'esclaves s'étaient précisément établis sur les bords du Nil Blanc et du Bahr el Ghazal. Le jeune Zobeïr trouva à s'employer chez l'un d'eux, le marchand bien connu Ali Abou Amuri dont

Sir Samuel Baker a fait souvent mention. Avec le temps il arriva à se rendre indépendant et fonda une Zeriba pour son compte. Aidé d'indigènes bien armés, il s'appropria quelques terres, amena de grandes quantités d'ivoire et réunit un grand nombre d'esclaves qu'il échangeait à des marchands du Nil contre des armes et des munitions. Je ne crois pas que Zobeïr Pacha fut meilleur ou pire que la plupart des autres trafiquants de cette espèce; le commerce auquel il s'était adonné lui paraissait parfaitement licite. Ce dont on ne peut douter, c'est que c'était un homme d'une volonté de fer et d'une intelligence remarquable. En cela il dépassait de beaucoup les autres marchands d'ivoire et d'esclaves : ce fut, du moins je le crois, la raison principale de son immense succès. Mon intention n'est point de suivre les différentes étapes qui l'amenèrent progressivement à la possession souveraine du Bahr el Ghazal. Il suffit de rappeler qu'à l'époque dont je parle, Zobeïr était un des hommes les plus puissants du Soudan. Aussi, le royaume chancelant du Darfour tomba-t-il rapidement en son pouvoir. Zobeïr étendant toujours ses conquêtes dans la région septentrionale de la province du Bahr el Ghazal, ne tarda pas à se heurter aux régions tributaires du Darfour. Pour éviter toute difficulté, il écrivit au Sultan Husein, prétendant que les nègres, race sans maître et pratiquant le paganisme étaient considérés par les musulmans comme un butin qui leur était désigné par la loi du Prophète. A quoi Husein répondit qu'en sa qualité de descendant de l'ancienne dynastie, il avait le même droit sur les nègres et les marchands de chevaux. Par ce dernier terme, il faisait allusion à Zobeïr qu'il mettait au rang des autres Djaliin connue au Darfour comme Dongolais, marchands de chevaux. Zobeïr ne se laissa pas intimider. Son influence avait crû d'année en année et il avait conquis tous les districts du Bahr el Ghazal tributaires du Darfour. Les habitants de cette province habitués à vivre dans le luxe eurent bientôt à souffrir de l'influence de Zobeïr. Les esclaves ni l'ivoire ne rentrant plus, on fut contraint, pour subvenir aux besoins du Gouvernement d'élever le taux de l'impôt ; un mécontentement général se produisit parmi la population. A cette époque vivait à la cour du Sultan Husein un homme du nom de Mohammed el Belali, de la race des Belalia qui forment un parti influent dans le Wadai et le Bornou. Cet homme, un fakîh ou professeur de matière religieuse, se prétendait de noble extinction et s'était insinué dans les bonnes grâces de Husein, en dépit de l'« Ija Basi » et du vizir Ahmed Schetta ; ceux-ci, mécontents de son ingérence, décidèrent le Sultan à le chasser du pays.

Jurant de se venger, il se rendit à Khartoum et renseigna le Gouvernement sur la richesse et la prospérité de la province du Bahr el Ghazal et des districts de Hofrat en Nahas qui n'appartenaient plus au Darfour et se trouvaient sans roi.

Le perfide Belali cherchait ainsi à fomenter une guerre contre le Darfour, dans le but de créer des ennuis au Sultan Husein qui l'avait chassé du pays. Le gouvernement, plein de confiance mais mal renseigné, l'envoya de Belali au Bahr el Ghazal pour occuper les provinces sans possesseurs. Kutschuk Ali, un sandjak turc qui disposait déjà de troupes irrégulières (bachibouzouks) l'accompagna avec 200 hommes d'infanterie régulière.

On comprend aisément que Zobeïr regarda de travers ce parvenu. Pourtant, avec sa pénétration habituelle, il surveilla le développement du plan de son rival et attendit. Sur ces entrefaites, Kutschuk Ali mourut subitement et fut remplacé par Hadji Ali Abou Murein.

A l'instigation de ce dernier et enhardi par l'inoction de Zobeïr, le Belali se disposa à s'emparer de vive force des magasins de blé établis par Zobeïr lui-même pour les Basinger. Zobeïr n'hésita plus; il saisit l'occasion attendue depuis si longtemps, attaqua le Belali près des magasins de blé et après un court engagement le mit en déroute. Rassemblant tout ce qu'il put trouver d'hommes, le Belali attaqua Zobeïr dans sa Zeriba. Il fut de nouveau repoussé et, grièvement blessé, s'enfuit à Ganda. Les hommes de Zobeïr le poursuivirent, le firent prisonnier et le ramenèrent à la Zeriba où il mourut.

Zobeïr savait fort bien qu'en cette circonstance, son action pouvait avoir de sérieuses conséquences. Aussi employa-t-il tous les moyens pour prouver que le Belali était seul responsable de tout ce qui s'était passé. Il fit de riches présents aux gens du Belali, notamment aux dignitaires et aux personnages influents, si bien qu'à Khartoum l'affaire fut très atténuée. Zobeïr non seulement trouva grâce complète mais il fut même nommé gouverneur du Bahr el Ghazal.

Alors il informa secrètement le gouvernement, du mécontentement qui régnait parmi la population de la province voisine, le Darfour; il ajoutait que lui-même était en relation avec beaucoup de personnes influentes qui salueraient avec joie l'annexion de ce pays aux territoires du Gouvernement égyptien. Il s'offrit même à opérer cette annexion sans aucun secours du Gouvernement. Après de longues hésitations, le Gouvernement agréa enfin la proposition de Zobeïr et celui-ci, au commencement de l'année 1873, se prépara à annexer le Sakkha.

Mais revenons aux Risegat. Après la défaite cruelle que le Sultan du Darfour, Mohammed el Fadhl, leur avait infligée, ils restèrent tranquilles et soumis pendant de longues années. Tandis que l'autorité du Gouvernement baissait de plus en plus, les Risegat au contraire se relevaient peu à peu, à tel point qu'ils recouvrèrent leur situation à demi indépendante, entre le Darfour et le Bahr el Ghazal. On essaya bien de faire rentrer les impôts; mais pendant une razzia, le vizir Adam Tarbusch, l'esclave favori et l'un des chefs du Sultan Huscin, fut battu près d'Omm Waragat. Singulière coïncidence! La destinée me réservait quelques années plus tard sur le lieu même de sa défaite, une défaite autrement terrible que m'infligèrent les Mahdistes. Dans une autre occasion, les Risegat avaient surpris une caravane venant du Nil et du Kordofan et se rendant au Bahr el Ghazal. Ils la pillèrent et tuèrent la plus grande partie des gens qui la composaient et parmi eux des parents de Zobeïr. Les Risegat comptant régulièrement parmi les tributaires du Darfour, Zobeïr demanda réparation au Sultan. Celui-ci fit la sourde oreille. Zobeïr déclara alors ouvertement que, ne pouvant obtenir satisfaction, il se voyait contraint à punir les Risegat. Il savait fort bien que c'était là l'occasion d'une première tentative pour l'annexion du Darfour au Gouvernement égyptien.

Le Sultan Husein mourut, sur ces entrefaites, au commencement de l'année 1873. Son fils Ibrahim, que les habitants du Darfour surnommaient Koïko, lui succéda.

Pendant mon séjour à Fascher comme gouverneur du pays, j'eus l'occasion de voir souvent Mohammed el Heliki, un fakih très connu dans la contrée. Il était né à Fascher même, de la race des Fellata. Il possédait à fond et mieux que personne l'histoire du Darfour; entre autres choses il connaissait par cœur le vieux code, le Kitab Dali. C'est à lui que je devais les notes précises que je possédais sur l'histoire du Darfour et qui malheureusement sont tombées aux mains des Mahdistes avec bien d'autres documents; le tout fut brûlé.

Un soir, il me fit le récit suivant: « Il y a près de trois ans, avant la mort de mon maître le Sultan Husein, nous étions assis côte à côte et parlions du présent et de l'avenir du pays. Il se cacha la tête dans ses mains — l'infortuné était aveugle depuis quatorze ans déjà — et me dit: Je prévois la ruine de mon pays et du royaume de mes frères. Dieu veuille que je n'y assiste pas. J'entends déjà résonner devant ma maison les trompettes turques et le son sourd de l'*umbaia* des Bahara ! Que la miséricorde de Dieu repose sur mon fils Ibrahim et sur mes malheureux descendants. » Mon maître sentait bien le mécontentement général qui régnait; mais il était âgé, il était aveugle et il ne pouvait apporter aucun changement à l'état corrompu du pays.

Il savait trop bien que les choses se passeraient ainsi : les Bahara devenaient trop puissants et l'Egypte était trop avide de conquêtes. Mon maître était un homme sage et le Seigneur qui lui avait enlevé la vue avait rendu son intelligence plus pénétrante.

Zobeïr commença aussitôt les opérations. Il quitta sa forteresse de Dem Zobeïr et marcha contre Shakka avec des forces considérables.

Arrivé à la frontière sud du Darfour, les principaux chefs des Risegat, tels que Madibbo, Aagil woled el Djangaui et plusieurs autres, se joignirent à lui et lui servirent de guides et d'espions contre leurs propres compatriotes.

Quoique son armée eût beaucoup à souffrir de la faim et de la maladie, quoique les Arabes l'attaquassent à maintes reprises, attaques qu'il repoussa toujours malgré de fortes pertes, il atteignit Abou Segan, le point central de la région de Shakka. Là, il apprit que le Sultan Ibrahim Koïko avait envoyé contre lui son vizir Ahmed Schetta qui était en même temps son beau-père, avec une forte troupe. Celui-ci vivait en mésintelligence avec son beau-fils depuis l'avènement de ce dernier au trône et avait pris à contre-cœur le commandement de l'expédition contre Zobeïr. Il disait à ses amis qu'il ne recherchait pas la victoire, mais qu'il préférait une mort héroïque sur le champ de bataille à la vie qu'il devait mener dans les circonstances actuelles. Pendant ce temps, Zobeïr fortifiait ses positions à Shakka et achevait ses préparatifs de combat. Il reçut des Risegat ce message caractéristique: « L'armée du Sultan du Darfour avance; tu es notre ennemi comme lui-même; aussi resterons-nous neutres pendant le combat. Si tu es vaincu, nous te couperons la retraite et anéantirons ton armée, jusqu'au dernier homme; si tu es victorieux, montés sur nos courriers rapides, nous poursuivrons les fuyards et partagerons avec toi le butin».

Dès l'aube, les postes avancés de Zobeïr signalèrent la marche en avant de l'armée du Darfour. A sa tête marchait son chef, le vizir Ahmed Schetta, qui semblait vouloir chercher la mort. Il avait endossé un superbe uniforme, cotte de mailles et casque d'or. On le remarquait de loin, monté sur son cheval caparaçonné d'or et d'argent, en avant des premières lignes de bataille. A peine était-il engagé que son cheval fut tué sous lui; trop fier pour se retirer, il s'élança sur une autre monture, mais à peine était-il en selle qu'il tomba frappé de plusieurs balles. Avec lui tombèrent aussi un grand nombre de ses parents et de ses compagnons fidèles, Melik Saad en Nur, Melik en Nahas (l'instructeur en chef des tambours de guerre impériaux) qui avait été envoyé comme commandant en second.

Privées de leurs chefs, les troupes battirent en retraite. Zobeïr saisit l'occasion pour diriger une contre-attaque, prit l'ennemi de flanc et, après un court engagement, le mit en fuite.

Aussitôt les Risegat, cachés derrière des arbres, tombent sur les fuyards, les massacrent, enlèvent un butin immense et se joignent aux vainqueurs, sachant bien le bénéfice qu'ils devaient retirer de cette trahison.

Un bien petit nombre des soldats du Darfour échappèrent au massacre et purent atteindre Dara, où la lugubre nouvelle fut accueillie par des plaintes et des lamentations.

Zobeïr fit porter la nouvelle de sa victoire à El Obeïd et à Khartoum par des messagers spéciaux. Il reçut, comme cela s'était fait autrefois à l'occasion d'un succès, un renfort d'hommes et de canons.

Lorsque ceux-ci furent arrivés, Zobeïr marcha sur Dara, pendant que le gouverneur général (Hokumdar) quittait El Obeïd pour se rendre à Omm Shanger avec 3000 hommes environ d'infanterie régulière et de cavalerie irrégulière.

A part une attaque insignifiante qu'il repoussa victorieusement, Zobeïr arriva à Dara d'un trait. Il trouva la ville presque déserte, y prit position, éleva une fortification sur une colline de sable et attendit l'attaque des fils du sultan Ibrahim, dont les troupes approchaient. Ces princes se contentèrent de pousser une reconnaissance et retournèrent à Fascher, auprès de leur père, sans avoir livré bataille. Ils l'engagèrent à marcher lui-même à la rencontre de l'ennemi. Ibrahim rassembla donc toutes ses forces; mais, bien que le nombre en fut considérable, il ne s'y trouva que bien peu d'hommes prêts à mourir pour leur roi.

Ibrahim voulant tout d'abord se renseigner sur la position de Zobeïr, s'avança accompagné d'une partie seulement de son armée, dispersée sur un large front. Il fut reçu par une grêle de balles; et quelques hommes de sa troupe furent tués. Ibrahim fut contraint de battre en retraite, mais son arrière-garde croyant à un échec s'écria : « 'âbû, 'âbû, » (c'est-à-dire, vous vous êtes couverts de honte), et la clameur était si forte que le sultan l'entendit. Plein d'indignation et de colère, il donna, sans y réfléchir, l'ordre à ceux qui se trouvaient près de lui de tirer sur ses propres troupes. Quelques-uns furent tués, d'autres blessés, le reste partit à la débandade;

quant à ceux qui étaient restés aux abords du camp ils profitèrent de l'occasion pour s'enfuir et retourner chez eux.

L'ordre inconsidéré du sultan Ibrahim devait avoir de cruelles conséquences : il fut cause, en effet, de la dispersion de son armée et lui coûta ses domaines et la vie.

Néanmoins il fit lever le camp afin d'attirer Zobeïr hors de ses retranchements et, comme il le disait à ses chefs, le vaincre dans un combat en rase campagne. Mais ses hommes avaient perdu toute confiance en lui et les déserteurs devenaient si nombreux qu'à son arrivée à Manoaschi — après une journée de marche — il ne lui restait plus de l'armée colossale qu'il conduisait que quelques troupes insignifiantes.

Zobeïr admirablement renseigné par ses espions sur tout ce qui se passait dans l'armée du sultan, le poursuivit à Manoaschi, avec toutes les forces dont il disposait. Le lendemain à l'aube, il était devant la ville, ses troupes rangées en ordre de bataille. Son arrivée fut le signal d'une fuite générale.

Ibrahim sentant que tout était perdu, résolut de mourir glorieusement. Il endossa sa cotte de mailles lamée d'or et se couvrit de son casque. Puis, accompagné de son fils, du cadi et de quelques serviteurs demeurés fidèles, tous montés sur des chevaux richement caparaçonnés, il s'élança sur l'ennemi, l'épée au clair. Il franchit le premier rang des Basinger; trop fier pour frapper les esclaves, il s'écria: « Fen sidkum Zobeïr? » (Où est Zobeïr, votre maitre?) et s'élança vers l'endroit où Zobeïr, vêtu comme ses gens, pointait un canon contre les assaillants; mais il avait à peine fait quelques pas que lui et sa poignée d'hommes tombaient, criblés de balles.

Ainsi périt le dernier roi du Darfour et avec lui s'éteignit la dynastie qui avait sans interruption gouverné cette vaste contrée et ses millions d'habitants pendant des siècles.

Zobeïr fit rendre les plus grands honneurs au sultan défunt. Les « Fukahâ » de Manoaschi furent envoyés pour laver le corps conformément aux rites religieux; et, enveloppé dans un riche drap mortuaire, il fut enterré en grande pompe dans la mosquée de la ville.

Le vainqueur se hâta d'informer de sa victoire le gouverneur général du Soudan qui se trouvait alors à Omm Shanger, puis craignant que le riche butin de la province ne tombât entre les mains des infidèles, Zobeïr marcha immédiatement sur Fascher. Là, il s'empara des trésors royaux, des selles rehaussées d'argent et d'or, des armes, des bijoux, sans parler des milliers de femmes esclaves qu'il partagea entre ses hommes.

Quelques jours après, Ismaïl Pacha arriva. Il était trop tard. Le butin était déjà distribué. Zobeïr en lui offrant des cadeaux de prix, fit tout ce qu'il put pour s'assurer son amitié. Il n'est pas douteux toutefois, que cet épisode fut le commencement d'une mésintelligence entre les deux hommes, mésintelligence qui, par la suite, devait se transformer en une haine mortelle.

L'œuvre de la soumission du reste du pays commença alors. Hassab Allah, le vieil oncle du sultan Ibrahim, avait cherché refuge à Gebel Marrah; Ismaïl Pacha donna l'ordre à Zobeïr de marcher contre lui. Zobeïr eut bientôt fait d'obtenir sa soumission et celle du frère du sultan défunt, Abd er Rahman Shattut. Tous deux furent envoyés au Caire où ils restèrent jusqu'à leur mort. Leurs familles résident encore maintenant dans la haute Égypte et reçoivent une large pension du Gouvernement. Nombre de leurs adhérents étaient restés à Gebel Marrah et s'étaient groupés autour de Hassab Allah et d'Abd er Rahman. Ils choisirent comme chefs les plus jeunes frères du sultan Husein Bosch et Sef ed Din et résolurent de résister.

La première démarche de Bosch fut d'envoyer, comme espion au camp de Zobeïr son beau-fils Gebr Allah, de la tribu de For. Cet homme jouissait de l'entière confiance de son chef qui lui avait donné, en mariage pour s'assurer sa fidélité, sa fille Umm Selma, célèbre par sa beauté, en dépit de l'opposition de sa famille. Gebr Allah, en arrivant au camp de Zobeïr, tomba comme une proie facile aux mains du rusé guerrier. Zobeïr lui promit sa grâce et une haute position dans le gouvernement. Ces promesses suffirent à Gebr Allah pour l'amener à trahir son beau-père et à fournir les renseignements les plus précis sur sa position et sur ses forces. De retour auprès de Bosch, il l'engagea à rester dans la position qu'il occupait, lui donnant à entendre que, les troupes de Zobeïr souffrant beaucoup du froid et de la maladie, leur chef n'avait nullement l'intention de l'attaquer.

Zobeïr suivit les traces de Gebr Allah, comme il avait été convenu au préalable entre eux; à un signal donné, le camp de Bosch fut tout à coup enveloppé et tomba aisément aux mains de l'assaillant. Bosch et Sef ed Din réussirent toutefois à s'échapper et à se refugier à Kabkabia, où ils rassemblèrent de nouvelles forces. Cependant Zobeïr se mit à leur poursuite et dans un combat acharné, les deux malheureux chefs furent tués. Les derniers vestiges des troupes du Darfour disparurent et le pays presque tout entier tomba aux mains du Gouvernement égyptien.

Zobeïr fut élevé au rang de Pacha. Il retourna à Fascher, où Ismaïl Ajoub Pacha s'occupait à mettre de l'ordre dans l'administration de la contrée et à lever de gros impôts. Mais il ne fallut pas longtemps pour que de sérieuses contestations s'élevassent entre ces deux hommes.

Zobeïr, le conquérant du pays, éprouvait quelque ressentiment en voyant que le Gouvernement n'avait pas eu pleine confiance en lui; de son côté, Ismaïl, désireux de se débarrasser de la présence de Zobeïr, lui donna l'ordre d'aller occuper Dara et Shakka avec ses troupes. Zobeïr, irrité, envoya de Dara par El Obeïd un message à S. A. le Khédive, lui demandant l'autorisation d'aller au Caire. Cette permission lui fut immédiatement accordée, ainsi qu'à tous ceux qui désiraient l'accompagner.

Zobeïr ayant désigné pour le remplacer son jeune fils Soliman, partit sur le champ emmenant avec lui un grand nombre d'esclaves des deux sexes et des cadeaux de prix. Après avoir traversé Khartoum et Korosko, il arriva au Caire où il fut cordialement reçu. Il exposa aussitôt au Khédive ses griefs contre Ismaïl Ayoub Pacha. Ce dernier mandé à son tour, fit plusieurs dépositions qui n'étaient pas à l'avantage de Zobeïr, si bien que tous les deux furent gardés au Caire. Cependant, Hasan Pacha Hilmi el Djoeser avait été désigné comme représentant du Gouvernement au Darfour par Ismaïl Pacha Ayoub. Les habitants de la contrée, fatigués du gouvernement arbitraire du sultan, soupiraient après un changement. Mais ils s'aperçurent bientôt qu'ils étaient tombés de Charybde en Scylla et auraient préféré des rois qui les eussent châtiés, aux fonctionnaires peu scrupuleux qui affluaient dans la contrée.

Bientôt le plus amer mécontentement se répandit dans le pays, le Darfour se révolta et la population choisit pour sultan Haroun er Reschid, le fils de Sef ed Din tué à la bataille de Kabkabia. On prit secrètement la résolution de s'emparer de plusieurs places fortes appartenant au Gouvernement et, dans un espace de temps incroyablement court, les villes de Dara, Fascher, Kabkabia et Kolkol furent serrées de près, alors que le pays se déclarait soumis au successeur de ses anciens maîtres, le Sultan Haroun dont nous venons de parler.

A Fascher, le fort subit deux assauts si sérieux que le gouverneur sentant qu'il ne pouvait plus tenir, avait déjà tout préparé pour détruire le magasin de poudre et se faire sauter lui-même avec sa garnison. Il réussit pourtant, après un combat désespéré, à chasser l'ennemi de la position.

Cependant, les autorités de Khartoum envoyaient à la hâte des troupes sous les ordres de Abd er Razzak qui reçut des renforts à El Obeïd. Il s'avança à marche forcée sur le Darfour. A Brusch, à mi-chemin entre Omm Shanger et Fascher, il infligea une cruelle défaite aux rebelles.

Peu de jours après, **Fascher** était délivré, des renforts étaient expédiés à **Dara, Kabkabia** et **Kolkol** ; et le pays rentrait sous la domination du Gouvernement égyptien.

Après le rappel d'Ismaïl Ayoub Pacha, Gordon, nommé gouverneur général du Soudan, jugea nécessaire de visiter le Darfour nouvellement conquis. Et de fait, quand il arriva à Fascher, à Kabkabia et à Kolhol, la révolte n'était encore qu'en partie réprimée. Malgré cela, Gordon, voyageait, et dans son voyage à travers le pays il se trouva fréquemment dans des positions extrêmement dangereuses, d'où il sortit toujours grâce à sa présence d'esprit et à son grand courage. De Fascher, Gordon se rendit à Dara ; par sa bonté, par sa sympathie, par sa libéralité, il gagna une grande partie de la population. Avec une poignée d'hommes et avec l'aide de quelques Arabes Risegat, il dompta complètement la tribu des Mima, célèbres par leur vaillance, et celle des Khauabir, et, peu à peu, grâce à ses efforts, la paix fut rétablie dans le pays.

Le Sultan Haroun, avec quelques partisans, chercha refuge dans les montagnes de Marrah, dont l'accès est très difficile. Hasan Pacha Hilmi l'y poursuivit, le battit deux fois, à Mortal et à Mortafal et le força à se retirer à Niurnja.

Gordon cherchait à gagner au Gouvernement la population du territoire soumis et à calmer les esprits excités. Son premier acte fut de remettre la majeure partie des impôts, qui, à cause de la guerre, n'avaient pu être payés. Il donna les instructions les plus sévères aux fonctionnaires afin qu'ils se comportassent avec douceur envers le peuple, les prévenant que toute désobéissance à ses ordres serait punie très sévèrement.

Afin d'équilibrer autant que possible les revenus et les dépenses, il réduisit considérablement la garnison du Darfour, renvoyant à El Obeïd et à Khartoum un grand nombre de fantassins et de cavaliers qui avaient été expédiés pour réprimer la dernière révolte. Ces mesures d'économie, prises évidemment dans l'intérêt de la province nouvellement conquise, eurent par la suite un effet des plus désastreux. Gordon, il est vrai, ne pouvait pas prévoir les événements.

Ses obligations officielles rappelant Gordon à Khartoum, il laissa Hasan Pacha Hilmi comme gouverneur du Darfour. Celui-ci, quatre mois avant mon arrivée, avait été remplacé par Messedaglia bey, primitivement gouverneur de Dara pendant quelques mois.

Durant cet intervalle, le sultan Haroun s'était pour ainsi dire « remonté » et avait établi une sorte de gouvernement indépendant à Niurnja, ancienne capitale des princes de Tadjo. Il descendait parfois dans la plaine, attaquait les villages qui s'étaient soumis, bien malgré eux pourtant, au Gouvernement et regagnait ses montagnes, chargé de butin.

* * *

Tel était, brièvement exposé, l'état de la province du Darfour quand, en août 1879, me rendant à Dara, j'arrivai en qualité de moudir à Fascher.

La garnison du pays comprenait:

A Fascher: deux bataillons d'infanterie régulière, deux batteries d'artillerie de campagne et 250 hommes de cavalerie irrégulière (de la tribu des Sheikieh), sous les ordres de Omer woled Dorho.

A Dara : un bataillon d'infanterie régulière, 200 Basingers (irréguliers), une batterie de vieille artillerie de campagne et 50 hommes de cavalerie irrégulière, de différentes tribus.

A Kabkabia et à Kolkol : 6 compagnies d'infanterie régulière, 400 Basingers et 25 cavaliers irréguliers.

Après quelques jours de repos à Fascher, repos dont nous avions grand besoin, le Dr. Zurbuchen et moi, nous continuâmes notre voyage vers Dara. Messedaglia bey nous accompagna pendant quelques heures, nous apprit, tout joyeux, que sa femme était sur le point d'arriver à Khartoum et demanda un congé pour aller à sa rencontre et la ramener à Fascher. Je lui fis observer qu'il ferait peut-être mieux d'attendre que le sultan Haroun fut soumis. Mais Messedaglia répliqua qu'il n'y avait absolument rien à craindre, les troupes en garnison dans la contrée suffisant amplement à apaiser toutes les petites difficultés locales. Nouveau dans le pays et ne le connaissant encore que fort peu, je ne pouvais que difficilement me rendre un compte exact de la situation et je me ralliai à l'avis de Messedaglia. Nous primes congé de lui et de Saïd bey Djuma, le commandant de Fascher, qui nous accompagnait également et nous dirigeâmes à marche forcée vers Dara, en suivant la route de Kerriut, Gedid Rasel-Fil et Scheria.

Le Dr. Zurbuchen paraissait beaucoup plus âgé que moi-même, (avec sa longue barbe noire et ses lunettes) Je semblais peut-être même plus jeune que je n'étais, en réalité. Ma moustache avait à peine commencé à pousser et, somme toute, j'avais une figure enfantine; c'est pourquoi, partout où nous allions, il était invariablement pris pour le gouverneur et moi pour le docteur ou le pharmacien.

Comme nous approchions de la fin de notre voyage, le docteur qui souffrait de la fièvre, dut retarder sa marche; je le devançai et atteignis le village de Scheria (à une journée de Dara) avec les 2 domestiques de Zurbuchen, un peu avant le moment fixé. Je trouvai les habitants qui avaient été avertis de notre arrivée, se préparant activement pour notre réception. On nettoyait les maisons; on étendait par terre des nattes de paille, le cadi et le sheikh du village [1] avaient prêté leurs vieux tapis pour recouvrir la chaussée au moment de la cérémonie. Faisant agenouiller mon chameau, je mis pied à terre et je me présentai comme faisant partie de l'escorte du nouveau gouverneur. Mes domestiques avaient la consigne de garder le secret. Les villageois curieux m'assaillirent d'innombrables questions. Je fis aux gens le portrait du nouveau moudir en donnant exactement le signalement du Dr. Zurbuchen. « Quelle sorte d'homme est le nouveau gouverneur? » disait l'un. « Oh, répliquai-je, je pense qu'il fera de son mieux et je crois qu'il est porté à se montrer juste et conciliant. » « Mais est-il brave? A t'il bon cœur?» disait un autre. C'était une question plutôt embarrassante pour moi; aussi répliquai-je prudemment: « Il ne paraît pas avoir peur; mais je n'ai point encore entendu dire grand chose au sujet de son courage; ce

---

[1] — village assez vaste et dépendant de la province de Dara.

dont je suis persuadé, c'est qu'en cas de nécessité, on trouvera en lui un homme. Il a une apparence virile et je crois qu'il a bon cœur; mais naturellement il lui est impossible de satisfaire chacun.» «Ah, dit un autre, si seulement nous avions un gouverneur comme Gordon Pacha, le pays serait certainement tranquille. Il distribuait sans cesse des présents, jamais il ne repoussait le pauvre et le nécessiteux. Je ne l'ai entendu qu'une fois dire des paroles dures; c'était au temps où Soliman Zobeïr était à Dara: Gordon s'adressant au cadi lui déclara qu'il y avait bien des mauvaises têtes parmi les Soudanais et qu'il ne fallait pas toujours les traiter avec douceur. «Oui,» confirma le cadi, «je l'ai entendu parler ainsi moi même; mais ce n'est pas de nous qu'il parla, mais des Gellaba et des marchands du Nil qui étaient impliqués, avec Zobeïr et son fils, dans toutes sortes de trafics illicites dont ils tiraient toujours quelque bénéfice».

« Gordon était vraiment un brave homme, dit le cheikh du village, qui se présenta lui-même, expliquant son nom: Moslim woled Kabashi. J'étais l'un des chefs placés sous ses ordres dans la bataille contre les Arabes Mima & Khauabir. Ce fut une chaude journée dans la plaine de Fafa! L'ennemi nous avait cherchés et avait déjà forcé la première ligne de nos troupes; les javelots tombaient drus autour de Gordon; mais il ne semblait pas y faire attention et la victoire, que nous remportâmes, fut entièrement due à lui et ses cent hommes de réserve. Au plus fort du combat il trouva le temps d'allumer très calme une cigarette. Le lendemain, quand il procéda au partage du butin, personne ne fut oublié; mais il ne garda rien pour lui-même. Il avait le cœur très tendre pour les femmes et les enfants et ne permit jamais qu'on se les partageât, comme c'est notre coutume dans la guerre. Il les nourrissait, leur donnait des vêtements à ses propres frais et les renvoyait chez eux aussitôt que la guerre était terminée. Un jour, continua le sheikh en souriant, sans le lui faire savoir, nous mîmes quelques femmes de côté; mais s'il nous avait découverts, nous aurions passé un mauvais quart d'heure.

Après une courte pause, je demandai des renseignements sur les affaires et sur les fonctionnaires que je me fis présenter; les uns étaient dignes d'intérêt, d'autres étaient jugés plus sévèrement.

Pendant ce temps le Dr. Zurbuchen et le reste de la caravane étaient arrivés. Aussitôt, le sheikh, le cadi et les autres dignitaires du village formèrent un demi-cercle pour le recevoir, tandis que moi, m'effaçant autant que possible, j'attendis le discours qu'allait prononcer Moslim woled Kabashi à son nouveau moudir, le Dr. Zurbuchen. Il commença par souhaiter une chaude bienvenue au nouveau gouverneur, loua ses qualités et décrivit éloquemment la joie qu'éprouvait tout le peuple de sa venue. Le pauvre Dr. Zurbuchen, qui comprenait très mal l'arabe devenait de plus en plus perplexe. « En vérité, je ne suis pas le gouverneur, s'écria-t-il, je ne suis que l'inspecteur sanitaire. Le gouverneur doit être arrivé depuis longtemps. Peut-être a-t-il été pris pour quelqu'un d'autre.» Je pensai alors que le moment était venu de m'avancer, et, en riant, je remerciai les villageois de leur bonne réception, les assurant que je ferais tout mon possible pour satisfaire leurs désirs et que, en même temps, je comptais sur eux pour la stricte exécution de mes ordres. Naturellement ils me firent les plus grandes excuses de ce qu'ils ne m'avaient pas reconnu. Je les rassurai promptement leur déclarant que mon seul désir était de rester dans les termes les plus amicaux avec eux tous. J'exprimai l'espoir qu'il en serait ainsi pendant longtemps. Depuis ce jour, le sheikh Moslim woled Kabashi devint un de mes plus fidèles amis ; il le fut dans les heures de joie comme dans les heures de tristesse, et jusqu'à mon départ du pays.

Ce petit incident ne nous empêcha pas d'avoir grand appétit et nous fîmes honneur à un excellent mouton rôti, après quoi, nous nous remîmes en selle. Nous passâmes la nuit sous un grand arbre à environ deux heures de marche de Dara. Le lendemain, au lever du soleil, j'envoyai un messager pour annoncer notre arrivée. Dès que nous approchâmes de la forteresse, les honneurs militaires nous furent rendus. Accompagnés par le commandant, le major Hassan effendi Rifki, Zogal bey, le sous-gouverneur, le cadi et quelques-uns des principaux marchands, nous nous avançâmes vers le fort dans lequel s'élèvent les bâtiments du gouvernement. L'inspection dura environ une demi-heure, après quoi je me retirai dans mon logis particulier où j'avais fait préparer un appartement pour le Dr. Zurbuchen, qui devait être mon hôte pendant quelques jours.

Dara, la capitale du Darfour méridional, est construite au milieu d'une grande plaine dont le sol est composé en partie de sable et en partie d'argile; le fort lui-même se trouvant sur le sommet d'une colline sablonneuse et basse, à l'endroit même où Zobeïr Pacha s'était retranché lorsqu'il avait envahi la contrée. Le fort est entouré d'une muraille longue d'environ 500 mètres et large d'environ 300, avec des tours à chaque angle et bordé d'un large fossé profond de 6 mètres. Les troupes étaient cantonnées dans des huttes construites dans ce rectangle; au centre se trouvaient les bâtiments du gouvernement, comprenant la maison du gouverneur, divers bureaux, les cours de justice (la mahkama), justice religieuse exercée par le cadi, la temporelle, (meglis mahalli), par le président Serr et Toudjar, chef des marchands, de même que les magasins d'armes et de grains que Gordon avait relevés. Près de la porte du sud se trouvaient les maisons de Zogal bey, du cadi et du commandant, construites en briques cuites et entourées de murs.

La ville de Dara, composée presque toute entière de huttes de paille et d'argile, se trouve à quelques centaines de mètres à l'est du fort, tandis qu'à 1000 mètres à l'ouest est situé le village de Gos en Naam; 700 mètres plus loin se trouve le hameau de Khoumi.

En y comprenant la garnison, la population de Dara comptait de 7 à 8000 habitants, dont la plupart appartenaient aux tribus locales; mais il y avait aussi un nombre considérable de marchands du Nil.

Nous étions au mois du Ramadan, époque du grand jeûne mahométan; on nous prépara un repas composé de viande, de pain, de dattes et de limonade; les fonctionnaires, ne pouvant assister au repas à cause du jeûne prescrit, se firent excuser. J'en fus très heureux, car nous étions extrêmement fatigués.

Le soir, un coup de canon nous annonça que le soleil avait disparu de l'horizon et qu'un jour de jeûne était encore écoulé. On prépara à la hâte le repas du soir. Zogal bey, Hasan effendi Rifki, le cadi el Bechir et le Serr et Toudjar Mohammed Ahmed vinrent prendre avec nous le repas appelé *futur* (le premier repas après le jeûne). Un grand nombre de serviteurs apportèrent du mouton rôti, du poulet, des vases de lait et des plats de riz inondés de beurre et de miel; il y avait encore des cruches d'asida et différents mets consistant en un mélange de pâtes de duchn et de morceaux de viande.

En quelques minutes, le plancher de la maison fut couvert d'un sable très fin; par dessus, on étendit des nattes de palmier et des tapis sur lesquels les plats furent déposés. Zogal bey procéda lui-même à la distribution des mets, servant ceux qui étaient venus nous saluer et toute la domesticité, réservant toutefois les meilleurs morceaux pour les hôtes les plus importants.

Nous prîmes place et attaquâmes vigoureusement le mouton rôti. Il n'y avait naturellement pas trace de couteaux ni de fourchettes. Tout-à-coup, nous entendimes les domestiques se disputer au dehors avec deux hommes qui voulaient pénétrer auprès de nous, sous prétexte de communications très importantes à nous faire. Je priai Zogal bey de s'informer de la cause de ce bruit. Il lécha ses doigts ruisselants de graisse de mouton, sortit et revint quelques minutes après, porteur d'une lettre. Cette missive venait d'Ahmed Chadoin et de Gebr Allah, les commandants de Bir Gaoui, petite station militaire située à trois journées de marche au sud-ouest de Dara. D'après la lettre, les deux chefs déclaraient avoir reçu de source très sérieuse, l'avis d'une attaque projetée contre eux par le sultan Haroun. Leurs forces étant insignifiantes, ils demandaient qu'on leur envoyât des renforts de Dara ou bien qu'on leur permit d'abandonner momentanément la station. Ils ajoutaient que, s'ils se trouvaient contraints de battre en retraite, les villages du district seraient infailliblement pillés, sans aucun doute.

Il n'y avait pas une minute à perdre. Je donnai l'ordre à Hasan effendi de se tenir prêt avec deux cents hommes d'infanterie régulière et deux cents cavaliers irréguliers et puis de m'accompagner à Bir Gaoui.

Zogal, Hasan et les autres cherchèrent à me détourner de mon projet d'aller moi-même à Bir Gaoui, car après mon si long voyage, je devais avoir grand besoin de repos. Je leur fis comprendre que je n'avais été envoyé au Darfour que pour combattre le sultan Haroun et que, si je voulais me conformer aux ordres de Gordon Pacha, je ne devais pas laisser échapper l'occasion qui se présentait. Voyant bien qu'ils ne pouvaient m'empêcher de partir, ils se décidèrent à faire les préparatifs du départ; peut-être d'ailleurs étaient-ils intérieurement très satisfaits de me voir prendre en personne le commandement et la responsabilité de cette expédition.

Le cheval bai dont Gordon m'avait fait présent, était épuisé par le long voyage que nous venions de faire. Je demandai donc si quelqu'un avait un cheval à me prêter ou à me vendre.

Zogal possédait depuis quelques jours un étalon blanc de Syrie. Il l'envoya chercher : c'était un cheval de campagne, fort, bien découplé; ayant appartenu à un officier, il était rompu à la fatigue et habitué au tumulte des combats. Zogal bey voyant que l'animal me plaisait beaucoup, me pria de l'accepter comme Dhijafa (en témoignage d'hospitalité); je lui déclarai que, comme il était mon subordonné, je ne pouvais accepter son présent. Dans la conversation que nous avions eue, j'avais dit que mon cheval m'avait été donné par Gordon ; Zogal ne voyait aucune différence entre les deux cas. Cependant je lui fis comprendre qu'il était permis d'accepter un présent d'un supérieur, surtout un témoignage d'amitié, mais non d'un subalterne.

Il finit par accepter 180 écus, [1] non sans avoir vivement protesté.

Un peu après midi, tout était prêt. Je pris congé du Dr. Zurbuchen, avec l'espoir de le revoir dans quatre ou cinq jours; et je partis pour le sud-ouest. Jeune et vaillant, je me réjouissais à l'idée d'une rencontre avec le sultan Haroun. Les difficultés m'importaient peu, et je ne demandais que l'occasion de montrer à mes hommes sinon mes capacités, du moins ma bonne volonté.

Après le coucher du soleil, je fis ranger mes hommes en bataille. Tous, même les officiers, étaient Soudanais; les cavaliers seuls étaient Turcs, Égyptiens, etc... Ils me connaissaient à peine; aussi profitai-je de l'occasion pour leur dire quelques paroles, les encourager à supporter courageusement les fatigues d'une marche forcée, me déclarant prêt à partager avec eux la bonne et la mauvaise fortune. Ces simples mots, je le constatai avec joie, produisirent sur eux une excellente impression. Selon la coutume soudanaise, ils brandirent leurs armes

---

[1] Il faut comprendre par écu "écu-medjidieh" monnaie turque qui vaut environ 2 frs. 50 cts.

au-dessus de leurs têtes et me promirent de sacrifier, s'il le fallait, leurs vies, pour assurer la victoire.

Vers midi, nous fîmes halte près d'un village.

Mes gens étaient bien montés en armes et en munitions; chacun possédait même comme outre une peau de gazelle ou de chevreau, mais ils n'avaient presque pas de provisions. A mes observations, il avait été répondu qu'il était inutile de se charger de vivres et que, partout au Darfour, on trouverait quelque chose à manger.

Je fis appeler le sheikh du village et le priai de nous envoyer une provision de « duchn ». Cette graine s'amollit dans l'eau et on la mange mélangée avec le fruit du tamarinier. L'eau elle-même conserve un goût très agréable, doux et acide et désaltère à souhait.

Cet aliment est considéré par les Européens comme indigeste, mais il est en réalité très nourrissant. Je m'y étais habitué progressivement; cependant, quand j'étais même légèrement indisposé, il m'occasionnait toujours quelque malaise, dû à la difficulté que j'avais à le digérer.

Le sheikh nous apporta ce que nous demandions et un vase d'«asida». Les hommes prirent leur repas et j'invitai à ma table les officiers qui préféraient de beaucoup mes conserves d'Europe à l'«asida» et au «duchn». Je fis donner au sheikh par mon secrétaire un reçu du blé qu'il nous avait fourni, afin qu'il en fut tenu compte plus tard au moment du payement des impôts. Le sheikh, très étonné, ne voulait pas accepter de reçu, prétendant qu'il était de son devoir de nous remettre le «duchn» et que du reste, l'hospitalité l'exigeait ainsi. Je lui fis entendre que j'étais convaincu du caractère hospitalier des habitants du Darfour, mais qu'il n'était plus juste d'y avoir recours alors qu'il s'agissait de nourrir quelques centaines d'hommes et qu'il devait donc accepter le reçu. Il y consentit à la fin et me déclara que les habitants étaient tous disposés à faire tout ce qui leur serait possible pour approvisionner les troupes si l'on voulait agir d'après ces principes. Malheureusement, ajouta-t-il, les soldats avaient l'habitude, à leur arrivée dans un village, de s'approprier tout ce dont ils ont besoin et naturellement, les habitants inquiets pour leur approvisionnement personnel, cherchaient à cacher toutes les provisions du mieux qu'ils peuvent. Je remerciai le sheikh de son renseignement et lui promis de faire mon possible pour éviter de pareils faits à l'avenir.

Après trois heures de halte, nous reprîmes notre route accompagnés de la bénédiction du brave homme et de ses gens. Le chemin traversait des terrains couverts d'épaisses forêts, entrecoupées de marécages et d'étangs formés par les pluies. De loin en loin, entre les arbres, nous apercevions un village. Après une marche forcée de quatre heures, nous fîmes halte au milieu d'une plaine où poussaient quelques arbres clairsemés. De là, je dépêchai deux cavaliers à Bir Gaoui pour annoncer notre arrivée. Pendant cinq heures, nous goûtâmes un doux repos sous les figuiers sauvages et les tamariniers ; enfin nous nous remîmes en route et marchâmes jusqu'au lendemain midi, ne nous arrêtant que rarement. Ayant dû, une ou deux fois, refaire nos provisions de blé, je me heurtai chaque fois à la difficulté de faire accepter un reçu par le sheikh. Grâce à la rapidité de notre marche, nous comptions atteindre Bir Gaoui avant la nuit. Sur notre route se trouvait un endroit où croissaient en abondance des palmiers *deleb* (Borassus flabelliformis); nous le contournâmes pour ne pas être blessés par les fruits qui pouvaient tomber de ces arbres. Un seul de ces fruits pèse environ deux à trois livres. Malheur à l'étranger qui, sans le savoir, passe la nuit dans un de ces buissons de palmiers. Les indigènes, eux mêmes, sont très prudents et empêchent les ignorants de camper en un tel lieu pendant la saison où les fruits mûrissent. Au coucher du soleil, nous arrivâmes à Bir Gaoui. Ce poste était entouré d'une zeriba rectangulaire, dont les côtés mesurent 180 mètres de long et forment une haie continue de bois épineux, haute de deux mètres et d'une épaisseur de trois mètres environ. A l'intérieur, s'élevaient les remparts, d'où les soldats pouvaient tirer au loin par dessus la haie. En dehors de la haie était creusé un fossé large et profond d'environ trois mètres.

La garnison forte de 120 fusiliers irréguliers était sortie avec les officiers pour me rendre les honneurs.

Je fis arrêter mes hommes et m'avançai pour rendre le salut. Une musique très peu agréable à l'oreille se fit entendre; on battait de la «Nahas» ([1]) et de la «Nugara», on sonnait de «l'Umbaia», on agitait des calebasses remplies de pierre! Le tout faisait un bruit d'enfer bien suffisant pour une garnison, non de 120 hommes, mais de mille.

Après l'inspection, je saluai Ahmed Chad vin, Gebr Allah et toute la garnison. Certains hommes se firent un

---

([1]) La *Nahas* est un tambour de guerre, en cuivre. La *Nugara* représente un tambour immense fait avec un tronc d'arbres creusé et couvert des deux côtés d'une peau tannée. L'Umbaia est une dent d'éléphant creusée.

plaisir de tirer quelques salves. Ma petite troupe défila alors sur deux rangs et entra, sur mon commandement, dans la zeriba. L'intérieur de celle-ci était rempli de huttes de paille; celles des officiers étaient entourées de hautes murailles en paille. La place était suffisante et ma résidence particulière fut installée dans une autre hutte de paille, à un endroit demeuré libre.

Le poste de Bir Gaoui avait été établi pour protéger les villages environnants. Mais la garnison ne pouvait suffire pour repousser une attaque, et l'utilité du poste était sujette à question.

En descendant de cheval, je me couchai sur un angareb (bois de lit arabe, bas, garni de lanières de cuir), et envoyai chercher Ahmed Chadvin et Gebr Allah pour demander quelques renseignements sur les actes du sultan Haroun. Ahmed Chadvin arriva, appuyé sur des béquilles. Il appartenait à la tribu des Fung; ses ancêtres qui avaient été faits prisonniers par les For, lors de la conquête du Kordofan par ces derniers, avaient été emmenés en captivité dans la contrée.

Il remplissait les fonctions de Hakim Ghot (sorte de préfet) et répondait de la sécurité du pays.

Je lui demandai pourquoi il était boiteux; il me répondit qu'il avait été quelques années auparavant blessé au genou par une balle; depuis ce temps là, ajouta-t-il, j'ai toujours sous la main un cheval tout sellé. Dans la zeriba, cela va encore; mais, quand on voyage par ces temps de trouble, on peut être attaqué à chaque instant; aussi, même quand je dors, mon cheval est-il toujours près de moi, la bride passée dans mon bras. Celui qui jouit de deux bonnes jambes, peut aisément prendre la fuite : avec ma jambe raidie je ne saurais courir ; j'ai dû m'exercer à monter rapidement à cheval avec une seule jambe ».

Je lui demandai des nouvelles du sultan Haroun. Il me répondit que Gebr Allah Agha avait envoyé des espions; ceux-ci étaient de retour depuis quelques heures et racontaient qu'Haroun avait rassemblé ses hommes, mais n'avait pas encore quitté ses montagnes.

Je considérai avec grand intérêt Gebr Allah. C'était un noir grand et bien proportionné, de la tribu des For. Il pouvait avoir 40 ans; son visage réflétait quelque noblesse ; chose rare, il avait un nez aquilin d'une forme parfaite, une petite bouche, le visage entouré d'une barbe naissante. Et cependant ce fourbe avait trahi son beau-père, le sultan Bosch qui lui avait donné pour femme, la plus belle de ses filles. Comment avoir confiance en un tel homme ?

Il avait sans doute d'excellentes raisons pour rester fidèle au gouvernement; sachant fort bien, qu'une fois entre les mains d'Haroun, celui-ci vengerait la mort de son père et de son oncle. Son ambition était d'obtenir le titre de bey, comme Zogal, avec lequel il était en mauvais termes.

Mon voyage et surtout la marche des deux derniers jours me forcèrent à prendre du repos. Je ne pus m'endormir. A un mal de tête accompagné de fièvre se joignait encore une musique infernale qu'on tenait à ne point faire cesser, en l'honneur de mon arrivée.

Le lendemain matin, j'étais brisé et souffrais d'un violent mal de tête, quand Ahmed qui était venu s'informer de ma santé, s'écria presque joyeusement : « Ce n'est rien ; j'ai un de mes hommes qui dissipera, comme par enchantement, votre mal de tête. Il en sait plus long que le docteur de Dara ».

En réalité, il n'y avait pas de docteur à Dara, mais un pharmacien auquel les malades avaient donné le titre de médecin.

« Fort bien, lui dis-je, mais comment s'y prendra-t-il pour me guérir ? » « Très simplement ; il posera ses mains sur ta tête et prononcera quelques paroles ; aussitôt tu seras non seulement guéri, mais encore mieux portant qu'auparavant ».

J'acceptai son offre. Chad vin me présenta l'homme. Il était grand, brun ; sa barbe était toute blanche ; il paraissait appartenir à la tribu des Bornou. Il posa sa main sur ma tête, le pouce sur une tempe, l'index sur l'autre, murmura de longues phrases incompréhensibles et..... pour finir me cracha légèrement à la figure. Brusquement je me levai et lui portai un coup qui le fit tomber à la renverse. Ahmed qui était là, appuyé sur ses béquilles, essaya de me calmer ; il m'assura que ce traitement, souvent éprouvé, était efficace.

Ce fameux docteur se mit à distance respectueuse et me dit : « Les maux de tête sont un des jeux du diable ; je le chasse en prononçant des versets du Saint Coran et des sentences des Saints ; en crachant sur lui je l'expulse lui et sa diablerie. »

Je me mis à rire de bon cœur à l'idée que cet homme me croyait possédé du démon — un très petit diable sans doute — et qu'il voulait m'exorciser !

Je trouvai une seconde expérience inutile ; je dispensai le docteur de toute consultation ultérieure et lui remis, à titre de dédommagement pour le coup qu'il avait reçu, un écu. Il partit non sans avoir appelé sur moi la bénédiction du ciel.

Nous attendîmes, mais en vain, pendant toute la journée, des renseignements sur les opérations de Haroun. Ne sachant à quoi nous en tenir, je consignai mes hommes à la zeriba et les engageai à se coucher de bonne heure.

A peine étais-je endormi, que mon domestique m'éveilla, m'annonçant qu'Ahmed et Gebr Allah désiraient me parler. Je les fis entrer aussitôt pensant qu'ils m'apportaient des nouvelles de Haroun. Mais non; ils venaient simplement pour me dire que, selon la coutume du pays, chacun d'eux me faisait présent d'un excellent cheval de race indigène, présent d'autant plus de circonstance que je n'en possédais qu'un seul. Je leur fis la même réponse qu'à Zogal bey: « J'étais persuadé, ajoutai-je, que nous resterions toujours amis, même sans échanger de cadeaux, pourvu qu'ils remplissent fidèlement leurs devoirs. » Quoiqu'ils parussent affligés de ce refus, je suis convaincu qu'ils en étaient au fond tout à fait enchantés.

Gebr Allah revint toutefois quelques minutes après me demander une seconde audience. Il me réitéra ses regrets de ce que je n'avais point accepté son cheval, puis m'offrit une de ses esclaves. Il se permettait cette offre puisqu'il me savait indisposé et voyageant seul! Il ajouta même qu'elle préparait à souhait les mets du pays, savait tenir une maison et avait quelque connaissance de la médecine.

Gebr Allah dut se retirer après avoir essuyé un second refus.

Je ne pus m'empêcher d'établir une certaine comparaison entre l'habileté de cette esclave en matière médicale et mon docteur de la matinée. Leur science devait nécessairement procéder du même principe.

Le lendemain matin, je me sentais mieux et quand je parlai de cette amélioration à Ahmed, il me répondit aussitôt : « Eh, naturellement ! je le savais bien que tu te porterais à merveille; Isa (c'était le nom de mon docteur) n'a jamais touché quelqu'un sans lui venir en aide. »

Un jour se passa encore sans nouvelles d'Haroun. J'allai avec Ahmed Chadvin et Gebr Allah au marché, distant de la zeriba d'environ 100 pas. Le marché est surtout utile aux habitants des villages voisins qui y trouvent tout ce dont ils ont besoin. On y rencontre aussi parfois les Arabes Beni-Halba, qui habitent cette partie du pays.

Les femmes, assises par terre, y vendent des nattes en feuilles de palmier et d'autres ouvrages de vannerie, des morceaux de viande de girafe, d'antilope et de vache séchés à l'air, du sel, du poivre rouge du Soudan et des légumes indigènes séchés qui entrent dans la préparation de différentes sauces et qu'on mange en buvant de l'asida.

Les hommes vendaient des cotonnades indigènes (Takaki), du fil, du natron, des bâtons de soufre que les Arabes mélangent avec de la graisse pour se frotter la tête. En face, d'autres femmes offrent du merisa dans de grands récipients en terre cuite, ayant la forme de coupes. Çà et là, on rencontre un mouton ou une chèvre qui attendent leur nouveau propriétaire. J'achetai quelques nattes de palmier.

Le lendemain à midi, un messager de Gebr Allah nous informa qu'Haroun continuait à rassembler des hommes, mais n'avait pas encore quitté la montagne. Le quatrième jour de notre arrivée à Bir Gaoui, un second messager vint nous raconter que le sultan Haroun avait appris des indigènes que j'avais quitté Dara avec l'intention de le combattre. Aussi avait-il donné l'ordre à ses gens de se disperser dans les montagnes de Marrah. Fort désappointé de l'échec de mes desseins, je m'en retournai découragé à Dara; auparavant toutefois je visitai la source d'eau sulfureuse, qui en est éloignée de deux heures. Cette source a donné le nom à la contrée de Bir Gaoui, qui signifie le puits brûlant ou à odeur forte. Elle jaillit dans une dépression de terrains sablonneux; les habitants, qui lui ont creusé un lit, utilisent cette eau pour les maladies du sang et des articulations.

Après une absence de neuf jours, j'arrivai de nouveau à Dara. Le Dr. Zurbuchen était parti et avait laissé pour moi une lettre dans laquelle il m'exprimait tous ses souhaits pour la réussite de mon entreprise. Mon pauvre secrétaire arabe, Abd es Sejjid effendi, qui m'avait accompagné jusque là dans mes voyages comme inspecteur des finances et que j'avais laissé malade de la fièvre, aux soins du Dr. Zurbuchen, était devenu fou. Comme je lui rendais visite, il sauta à bas de son lit et voulut m'embrasser en pleurant.

« Dieu soit loué de ce que je te revois, me cria-t-il, le sultan Haroun ne pouvait te faire aucun mal, mais Zogal bey est un traître, garde-toi de lui; j'ai donné l'ordre de chauffer la locomotive; elle t'emportera en Europe, où tu reverras tes frères et tes sœurs. Je t'accompagnerai ; mais tenons-nous en garde contre Zogal bey, cet homme est un coquin ! »

Je calmai le pauvre vieux et le priai d'attendre que la locomotive fût chauffée et le signal du départ donné. Je le recommandai aux soins particuliers de son gardien. Deux jours après le pauvre diable mourut d'un coup de sang.

Je m'occupai ensuite de l'administration de la province de Dara, qui, outre les districts qui en dépendent, était divisée en cinq cercles, ou *gismes*, savoir :

1. Le *gisme* de Dara.
2. » » » Taouescha.
3. » » » Kerchou.
4. » » » Giga.
5. » » » Sirga et Arebo.

Chacun de ces cercles avait une certaine somme d'impôt à payer, mais était en définitive abandonné à l'arbitraire des fonctionnaires.

La perception des impôts est très difficile chez les Arabes nomades, parce qu'ils n'ont aucune demeure fixe et que leur fortune, consistant principalement en bestiaux, ne peut être connue que d'une manière approximative. La coutume était d'imposer pour une somme fixe toute la tribu ; cette somme était ensuite répartie par le sheikh principal dans un conseil des chefs des différentes sous-tribus, et chacune de celles-ci était imposée suivant ses moyens.

Je fis dresser pour chacun de ces cinq cercles une liste des villages qui en dépendaient et pour chaque village un état des personnes y résidant et se livrant à l'agriculture et au commerce. Je pus, de cette façon, avoir au moins une connaissance approximative du nombre des personnes soumises à l'impôt. Je voulais examiner ensuite par moi-même, en faisant quelques voyages d'inspection, la qualité du sol et la valeur de ses produits, afin d'avoir une base pour l'établissement des impôts ; je comptais aussi m'informer dans ces voyages de la situation de fortune des tribus nomades d'Arabes.

C'est alors que je reçus du Bahr-el-Ghazal une lettre de Gessi Pacha dans laquelle il m'annonçait que les missionnaires, le Dr. R. Felkin et le Rév. Wilson, de la mission protestante anglaise de l'Afrique Centrale, se trouvaient en ce moment chez lui. Ils venaient de l'Ouganda et désiraient se rendre à Khartoum par la route de Dara. Ils étaient accompagnés de personnages envoyés par le roi Mtésa à Sa Majesté la reine d'Angleterre. Gessi me priait de les faire protéger pendant leur voyage et m'annonçait qu'ils devaient partir un jour après sa lettre. Je pouvais donc les attendre à tout instant. J'expédiai aussitôt des messagers au sheikh principal de Kallaka, lui recommandant de mettre à la disposition des voyageurs les vivres nécessaires et de les conduire à Dara avec une escorte sûre.

Accompagné d'environ 40 cavaliers, je me portai au-devant d'eux et les rencontrai à deux milles au sud de Dara, dans une petite forêt. Je saluai le Rév. Wilson et le Dr. Felkin et les trouvai tous deux très fatigués de leur long voyage. Nous mangeâmes le déjeuner que j'avais apporté, étendus sur un tapis étalé à l'ombre des arbres. Ils avaient retardé leur arrivée, parce que le bruit s'était répandu que j'étais en guerre avec Haroun, ce qui les avait portés à croire, que les routes étaient peu sûres. Wilson et Felkin, dans la compagnie desquels se trouvaient les envoyés de Mtésa, avaient donc attendu qu'il leur fut assuré qu'ils pouvaient venir sans danger à Dara. Le Dr. Felkin avait étudié à Iéna; il parlait l'allemand correctement, mais j'avais quelque peine à comprendre Wilson, qui ne parlait qu'anglais; mes connaissances en cette langue étant relativement fort minces. Après le déjeuner, nous partimes pour Dara où nous fûmes reçus par la garnison sortie à notre rencontre.

Ces deux messieurs firent usage de ma maison et s'y installèrent, tandis que leurs gens campaient devant la porte sous les tentes.

Zogal bey, Hassan effendi Rifki, ainsi que le Cadi et le Serr et Toudjar, suivis de plusieurs autres encore, vinrent faire leur visite. Lorsque la cérémonie fut terminée et que nous eûmes, selon la coutume, bu la limonade et le café, j'invitai la compagnie à prendre congé de nos hôtes qui avaient besoin de repos.

Cependant les envoyés du roi Mtésa m'ayant fait comprendre par un interprète qu'ils mangeraient volontiers de la viande, je leur fis livrer un bœuf gras. Dès que ce dernier eut été abattu par mes gens, ils le dépecèrent eux-mêmes, se le partagèrent et le firent rôtir sur un brasier en plein air.

Mais voilà qu'ensuite, ils redemandèrent de la *merisa*, qu'un vieux pêcheur de nègre quelconque leur avait donné à goûter et qu'ils avaient trouvé tout simplement exquise. N'étant guère compétent dans cette question de bière et ne pouvant distinguer la bonne de la mauvaise, je priai Zogal d'envoyer la quantité de bonne bière nécessaire à mes hôtes, en lui recommandant de prendre en outre toutes ses mesures pour que leurs gorges desséchées fussent enfin humectées convenablement.

Le Dr. Felkin et Wilson nous firent part de leurs voyages personnels et nous décrivirent les mœurs et les coutumes des tribus nègres établies au bord des lacs.

Je me pris à regretter alors d'être retenu au Darfour et de ne pouvoir explorer la région des lacs.

L'escorte de mes hôtes, établie devant la maison, et gorgée de viande et de bière, était devenue d'une gaieté bruyante. Nous entendions ses cris et ses rires qui parvenaient jusqu'à nous. Poussé par la curiosité, je sortis. Je trouvai alors ces gens dans une gaîté complète. Ils riaient, criaient et dansaient, ou plutôt sautaient autour du feu sur lequel rôtissaient encore des quartiers de viande. Tout auprès se trouvaient les tonneaux de bière, à moitié vides. Les soldats se tenaient tout autour, en cercle, avec leurs femmes, mélangés avec quelques habitants de Dara qui regardaient, étonnés, ces étranges démonstrations d'allégresse.

Je retournai auprès de mes amis et leur fis part de la joyeuse disposition d'esprit de leur escorte.

Le Révérend Wilson me pria cependant de ne pas laisser trop de liberté à ces gens, mais de donner l'ordre d'observer une juste mesure dans la distribution des spiritueux; car ils en viendraient facilement à commettre des excès.

Nous restâmes ensemble jusqu'à une heure fort avancée de la nuit. Ils me racontèrent les derniers événements survenus dans l'Afrique Centrale et je leur rapportai ceux d'Europe.

CHAPITRE II.

Nos récits nous amenèrent à la même conclusion: c'est que (dans le monde entier) au nord comme au midi, la jalousie, les que... .es régnaient parmi les hommes. Nous ne nous séparâmes qu'après minuit.

Le matin suivant, nous fîmes, après déjeuner, une petite promenade à cheval aux environs de Dara. De retour à la maison, un des domestiques me raconta en riant qu'un chameau avait mis en fuite toute la mission du roi Mtésa.

Le Dr. Felkin que j'interrogeai à ce sujet me répondit que la chose était fort possible, attendu qu'il n'y avait pas de chameaux dans le pays de Mtésa et que ses envoyés n'en avaient rencontré aucun pendant le trajet de Kallaka au Bahr el Ghazal. Ils devaient sans doute avoir pris l'animal pour un être extraordinaire; rien de plus naturel alors qu'ils se fussent enfuis.

Je fis remarquer au Dr. Felkin qu'il serait bon d'habituer ses gens à la vue de ces animaux, puisqu'ils devaient continuer leur voyage à dos de chameau. Je le priai en outre de rassembler ses gens au complet. Le Dr. Felkin approuva mon projet. J'envoyai immédiatement chercher par l'un de mes domestiques un grand et gros chameau qui se trouvait chez un marchand de ma connaissance.

Comme l'animal, mené à un licou, faisait son apparition inattendue, toute la bande, de nouveau épouvantée, voulut prendre la fuite. Seule, notre présence put les déterminer à tenir bon en face du monstre.

Le Dr. Felkin leur expliqua alors que le chameau était un animal domestique des plus doux, des plus patients et qu'ils se serviraient de ce quadrupède à deux bosses pour continuer leur voyage.

Non sans hésiter, nos gens s'approchèrent un peu. Je donnai l'ordre à un kawas, de monter « à cru » l'animal, de le faire agenouiller, puis se relever, leur montrant ainsi que ce « monstre » n'était pas redoutable. Enfin, l'un des plus déterminés de la troupe, sur mon invitation, se déclara prêt à monter sur le chameau. Je le fis placer sur le dos de l'animal agenouillé. Mais lorsque celui ci se leva, l'homme, ainsi enlevé à une hauteur insolite, se cramponna des pieds et des mains à l'animal, en poussant des cris d'angoisse. Au bout de quelques minutes, il se remit de sa frayeur, s'assit convenablement, et nous sourit bientôt du haut de son siège.

Il se mit à parler avec ses compagnons qui, enhardis, s'approchèrent peu à peu de l'animal. Tout à coup, sans doute sur l'invitation du cavalier, tous s'élancèrent sur le chameau et voulurent grimper aux jambes et au cou de l'animal. L'un d'entre eux lui avait même empoigné la queue afin d'arriver à son compagnon par cette voie peu ordinaire.

Le chameau certes est patient; mais c'était trop abuser de sa patience et de sa mansuétude! Epouvanté d'une attaque aussi intempestive, il cambra ses reins et se mit à ruer, de telle sorte que les assaillants eurent bien vite abandonné leur projet d'escalade. Le cavalier fut projeté sur le sol par les secousses; celui qui s'était suspendu à la queue de la bête se frottait les genoux que le sabot de l'animal avait caressé suffisamment pour lui causer quelque douleur.

Nous rîmes beaucoup de toute cette comédie. Ces gens cependant prirent leur temps et l'un après l'autre, à demi-rassurés, à demi-contents, firent tranquillement leur premier « exercice d'équitation ».

CHAPITRE II.

J'avais à la maison plusieurs petits nègres, achetés à des marchands d'esclaves. Voyant que le Dr. Felkin n'en avait point, je le priai d'en accepter un capable de lui rendre quelque service, et lui remis un petit Fertit, du nom de Kapsoun. Il accepta avec plaisir ce bambin, à la mine éveillée, et promit de faire son éducation en Europe.

Quelle fut ma surprise, quand, deux ans et demi plus tard, je reçus à Fascher une lettre écrite en anglais par le petit Kapsoun. Comme il me remerciait de l'avoir fait conduire, par le Dr. Felkin, dans un pays où les hommes étaient si bons et si aimables! Il ajoutait qu'on pouvait le compter maintenant au nombre des membres heureux appartenant au christianisme. Il avait joint à sa lettre une photographie qui le représentait en un élégant costume.

Les quelques jours qui suivirent passèrent trop rapidement en la compagnie de mes hôtes. Le Révérend Wilson et le Dr. Felkin, me quittèrent suivis de leur escorte. Tous les membres de celle-ci s'étaient déjà passablement habitués à monter à chameau. C'est ainsi qu'ils se rendirent à Khartoum par Taouescha.

Quelques jours après leur départ, je reçus de Messedaglia bey, le Gouverneur du Darfour, une communication confidentielle; il était, disait-il, résolu à en finir avec Haroun dont les attaques devenaient de plus en plus nombreuses.

Dans ce but, il me prescrivait de me préparer en secret à marcher, au jour fixé, par Manoashi et Koubba sur Niurnja, (ancienne résidence des sultans du Gebel Marrah); et d'attaquer la ville avec une division d'infanterie régulière.

En même temps, des troupes devaient s'avancer de Fascher, par Turra, et de Kolkol, par Abou, pour se réunir au jour fixé, à Niurnja.

Conformément à ces instructions, je quittai Dara avec 220 hommes d'infanterie régulière et 60 Basingers.

Je ne pris que six chevaux; de la cavalerie nous eût coûté, en effet, trop de difficultés dans les montagnes, les chevaux qui n'étaient pas ferrés ne pouvant opérer qu'en plaine.

C'était en février; il faisait un froid assez sensible. A Manoaschi, je visitai le monument d'une extrême simplicité du dernier roi de la dynastie des For, enterré dans la Djami. Le jour suivant, nous campâmes devant Koubba, à l'entrée du défilé conduisant au Gebel Marrah.

Nous étions dans le voisinage de l'ennemi; je renforçai les postes, mais la nuit se passa sans incident. De bonne heure, le lendemain, nous dépassâmes lentement le défilé; un détachement marchait sur le versant de la montagne pour protéger les flancs de la colonne.

La traversée du défilé dura une heure et demie; enfin nous atteignîmes Hella Abd el Gelil, village où résidait l'un des chefs du Sultan Haroun; depuis la veille, il avait quitté le village.

Le froment que nous trouvâmes en arrivant fut distribué à mes hommes, et nous nous remîmes en marche. Le sentier pierreux, parfois très raide, fatiguait extrêmement mes soldats peu habitués aux ascensions.

Le pays était totalement abandonné; nulle part on ne voyait trace d'un être vivant. Aux abords du chemin, çà et là, sur les pentes ou sur les petits plateaux, des huttes en paille, à soubassements de moellons. Dans quelques-unes de ces huttes nous trouvâmes des provisions de blé et des fruits de figuier sauvage (Djimesa, Ficus Sycomorus).

Après une courte marche, nous fimes halte sur un petit plateau élevé et nous préparâmes à y passer la nuit. Pour ne pas trahir notre présence, nous nous abstinmes de faire du feu; nous eussions pu pourtant facilement nous procurer du bois en détruisant les huttes qui se trouvaient à notre portée. Il est vrai que, quoique chaudement vêtus, chacun se ressentit vivement du froid. Mais cet acte de prudence nous était commandé, car nous devions toujours nous attendre à une attaque nocturne.

Toute la journée suivante fut consacrée à la marche. Nous établimes nos quartiers de nuit sur une plaine pierreuse.

Un de mes officiers me fit remarquer qu'on nommait cette place « Dem-el-Fakd », le camp de la perte parce Zobeïr Pacha, alors qu'il poursuivait le sultan Hassab Allah, y perdit nombre de ses hommes par suite du froid extraordinaire qui régnait à cette époque.

Le lendemain matin, quelques hommes se déclarèrent malades, bien que j'eusse permis de faire un peu de feu. Je les fis transporter sur des ânes et sur des mulets qui accompagnaient l'expédition.

Vers midi, arrivés sur l'un des plus hauts points de la chaîne des montagnes de Marrah, nous aperçumes, au loin, notre but: Niurnja.

Du pied de la montagne, un vallon aux sinueux replis se déroule dans la direction de la ville; plus loin, il forme une sorte d'entonnoir à fond plat, couvert de figuiers sauvages, dans lequel est située la vieille résidence des anciens maîtres du pays.

J'aperçus avec ma lunette d'approche des gens qui sortaient des maisons tenant leurs chevaux par la bride.

Il nous fallait presque quatre heures pour descendre de la montagne, grâce aux tortueux lacets que forme le chemin. Vers le soir, nous étions à Niurnja.

Nous avançâmes avec prudence, et reconnûmes bientôt que la ville était complètement abandonnée.

Nous y entrâmes sans tirer un coup de fusil.

Je fis occuper par mes gens la Djami d'Haroun; cette mosquée occupe un point élevé, elle est isolée de toutes parts et entourée d'un rempart de pierre haut d'un mètre et demi et d'environ 100m^2; tout cela en faisait un point admirable pour repousser une attaque.

Vers le soir un montagnard qui s'était glissé dans nos postes fut fait prisonnier. On me l'amena, mais comme il ne comprenait pas l'arabe; je lui fis demander par un interprète où s'était retiré Haroun. Je le rassurai sur son sort, lui promettant la liberté dès le lendemain matin. Il me dit alors qu'Haroun avait quitté Niurnja, le matin même, avec toute sa suite et s'était dirigé du côté de l'ouest, vers Abou Haraz.

Avant son départ, il avait fait cacher dans la montagne, à environ trois kilomètres de distance, les jeunes esclaves qui n'auraient pu supporter la marche, ainsi que les chevaux.

Comme je devais attendre les troupes de Fascher et de Kabkabia, qui auraient dû nous rejoindre ce jour-là et que, d'un autre côté, je ne pouvais songer à poursuivre Haroun, je promis à l'homme une bonne récompense s'il me conduisait à la « cachette » en question.

Au lever du soleil, je quittai le campement avec 100 hommes d'infanterie régulière et deux chevaux. Le guide marchait en tête, surveillé par deux soldats. Nous étions en marche depuis une demi-heure à peine quand tout à coup, j'entendis quelques coups de feu qui, isolés d'abord, ne tardèrent pas à se transformer en une véritable fusillade.

Les coups venaient du côté du campement. J'en conclus qu'Haroun avait rebroussé chemin pendant la nuit et surpris mes hommes.

Nous fîmes volte-face; au pas de course, nous atteignîmes la lisière de la vallée, et, comme j'étais à cheval et que je pouvais voir beaucoup plus loin que mes hommes, j'aperçus, à mon entière stupéfaction, des soldats combattant d'autres soldats.

J'ordonnai à mon trompette, que pendant cette marche rétrograde inattendue, j'avais pris en croupe afin qu'il ne fut pas trop essoufflé de jouer la sonnerie de « Colonel » et de « Cessez le feu ». Mais la fusillade continua ; ce ne fut qu'à la répétition de la sonnerie que le feu cessa. J'étais arrivé moi aussi en plein dans la mêlée et je reçus, sans en être blessé, une balle qui traversa le manteau gris, que je portais par dessus l'uniforme pour me protéger contre le froid. Une autre balle avait égratigné la jambe droite de derrière de mon cheval.

Je fis réunir autour de moi tous les officiers et l'incident me fut alors expliqué de la manière suivante.

Les troupes de Fascher, sous les ordres de Gasmi effendi, auquel était adjoint un indigène Mohammed bey

Khalil, avaient appris la veille que le sultan Haroun se trouvait à Niurnja. Elles avaient marché toute la nuit et s'étaient avancées, protégées par les maisons. Les troupes que j'avais laissées, se chauffaient tranquillement autour d'un feu, n'ayant pas jugé nécessaire de faire bonne garde. Quand les troupes de Fascher ouvrirent le feu sur elles, les prenant pour des soldats de Haroun, mes hommes de leur côté croyant à une attaque du sultan rebelle, se mirent eux aussi à tirer sur les agresseurs qui se trouvaient protégés par les huttes. Quoique Mansour effendi Hilmi, le même qui assistait au meurtre de Soliman Zobeïr, et que j'avais laissé auprès de mes hommes fit sonner aussitôt « l'alarme » et le « feu rapide, » les troupes de Fascher ne cessèrent par de tirer, car, comme le disait Mohammed bey Khalil, « le sultan Haroun possédait aussi des soldats et des trompettes qui portaient le fez »

Ce ne fut qu'à mon arrivée et en entendant mes sonneries qu'ils comprirent leur erreur et que des troupes obéissant au même chef s'entre-tuaient mutuellement. De mes gens, qui étaient protégés par des murs en pierre, trois furent tués et quatre blessés. Les troupes de Fascher enregistrèrent quatre morts et sept blessés.

Je fis panser les blessés et, sur le champ même, dressai procès-verbal de l'incident, pour l'expédier aussitôt aux autorités.

L'étalon blanc que j'avais acheté de Zogal bey et que j'avais laissé à la Djami avec mes gens, avait été traversé de part en part à la gorge, près de la poitrine. Je trouvai la pauvre bête étendue sur le sol, épuisée par la perte de sang. La balle n'ayant touché aucune partie essentielle, il se remit peu à peu. Je le fis entraver et lui introduisis, à l'aide d'une baguette de fusil, une bougie dans la blessure. Huit jours après, il était tout à fait rétabli.

Nous restâmes dix jours à Niurnja, sans nouvelle aucune. Les troupes qui, comme il avait été convenu, devaient avoir quitté Kolkol, n'étaient pas arrivées et la communication avec les hommes que nous avions laissés à Dara et à Fascher était coupée par les montagnards, qui ne laissaient passer aucune estafette isolée.

Dans l'intervalle, j'allai dans les montagnes visiter le territoire de Abd er Rahman Kousa, l'un des principaux chefs de Haroun. Ses villages étaient totalement abandonnés; les habitants s'étaient retirés dans la montagne, derrière de gros massifs pierreux d'où ils nous observaient. Toujours prévenus à temps de nos marches, ils avaient ainsi le temps de se sauver.

La vallée que nous parcourûmes était couverte de forêts. Sur les arbres, des vases ronds, en argile, avaient été déposés pour recevoir des essaims d'abeilles qui abondent dans ces parages. Sur l'avis prudent du Sherteia (sheikh) Tahir, un originaire du Gebel Marrah, nous évitâmes ces arbres et passâmes assez rapidement pour ne pas troubler cette multitude d'abeilles.

Nous campâmes à une demi-lieue environ plus loin, sur le revers d'une montagne. Au coucher du soleil, Sherteia Tahir se rendit aux ruches pour recueillir un peu de miel, accompagné de quelques hommes chargés de bois et de paille. Ils allumèrent un grand feu dont la fumée chassa les abeilles et ils revinrent bientôt chargés de miel.

Ils ramenèrent aussi, couché sur un brancard, un de nos Basingers mourant. Cet homme, au moment de notre passage près des ruches, était sans doute resté seul et en arrière; le visage et les mains enveloppés de linges, il avait tenté de prendre quelques rayons de miel. Furieuses, les abeilles l'avaient attaqué et atrocement maltraité. Le Basinger était probablement tombé de l'arbre et était resté évanoui jusqu'au moment où Sherteia Tahir l'avait trouvé. Son visage, criblé de piqûres d'abeilles excitées, n'était plus qu'une masse méconnaissable, de la grosseur d'une énorme courge. Jamais je n'avais vu un homme, vivant, et d'un aspect si effrayant. Quelques heures plus tard, le malheureux rendit l'âme, sans avoir repris connaissance.

Avant le lever du soleil, Tahir nous quitta. Il redoutait une attaque des abeilles, dont la vengeance n'était sans doute pas encore satisfaite. L'expérience lui conseillait de ne pas s'attarder en route.

De retour à Niurnja, je fis lever le camp et nous partîmes pour Mortal en passant par Dar Omongani.

En route, nous traversâmes quelques villages et en surprîmes les habitants, qui n'avaient pas été informés de notre marche. La plupart d'entre eux se trouvaient avec le sultan Haroun; ceux qui restaient parvinrent à s'échapper. Nos soldats purent s'emparer d'une trentaine de femmes. Les pauvres diables avaient eu trop de misères à supporter pour qu'on leur refusât l'autorisation de disposer de leurs prisonnières.

Nous pûmes ensuite nous approcher d'un village sans être aperçus par les habitants; mais dès qu'ils nous virent, ceux-ci remplis d'effroi, se mirent en toute hâte à escalader les montagnes avoisinantes. J'étais à cheval en avant de mes hommes et ne pus apercevoir aucun homme parmi les fuyards. Je fis sonner la « halte », afin que ces pauvres femmes eussent le temps de se mettre en sûreté. Puis, je fis sonner « en avant » et comme j'avais remarqué qu'une femme avait abandonné sur un rocher deux petits enfants qui la gênaient dans sa fuite précipitée, je m'approchai de cet endroit et trouvai deux charmantes petites fillettes, toutes nues, le cou et les cuisses ornés de colliers de perles rouges. Elles semblaient jumelles; toutes deux étaient noires comme des corbeaux et pouvaient avoir de 16 à 18 mois. Elles se tenaient l'une contre l'autre en pleurant. Je descendis de cheval, pris entre mes bras les petites qui se débattaient et leur donnai quelques morceaux de sucre que j'avais fait prendre dans ma gibecière. Le sucre sans doute était de leur goût, car elles se mirent à sourire au milieu de leurs larmes.

Je les enveloppai chacune dans un foulard de couleurs variées et éclatantes — j'en portais toujours avec moi pour les distribuer en cadeaux — et les ayant replacées toutes consolées sur le rocher, je m'éloignai; je regardais longtemps en arrière, et vis à la fin de très loin une forme humaine descendre la montagne et accourir vers les fillettes. C'était sans doute la mère, qui retrouvait avec joie ses enfants!

Arrivé à Mortal, après une marche de trois jours, je laissai les troupes de Fascher regagner leur garnison, tandis que je me dirigeai moi-même vers Dara.

Toutefois avant de partir, je fis rassembler les prisonnières de mes hommes et leur rendis la liberté. Quant aux soldats, je leur fis expliquer par un interprète que les maris de ces femmes devant fatalement un jour ou l'autre faire leur soumission au Gouvernement, nous devions aide et protection à leurs femmes et à leurs enfants. Les captives me remercièrent et retournèrent bien vite à leur maison.

Le lendemain, à midi, comme nous prenions un instant de repos, mes soldats m'amenèrent quelques individus de la tribu des Beni Mansour. Ces gens m'informèrent que le sultan Haroun avait attaqué Dara, et que, repoussé, il s'était retiré sur Manoashi, éloigné d'une petite journée de marche de l'endroit où nous étions arrêtés et qu'il avait pillé le village.

Haroun avait également attaqué, pillé, puis brûlé le village de Tauera, qui appartenait au sheikh Meki el Mansour, et situé environ à six lieues. Il devait pour le moment occuper les alentours de ce village. Le sheikh lui-même, que je connaissais bien, n'avait échappé à la mort qu'à grand'peine.

J'ordonnai à ces gens de m'amener le sheikh Meki el Mansour et marchai sur Manoaschi.

Le soleil allait se coucher. Je fis sonner la halte et prescrivis aux hommes de se reposer, quand Meki se présenta à moi. Il était dans un fort piteux état et m'affirma qu'il ne lui restait pour tout bien que les habits qu'il avait sur le corps; et encore avaient-ils été déchirés en maint endroit par les épines et les ronces.

Je le priai de me raconter brièvement ce qui s'était passé.

Le sultan Haroun, me dit le sheikh, avait quitté Niurnja avec toutes ses forces, et était descendu dans la plaine, sur Abou Haraz, après une escarmouche avec la garnison de Kolkol. Celle-ci s'était retirée à Kabkabia, sans avoir éprouvé de pertes sérieuses. Je comprenais maintenant pourquoi nous l'avions attendue vainement à Niurnja. Le sultan s'était ensuite dirigé par la route de Dar Beni Halba et de Gebel Tadja directement sur Dara, où l'on ne fut informé de sa marche que quelques heures avant son arrivée.

Dans une attaque qu'il fit pendant la nuit, il fut, il est vrai, repoussé par la garnison de Dara ; mais plusieurs des habitants de la ville furent tués, et parmi eux, Chater, un frère du vizir Ahmed Schetta. Beaucoup de femmes en outre furent faites prisonnières.

Le lendemain, Haroun marcha sur Manoashi qu'il détruisit presque entièrement. Les habitants eurent à peine le temps de prendre la fuite. De là, le sultan envoya un détachement sur le village de Tauera, qu'il livra aux flammes. Les femmes, arrêtées dans leur fuite, furent gardées comme prisonnières. Le sheikh Meki lui-même, qui me narrait ces évènements, fut blessé légèrement à la cuisse.

S'étant tenu caché dans les fourrés, il ne dut qu'à sa bonne étoile de s'en tirer vivant. Haroun devait se trouver à environ quatre milles au sud-ouest de notre position. Mais Ahmed Chadyin et Gebr Allah, qui n'avaient pas pu l'attaquer, avec leurs forces insignifiantes lors de son passage à Dar Beni Halba, le suivaient à distance avec leurs troupes, afin de pouvoir au moins faire parvenir à Dara et à Fascher des nouvelles des mouvements de l'ennemi.

Je leur envoyai aussitôt l'ordre de me rejoindre pendant la nuit même et invitai Meki à faire partir ses gens en éclaireurs, afin de savoir exactement l'endroit où campait Haroun.

Au lever du soleil, Ahmed Chadvin et Gebr Allah Agha arrivèrent avec 100 et quelques Basingers. Presque en même temps, on m'annonça que Haroun était déjà parti avec ses troupes et qu'il avait complètement abandonné son campement. Une femme de la tribu de Meki el Mansour, qui avait suivi les éclaireurs, nous raconta que le sultan Haroun, avant de partir, avait fait venir toutes les prisonnières.

« J'ai appris, leur dit-il, que Slatin, l'infidèle, avait accordé la liberté à toutes les femmes prises par ses soldats. Il ne convient donc pas que moi, le sultan fidèle, je vous conserve comme butin et vous emmène avec moi. Je vous rends donc la liberté et ne retiens que celles qui sont de ma famille et dont je suis par conséquent le chef. »

Ses gens, en effet, avaient fait prisonnières quelques Miram (princesses de la race royale des For), à Dara et une autre princesse de Tauero. Cette dernière était précisément la femme du sheikh Meki el Mansour. Le malheureux se livrait déjà à la joie que lui causait la nouvelle de la générosité de Haroun, quand on lui apprit que sa femme ne se trouvait pas au nombre des captives rendues à la liberté. Jugez de sa tristesse !

Pendant mon séjour au Gebel Marrah, le froid intense qui régnait alors avait fait périr quelques-uns de mes hommes. Ceux qui se nourrissaient de mérisa et de viande avaient facilement supporté la rigueur du temps; mais ceux qui se nourrissaient de lait avaient succombé.

Je fis reprendre la marche et terminai mon rapport. Je laissai en arrière tous ceux qui étaient faibles et malades, disposant encore de plus de 175 hommes d'infanterie régulière et de 140 Basingers.

Les chevaux, n'étant pas ferrés, s'étaient blessés aux sabots sur les chemins pierreux des montagnes; seul mon cheval blanc qui s'était remis de ses blessures était en état de marcher.

En quelques heures nous atteignîmes le camp abandonné par Haroun. Auparavant j'avais envoyé à Dara des messagers chargés d'annoncer que je restais à Manoashi; d'autres avaient l'ordre de presser les tribus arabes des Beni Halba et des Messeria qui se trouvaient dans le voisinage de venir me rejoindre le plus rapidement possible avec leurs chevaux.

Nous suivîmes la trace de l'ennemi qui devait avoir une avance d'au moins neuf à dix heures. Cette trace bien marquée conduisait d'abord vers le nord-ouest, puis droit au nord, dans la direction de Fascher. D'après les rapports que j'avais reçus, le sultan Haroun pouvait avoir à peu près 400 fusils, quelques centaines de gens armés seulement de lances et d'épées et environ 60 cavaliers; il ne pouvait guère, avec ces forces, attaquer Fascher, où l'on était sans doute déjà informé de sa présence dans la plaine. Quelles pouvaient donc être ses intentions?

Comme la nuit tombait, nous dûmes faire halte, les soldats étaient épuisés; dans l'obscurité, nous ne pouvions suivre avec certitude les traces indistinctes qui se ramifiaient en tous sens. Mais au lever du soleil nous reprîmes notre route; toute la journée nous marchâmes sans nous arrêter et sans camper; à peine accordai-je quelques instants de repos. Je marchai à pied, afin d'encourager les hommes.

Ils avaient fait des marches fatigantes dans le Gebel Marrah; ils avaient rudement souffert du froid et de la faim et auraient été naturellement enchantés de rentrer dans leur garnison, où j'aurais pu, ils le savaient bien, les remplacer par des troupes fraîches. Mais nous n'avions pas de temps à perdre et je le leur avais fait comprendre avant de nous mettre à la poursuite de Haroun: il ne leur restait qu'à se résigner.

Nous campâmes à environ deux milles du Gebel Haraz; nous étions à peine éloignés de Fascher de deux jours de marche. Comme nous n'avions pas eu le temps, avant notre départ, de nous approvisionner suffisamment et que nous n'avions rien trouvé dans les villages pillés par Haroun; comme, d'autre part, le chemin qu'il avait suivi, se trouvait en dehors de tous lieux habités, la faim commença à se faire cruellement sentir chez mes gens. Je leur ordonnai de se secourir mutuellement le plus possible et leur promis des vivres pour le lendemain, à moins d'une rencontre avec l'ennemi, rencontre qu'il fallait prévoir.

Comme nous atteignions le lendemain matin, un peu après le lever du soleil, les puits de Gebel Haraz, nous les trouvâmes abandonnés. Nous n'avions pas encore apaisé notre soif — l'eau nous ayant manqué également la veille, — que mes soldats amenèrent une femme qui était cachée dans le voisinage et qui voulait fuir, nous prenant pour des ennemis. Elle raconta que, la veille Haroun avait surpris et pillé le village d'Omer, sultan de Massabat, village situé à une petite lieue de là; un grand nombre d'habitants avaient péri dans l'affaire. Les survivants, femmes et enfants, se tenaient cachés dans les fourrés voisins presque impénétrables. Haroun s'était retiré à l'aube et ne devait pas se trouver bien loin. Cette nouvelle nous rendit très heureux car nous étions convaincus qu'une rencontre avec Haroun était imminente.

Nous nous remîmes aussitôt en route. La femme nous servit de guide et, laissant à droite le village pillé, nous trouvâmes, après une heure et demie environ de marche, les traces encore toutes fraîches de l'ennemi. Mes soldats étaient redevenus joyeux et marchaient gaiement ; ils étaient ravis de la rencontre, car ils pensaient qu'après la victoire ils pourraient retourner auprès de leurs femmes et de leurs enfants et se reposer de tant de fatigues.

Nous suivions la direction de l'est. Il pouvait être 11 heures du matin; nous nous trouvions en vue de deux petites collines pierreuses, quand des gens de Ahmed Chadvin, qui marchaient sur notre flanc pour nous protéger, amenèrent un homme.

Celui-ci raconta qu'il avait été blessé et fait prisonnier dans le village d'Omer, qu'il venait de s'échapper et avait reconnu de loin mes hommes à leur fez rouge. Le sultan Haroun, ajouta-t-il, était posté en arrière des collines de pierre que nous apercevions tout près de nous, à Rahat en Nabak.

Nous fûmes bientôt à proximité des deux collines. Je me portai un peu en avant, afin de reconnaître la position de l'ennemi.

Haroun était en effet campé à 2500 mètres environ en arrière des collines, sur un terrain en pente et je pouvais voir distinctement au moyen de ma lunette, qu'on était en train de seller les chevaux et qu'il régnait dans le camp une grande agitation. Haroun avait donc connaissance de mon approche et se préparait à livrer bataille ou bien à continuer sa route. Je donnai rapidement mes ordres.

Je pris avec moi 130 hommes d'infanterie régulière. Woled el Abbas avec 45 réguliers et 40 Basingers se porta sur ma gauche, à une distance d'environ 1000 mètres et sur la même ligne, tandis que Ahmed Chadvin et Gebr Allah Agha avec le reste de mes hommes restaient provisoirement en réserve, sur ma droite, dissimulés par une hauteur. Je marchai à l'ennemi, qui se préparait au combat, tandis que Wolod-el-Abbas contournait la colline qui se trouvait à ma gauche, conservant exactement la distance prescrite.

Arrivés à 1000 mètres environ de l'ennemi, nous entendîmes siffler les premières balles des Remington de Haroun. Mon cheval qui avait déjà été blessé devenait ombrageux et refusait d'avancer malgré les coups de cravache et d'éperon; je dus descendre et conduire à pied mes hommes au pas de course, sous le feu de l'ennemi, jusqu'à environ 600 mètres. Là, je fis faire halte et tirer la première salve; en même temps, Woled el Abbas recevait l'ordre d'avancer au pas gymnastique, de se porter sur la droite et d'engager un feu nourri contre le flanc droit de l'ennemi. L'ordre fut exécuté d'une manière si rapide et si précise que Haroun ne put résister à ce feu croisé, extrêmement violent, et se vit bientôt forcé de se retirer vers le sud. Alors Ahmed Chadvin et Gebr Allah tombèrent sur les flancs de l'ennemi qui battait en retraite avec beaucoup d'ordre; mais ce mouvement ne tarda pas à se changer en une véritable fuite. Le sultan Haroun, qui avait eu son cheval tué sous lui, ne dut son salut et celui de sa famille qu'à la rapidité de sa course; car mes soldats étaient trop épuisés pour les poursuivre sérieusement et nous n'avions malheureusement pas de cavalerie.

Au coucher du soleil nous campâmes de nouveau près des sources de Gebel Haraz, où le butin fut apporté. Nous avions pris environ 160 fusils, quatre gros tambours en cuivre, tous les drapeaux, au nombre de quatre, et deux chevaux. Les femmes prises par les soldats de Haroun dans les razzias antérieures, s'étaient toutes échappées. Nos pertes étaient relativement importantes; nous avions 14 morts et environ 20 blessés. Parmi les morts se trouvait un chef monté des Basingers d'Ahmed Chadvin, du nom de Babika, qui, en poursuivant le sultan Haroun, l'avait attaqué personnellement et avait été tué par ses gardes. Les pertes de Haroun étaient beaucoup plus sérieuses que les nôtres.

Comme je l'appris par quelques-uns des captifs délivrés, Haroun avait l'intention de se joindre à la tribu des Mima, dont il avait reçu un message l'informant qu'ils n'attendaient que son arrivée pour se soulever contre le Gouvernement.

Le sultan Haroun se retira avec ce qui lui restait de troupes dans le Gebel Marrah, tout près de là; moi je partis directement pour Dara. En route je rencontrai 400 cavaliers environ des Beni Halba et des Messeria qui, comme je le leur avais demandé, arrivaient à mon aide, mais malheureusement trop tard.

A Dara, tout était encore dans la plus grande confusion. Les riches marchands, effrayés par l'attaque nocturne et inquiets pour leurs biens et leur vie, s'étaient, avec leurs familles, réfugiés dans la forteresse, déjà toute remplie de gens, attendant dans la plus grande avidité l'issue du combat engagé contre Haroun. Dès qu'ils connurent le résultat, ils se déclarèrent prêts à obéir avec joie à mes ordres et quittèrent la citadelle pour réintégrer leurs demeures.

Le sultan Haroun s'était bien vite remis de sa défaite et, réunissant ses fidèles autour de lui, s'était rendu à Dar Gimmer, dépendance de la moudirieh de Kolkol. Là, il tomba à l'improviste sur les Arabes, enleva les chameaux et les troupeaux de bœufs et, quelques marchands étant tombés entre ses mains, il les tua et s'empara de leurs marchandises.

Le moudir de cette province, Nur bey Angerer, informé de ce qui se passait, marcha contre Haroun. Avec sa rapidité bien connue, il franchit en 26 heures à peine une distance évaluée à deux journées de marche.

Aux premières lueurs du matin, il surprit Haroun dans son camp. Le sultan voulut sauter sur son cheval; mais la sangle se rompit; c'était déjà un mauvais présage. Haroun se fit amener un second cheval, mais il avait à peine le pied à l'étrier qu'une balle l'atteignit en pleine poitrine. Il tomba mort sous sa monture. Ses gens surpris par l'irruption soudaine des troupes du moudir et plus encore par la perte de leur chef s'enfuirent en toute hâte, abandonnant tout le camp à Nur Angerer.

Celui-ci fit trancher la tête du sultan Haroun et l'envoya à Fascher en témoignage de sa victoire. Les partisans de Haroun qui avaient échappé, se réunirent dans la suite à Gebel Marrah et s'y choisirent pour nouveau maître le sultan Abdullahi Doud Benga, fils du sultan Abaker et cousin de Haroun. Un nouveau coup de main sur le Darfour paraissait dès lors peu probable, et la tranquillité semblait devoir désormais régner dans la contrée.

Dans l'intervalle, j'avais reçu de Messedaglia une lettre m'annonçant qu'il se rendait à Khartoum pour y recevoir sa femme et la conduire de là au Darfour.

J'appris plus tard qu'une fois arrivé à Khartoum, Messedaglia eut des démêlés avec le Gouvernement qui le força à donner sa démission. Ali bey Chérif, ancien moudir du Kordofan, lui succéda.

A cette même époque, c'est-à-dire à la fin de 1879 ou au commencement de 1880 je reçus de Gordon Pacha les lignes suivantes :

Abyssinie, Debra Tabor.

Mon cher Slatin !

Après avoir accompli ma mission auprès du roi Jean, je voulais reprendre le chemin par lequel j'étais venu. Mais près de la frontière de Gallabat je me heurtai, aux gens du Ras Adal qui me forcèrent à rebrousser chemin. On me conduit sous escorte à Kassala ou à Massaouah.

J'ai brûlé tous papiers compromettants.

Le roi Jean ne sera guère réjoui d'apprendre qu'il n'est plus maître dans sa maison.

Votre ami,
Gordon.

CHAPITRE III.

Le Gouvernement du Darfour.

De l'administration de Dara. — Mes difficultés avec les Gellaba. — Inspection des districts du sud. — Arrivée à Shakka. — Madibbo bey, sheikh des Risegat. — Ma visite à Khartoum. — Entretien avec le Gouverneur général. — Arrivée de Gessi à Khartoum. — Je me rends dans l'ouest avec l'évêque Comboni et le P. Ohrwalder. — Je suis nommé Moudir Umum du Darfour. — Nur Angerer. — Hostilités entre les Arabes Mahria et les Arabes Bedejat. — Expédition au pays des Bedejat. — Salih Dunkousa et l'arbre Heglig. — Négociations avec les sheikhs des Bedejat. — Cérémonie du serment de fidélité. — Retour à Fascher. — Troubles à Shakka et mort d'Emiliani.

De retour à Dara, je me consacrai à l'administration de la province qui m'avait été confiée.

J'avais réclamé la liste complète, au moins approximativement, des noms des localités avec le nombre de leurs habitants. Ces listes me furent remises peu à peu et je commençai à parcourir le pays pour me rendre compte par moi-même de la situation.

L'argent monnayé est chose rare au Darfour. On n'en rencontre guère que chez les tribus arabes du nord qui accompagnent les marchands du Darfour à Siout en Égypte, par la grande route du désert. Ces tribus possèdent de l'argent, voire même de l'or, mais en petite quantité. Dans les autres parties du pays, les transactions commerciales se font presque exclusivement par voie d'échanges. On donne en payement des tissus blancs de coton, de fabrication indigène et qu'on nomme Tokia (au pluriel Takaki). Coupés en pièces de longueur déterminée, ils tiennent lieu d'argent. Certaines espèces de tissus, de valeur inférieure, importées d'Europe, sont également acceptées en payement. Mais comme ces tissus sont parfois assez rares sur la place, la valeur s'en trouve soumise à des fluctuations considérables et ils n'ont pas de valeur bien précise.

Comme la population payait ses impôts en nature: blé, miel, cotonnades indigènes et animaux domestiques, tels que chameaux, vaches, moutons, etc., je reconnus bien vite qu'il était plus pratique de céder ces produits à des marchands, en fixant la valeur, au cours des tissus, en piastres égyptiennes (la piastre vaut environ 25 centimes). Cependant je conservais le froment qui était toujours reçu suivant une valeur déterminée et toujours la même. Ces recettes suffisaient à payer aux soldats leur solde et aux fonctionnaires leur traitement.

Je commençai ma tournée par Taouescha et Dar el Chawabi; puis revins à Dara, par Sheria, et me rendis à Shakka, par Kerchou.

C'est pendant ces voyages que j'établis la quotité de l'impôt de capitation, c'est-à-dire afférent à chaque tête. A Shakka, à Kallaka et à Dar Beni Halba, je m'efforçai, soit en m'entourant d'informations, soit en jugeant de mes propres yeux, de me faire une idée, au moins approximative, de la situation de fortune des diverses tribus arabes. En même temps, il me fallait penser à rassembler les Basingers de Soliman woled Zobeïr, encore disséminés parmi les Risegat, les Habania et les Taasha.

Je fis promettre aux sheikhs principaux de ces tribus et aux sheikhs des tribus secondaires, de me livrer les Basingers qui se trouvaient sur leurs territoires.

Je savais qu'il était pour ainsi dire impossible de mettre la main sur tous les Basingers disséminés dans le pays. Toutefois les trois tribus dont je viens de parler me livrèrent près de 400 nègres en état de porter les armes.

J'en expédiai aussitôt la plus grande partie à Khartoum, sous bonne escorte. J'aurais bien voulu les retenir pour renforcer mes troupes, mais je ne pouvais pas assez compter sur la fidélité de ces Basingers, qui, accoutumés à certaines licences, montraient une répulsion innée pour tout ce qui était ordre et discipline, et qui, si l'on voulait les contraindre à l'obéissance, pouvaient trop aisément déserter grâce à leur connaissance parfaite du pays et des habitants. A Dara, j'appris que Gordon Pacha était revenu d'Abyssinie et avait résigné ses fonctions. Abd er Rauf Pacha, qu'avait fait connaître Sir Samuel Baker, lui avait succédé comme gouverneur général du Soudan.

Les marchands qui avaient été expulsés de Shakka et de Kallaka, par ordre de Gordon, lors de la rébellion de Soliman Zobeïr, mirent à profit ce changement de régime. Ils accablèrent le nouveau gouverneur, peu au courant des faits, de suppliques et de requêtes, exposant qu'ayant été dépouillés, chassés et séparés de leurs femmes et de leurs enfants, par les Arabes, ils venaient à Khartoum pour implorer la protection du gouverneur.

Abd er Rauf Pacha leur répondait invariablement que j'avais été désigné pour rendre la justice et appliquer la loi, pour restituer leurs propriétés et leurs biens, à ceux qui en avaient été dépouillés, pour leur rendre leurs femmes, etc.

Naturellement des centaines de Gellaba arrivèrent aussitôt à Dara, porteurs de mémoires dans lesquels la fortune qui leur avait été ravie était évaluée de la façon la plus fantaisiste.

Je me mis loyalement à leur service. Je fis établir la valeur intégrale de ce qu'ils prétendaient leur avoir été enlevé, ivoire, plumes d'autruche, or, argent, etc. et j'en arrivai à cette conclusion que, si l'on confisquait et si l'on vendait le butin, réellement enlevé par les tribus arabes; si l'on y ajoutait encore l'avoir total de celles-ci, le produit que l'on obtiendrait serait loin de satisfaire aux réclamations des Gellaba.

J'avais appelé à Dara les sheikhs des tribus arabes visées plus haut et les avais informés de ces plaintes. Autre cloche, autre son: les sheikhs, en effet, affirmèrent que ni eux, ni les membres de leurs tribus, n'avaient dépouillé les Gellaba de quoi que ce soit. D'autre part, ils me confièrent que les hommes de leurs tribus, informés de l'intention où était le Gouvernement de faire droit aux prétentions ridicules des Gellaba, préféreraient quitter leur propre pays et émigrer au Wadaï ou au Bornou plutôt que de se soumettre à de pareils ordres.

J'eus grand'peine à obtenir des chefs supérieurs arabes la promesse de restituer aux marchands établis autrefois chez eux, leurs femmes, leurs enfants, et une partie des biens qui leur avaient été enlevés; cela, d'ailleurs, à l'amiable, et sans l'intervention du Gouvernement.

Quant aux autres qui, auparavant sans domicile fixe, parcouraient le pays pour y pratiquer leur négoce et avaient été expulsés sur l'ordre formel de Gordon Pacha, à ceux-là, dis-je, qui venaient, par centaines, pour tenter de tirer parti de la situation embarrassée que créait un changement de gouvernement et réclamer une indemnité pour des pertes en grande partie simulées, j'intimai l'ordre de retourner à Khartoum.

J'adressai à Abd er Rauf Pacha un rapport détaillé en le priant de ne pas prêter à l'avenir une oreille trop complaisante à des plaintes de ce genre.

Peu de temps après, nouvelles plaintes de la part des Arabes Habania. Les Gellaba que j'avais renvoyés avec leurs requêtes à Khartoum s'étaient rendus à Kallaka. Là, ils s'étaient entendus avec le Mamour de cette ville (percepteur des contributions), Ali woled Fadhl Allah, parent de Zogal bey. Le Mamour essayait, en dépit de mes ordres, d'extorquer aux Arabes, sous forme d'indemnité, le montant des prétentions des Gellaba. Ceux-ci avaient promis au percepteur la moitié de tout ce que les Arabes restitueraient par son entremise.

Je saisis cette occasion pour faire un nouveau voyage dans les districts du sud et me rendis à Kallaka, en compagnie des sheikhs qui étaient venus me porter leurs plaintes. Je passai par Nimer et Deen, où je rencontrai le grand sheikh des Risegat, Madibbo bey, qui avait là un pied à terre. Il me fit promettre mon intervention pour amener, lorsque je serais de retour, une réconciliation entre lui et Aagil woled el Djangaoui, avec lequel il avait de continuelles difficultés.

Deux jours après, j'étais à Tauvila, point central de Kallaka. Mon escorte ne se composait que de 40 cavaliers.

Ali woled Fadhl Allah ne fut pas peu effrayé de mon arrivée inattendue; il lui était impossible de nier le marché qu'il avait conclu avec les Gellaba et que les sheikhs lui reprochaient.

Je fis amener devant moi tous les Gellaba qui se trouvaient sans tasrich (passeport) à Kallaka.

En deux jours, cent vingt-quatre Gellaba se présentèrent et me déclarèrent simplement qu'ils ne voulaient pas rentrer pauvres dans leur pays.

Je leur demandai alors de quelle façon ils espéraient acquérir ici une fortune, puisqu'ils étaient arrivés sans le moindre pécule et que, légalement, ils n'avaient aucun droit à une indemnité pour leurs pertes, pertes fictives et qu'ils ne pouvaient pas prouver. Mais ils se turent tous et malgré mes questions réitérées ne purent trouver une réponse quelconque.

Je pris alors le parti de les expédier tous à Shakka chez le Mamour Hasan Agha qui, à son tour, avait ordre de les envoyer à El Obeïd. Je destituai Ali Fadhl Allah et le fis conduire, sous escorte, à Dara où il devait être puni pour abus dans l'exercice de ses fonctions.

Quelques-uns des marchands, établis dans la ville, vinrent me présenter leurs salutations et me remercier de mon intervention.

Les Arabes leur avaient, en réalité, rendu volontairement leurs femmes, leurs enfants et une partie de ce qui leur avait été enlevé autrefois. Ces marchands vivaient à présent dans les meilleurs termes avec les indigènes.

Je nommai un autre Mamour et quittai Kallaka pour me rendre à Shakka où, comme il était convenu, Madibbo bey devait m'attendre.

Comme nous chevauchions à travers les forêts, avant le lever du soleil, une odeur pénétrante, rappelant le musc, nous signala la présence de civettes.

J'exprimai le désir de rapporter quelques-uns de ces animaux qu'on apprivoise très facilement.

« Qu'en veux-tu donc faire? me demanda avec stupéfaction Arifi Abou Mariam, le grand sheikh; elles vont empester toute la maison. »

« Empester? » lui répondis-je, feignant l'étonnement; car je savais que les Arabes détestent l'odeur de la civette.

« Certainement, il n'y a rien au monde qui répande une odeur aussi désagréable que la civette; elle pue abominablement. »

Et, comme en cet endroit, l'odeur devenait plus pénétrante, il fit une grimace horrible en se bouchant le nez.

« Bien, ajoutai-je après quelques instants, pourquoi aimes-tu l'odeur du soufre; il prend autrement à la gorge que l'odeur de la civette ».

« Au contraire, répliqua-t-il aussitôt, le soufre est une odeur agréable, nous y sommes habitués dès notre plus tendre enfance, et nous l'aimons en effet, tout particulièrement. »

« Tu as raison, lui dis-je; combien de fois ai-je vu, dans vos tribus, frotter les nouveau-nés avec de la graisse mélangée à du soufre pulvérisé. Vos mères mêmes s'enduisent la poitrine avec ce singulier onguent. »

« Lorsque tu étais dans les langes, que tu tétais et regardais dans les yeux si doux de ta mère, tu aspirais déjà l'odeur du soufre et tu la trouvais agréable. C'est l'habitude qui fait que plusieurs choses mauvaises en réalité, nous semblent bonnes et c'est pourquoi tu mets le soufre au nombre des parfums agréables. »

Nous rencontrions souvent des Arabes nomades ; qui toujours nous invitaient avec la plus grande amabilité à pénétrer dans leur tente, et nous priaient d'user largement de leur hospitalité.

En chemin, je reçus du gouverneur général la nouvelle que la province de Dar Djangé, réunie quelques mois auparavant à la province de Dara, était rattachée de nouveau au Bahr-el-Ghazal (de qui elle dépendait autrefois).

Cet arrangement était très heureux et arrivait à propos, car Dar Djangé ne payait son tribut qu'en bétail ; or, en raison du grand nombre des tribus de Baggara établies au Darfour et qui toutes acquittaient leurs droits de la même façon, j'étais fort embarrassé de tant de bétail, dont la valeur baissait de jour en jour en raison de la quantité.

Gessi, le gouverneur du Bahr-el-Ghazal, n'avait au contraire parmi ses administrés aucune tribu, qui s'occupât de l'élevage du bétail; celle de Djangé était donc pour lui de première importance, puisqu'elle lui permettait de se procurer la viande nécessaire à ses troupes régulières et il avait lieu de se féliciter de la réunion du territoire de cette tribu à la province du Bahr-el-Ghazal.

Quatre jours plus tard nous étions à Shakka.

Un fortin, au milieu duquel se trouvent quelques constructions en terre glaise et quelques huttes en paille, servait à cette époque de résidence au mamour. Un détachement de 30 à 40 soldats formait la garnison. Tout à l'entour s'élèvent les huttes où font halte les marchands et les indigènes qui se rendent au Darfour. Chaque jour se tient le marché, mais ceux du lundi et du vendredi sont beaucoup plus importants que les autres. C'est là que les Arabes viennent faire leurs provisions, et chaque fois ils s'y pressent en plus grand nombre.

Madibbo bey m'attendait, escorté de quelques centaines de cavaliers. Il m'apprit que Aagil woled el Djangaui s'était rendu à Khartoum cinq ou six semaines auparavant, en compagnie d'un certain nombre de Gellaba, pour porter plainte contre lui, Madibbo, et contre moi. Je retournai à Dara, où quelques jours plus tard, je recevais une lettre du gouverneur général, écrite en français par Marcopoulo bey, secrétaire de Rauf Pacha ; dans cette lettre on m'annonçait que : Aagil était arrivé à Khartoum, qu'il avait adressé au gouverneur général une requête dans laquelle il m'accusait de m'être allié avec son ennemi Madibbo, se plaignant que, non seulement je lui avait contesté la dignité de grand sheikh qu'il estimait lui revenir, mais encore que j'avais l'intention de le déposséder totalement. On l'avait vivement engagé à me venir trouver à Dara, avec une lettre de recommandation.

Mais il refusait catégoriquement de se soumettre à mon arbitrage, persuadé, disait-il, que j'étais gagné à Madibbo. Pour se débarrasser de lui, ajoutait la missive, on avait remis l'affaire à Ali bey Chérif qui remplissait provisoirement à Fascher, les fonctions de Moudir Umum, pour qu'il tranchât la question.

Je répondis sur le champ exposant aussitôt que, malgré mes injonctions réitérées, Aagil n'avait jamais voulu comparaître devant moi et qu'il m'était impossible de reconnaître comme sheikh suprême d'une tribu soumise à ma juridiction, un homme qui se refusait constamment à toute entrevue. Je demandais, par la même lettre, l'autorisation de me rendre à Khartoum, afin de présenter au gouverneur général certaines propositions relatives à l'administration du pays et au recrutement des troupes. D'ailleurs, je souffrais quelque peu de la fièvre et un changement d'air m'était recommandé.

La poste, quelques jours plus tard, m'apportait de Fascher une lettre d'Aly bey Chérif m'informant qu'il avait été chargé par le gouverneur général de trancher la question pendante entre Madibbo bey et Aagil. Aly bey me faisait savoir en outre qu'il lui était impossible de quitter Fascher; et comme il estimait que la question ne pouvait être résolue pleinement et équitablement que sur les lieux mêmes, il déléguait ses pouvoirs à Omer woled Dorho, sandjak des Sheikhichs lequel se rendait à Shakka afin d'y juger le différend en son nom.

Un mois environ après le départ de ma lettre, je reçus du gouverneur général la permission que j'avais sollicitée, de me rendre à Khartoum et je fis mes préparatifs de départ. Deux jours avant l'époque fixée pour mon voyage, Omer arriva de Fascher, avec 100 cavaliers. Une semblable escorte me parut surprenante, le pays étant tranquille, les chemins sûrs, Omer ne pouvait donc avoir d'autre but que de piller le pays. Omer en se présentant à moi, m'affirma qu'il se réglerait, en toute circonstance, sur mes instructions. Je lui répondis qu'il m'était indifférent que le sheikh de la tribu fût Madibbo ou bien Aagil; et que, en sa qualité d'arbitre, il devait mener consciencieusement son enquête et se régler avant toute chose sur les intérêts du Gouvernement, qu'alors seulement il aurait à tenir compte des désirs de la tribu intérieure. Le chef devait en effet être estimé de ses hommes, posséder les capacités nécessaires pour les gouverner et marcher d'accord avec le Gouvernement. J'enjoignis à Zogal bey, mon représentant, de rester neutre dans cette affaire, mais de me tenir au courant de ce qui se passerait.

M'étant procuré les chameaux nécessaires, je quittai Dara vers la fin de janvier 1881. Après un voyage de neuf jours par Taouescha et Dar Hamer, j'atteignis El Obeïd et me rendis directement chez le moudir, afin de saluer le gouverneur Mohammed Pacha Saïd. Je fus reçu avec la plus grande cordialité. Comme je donnais l'ordre de desseller les chameaux, mon domestique m'apprit que les animaux, sur l'ordre de Ahmed bey Dheifallah, une connaissance d'autrefois, avaient été conduits dans sa maison et que des chevaux tout sellés se tenaient à ma disposition devant le bâtiment du Gouvernement, pour me conduire chez Ahmed. Comme j'avais l'intention de ne m'arrêter que deux jours, j'expliquai à Mohammed Pacha Saïd que je ne voulais pas le déranger et que je désirais demeurer chez Ahmed bey, notre ami commun qui avait déjà tout préparé pour me recevoir.

Je montai donc un des chevaux et me rendis, en compagnie des kawas mis à ma disposition par Mohammed Pacha Saïd, à la maison de Ahmed bey Dheifallah. Celui-ci m'attendait sur le seuil de la porte et manifestait une joie visible. Après l'échange des salutations d'usage, il me conduisit aux deux chambres qu'il me destinait et qui, tendues de tapis précieux et décorées d'étoffes tissées d'or, me firent penser que le séjour d'El Obeïd devait être très confortable. Sur les tables se trouvaient tous les spiritueux recherchés dans le Kordofan, des cigares variés, des conserves, des confitures, etc. Je fus vraiment touché de voir que mon hôte se fut donné tant de peine pour me recevoir aussi bien que possible. Quelques minutes plus tard, Mohammed Pacha Saïd vint me rendre visite et m'inviter à dîner ainsi que Ahmed bey. Les officiers supérieurs et les hauts fonctionnaires du Gouvernement, de même que les notables du pays, vinrent successivement me présenter leurs salutations, en sorte que cette journée fut pour moi plus fatigante qu'une journée de voyage.

Pendant la soirée que je passai chez Mohammed Pacha, celui-ci me dit entr'autres choses qu'il désirait me voir le lendemain, pour m'entretenir des affaires de la contrée.

A mon arrivée chez lui, le lendemain matin, il appela auprès de lui les trois jeunes nègres qui m'accompagnaient et me demanda en riant, en leur présence, s'ils étaient libres ou esclaves. Mes jeunes serviteurs s'écrièrent aussitôt qu'ils étaient libres, qu'ils me suivaient de leur propre volonté et qu'ils me servaient avec plaisir. Ils lui montrèrent leurs cartes de libération, qui ne les quittaient jamais et qui étaient soigneusement enfermées dans un étui.

Mohamed Pacha les lut et secouant la tête me dit d'un air étonné :

« Ami, tu es plus avisé que je ne croyais ; je voulais me permettre une petite plaisanterie, qui ne m'a malheureusement pas réussi. »

Nous nous mîmes alors à parler de l'esclavage et fûmes tout à fait du même avis : la suppression de l'esclavage, au point de vue humanitaire, était certainement à souhaiter, mais on ne pouvait procéder assez prudemment, pour des motifs économiques et politiques, à l'exécution d'une mesure de ce genre. D'abord pour ne pas priver tout d'un coup le pays de sa force productive et, ensuite, pour ne pas accroître l'antipathie peu ancienne encore, qui existait entre l'élément indigène et l'élément turc. Il fallait donner aux propriétaires d'esclaves le temps de s'habituer à un nouveau système qui allait bouleverser de fond en comble leur existence.

La veille j'avais prié Ahmed bey de m'acheter des chameaux ; il m'apprit que c'était chose faite ; j'annonçai donc au gouverneur que mon départ était fixé au lendemain matin et le priai d'en informer officiellement le gouverneur général Abd er Rauf Pacha. Pour moi, je télégraphiai au Dr. Zurbuchen et lui demandai de me faire préparer un pied-à-terre. En plus de mes serviteurs, j'étais accompagné de deux sheikhs arabes, Ali woled Hagar et Mohammed Abou Omm Salama, tous deux de la tribu des Maalia, qui m'avaient rejoint pendant le voyage. Le lendemain donc je partis et après trois jours de marche rapide arrivai à la station de Abou Garad, où je reçus une dépêche du Dr. Zurbuchen, qui me demandait instamment de consentir à être son hôte et m'avisait que toutes les dispositions étaient déjà prises pour ma suite.

Dans l'après-midi du jour suivant, nous nous arrêtâmes à Dourrah el Khadra, au bord du Nil, à l'endroit où j'avais pris congé de Gordon.

Je montai un des chameaux que m'avait achetés Ahmed bey. Mais on avait oublié de m'avertir que pour conduire l'animal il fallait employer non seulement la bride, mais encore des anneaux passés dans les narines (zimams).

Le soir était venu; nous nous hâtions afin d'atteindre Khartoum le plus tôt possible. J'avais enlevé à mon chameau la bride communiquant aux anneaux du nez et essayais dans mon impatience, car il allait trop lentement à mon gré de le faire courir plus vite en usant du fouet.

L'animal prit la chose fort mal; il se jeta dans des fourrés et se livra à des bonds désordonnés entre les arbres; une grosse branche me heurta en pleine poitrine et me désarçonna. Je tombai sur le dos, mes yeux se brouillèrent et je perdis connaissance. Heureusement les cavasses s'étaient aperçus de l'accident; ils accoururent, me relevèrent, se mirent à me masser brutalement le cou, les jambes et les bras, afin de remettre à leur place les membres qui auraient pu être luxés; au bout de dix minutes environ, ils m'avaient si bien ranimé que je pus de nouveau monter sur ma bête, qui, comme un animal bien dressé, était restée tranquille après ma chute.

Malgré les violentes douleurs que je ressentais à la poitrine, nous continuâmes notre route et marchâmes jusqu'à minuit. Mais instruit par l'expérience, j'eus soin de fixer de nouveau la bride aux anneaux du nez de ma bête.

Le lendemain matin, après une nuit sans sommeil, je fus pris d'un accès de toux et crachai beaucoup de sang; je me sentais cependant assez bien pour continuer ma route.

Enfin nous atteignîmes Khartoum. Reçu très cordialement par le Dr. Zurbuchen, j'acceptai l'hospitalité qu'il m'offrait dans la maison voisine du bâtiment des missions catholiques. Cette maison avait été autrefois la propriété d'un Maltais, Latif Debono, qui avait été l'un des principaux marchands d'esclaves et d'ivoire du Soudan.

Le gouverneur général envoya son Saghcolaghassi (le chef des kawas), pour me saluer et m'inviter à me présenter chez lui dans l'après-midi. A l'heure fixée, je me rendis au palais du Gouvernement et fus reçu très amicalement par le gouverneur général Abd er Rauf Pacha, chez qui je rencontrai Marcopoulo bey, l'ancien interprète de Gordon, que je connaissais beaucoup.

Après les questions d'usage au sujet de ma santé, Rauf Pacha dit, d'un air piqué, que je pourrais, quand je voudrais, jouir du congé que j'avais demandé au Caire; la permission en avait été télégraphiée à Khartoum par le président du conseil Riadh Pacha.

Très surpris, je répondis que je n'avais pas écrit au Caire et que je n'avais pas le moins du monde demandé un congé.

« Alors, comment expliquer cela? me dit-il. J'ai beaucoup regretté que toi, un soldat qui devais cependant connaître la voie hiérarchique, tu aies pu me manquer à ce point, de déférence. Comme mon subordonné, c'est à moi ou tout au moins par mon entremise que tu dois demander un congé, et non pas t'adresser directement au Gouvernement, au Caire ; et, maintenant, tu me dis que tu n'as rien demandé ? Marcopoulo bey, lis nous le télégramme. L'interprète qui le tenait tout ouvert à la main lut : « Accorder au moudir du Darfour occidental, l'officier autrichien Rodolphe Slatin, sur sa demande un congé de trois mois avec traitement. »

Je fus extrêmement surpris, et répétai que je n'avais fait aucune demande, et que je ne voulais pas davantage faire usage de la permission accordée ; je finis en déclarant que j'espérais pouvoir lui donner dans quelques jours l'explication de ce mystère.

La chose en effet s'expliqua bientôt. J'avais écrit de Dara à mes parents que je souffrais un peu de la fièvre et que j'irais probablement à Khartoum pour changer d'air, et me remettre. Ma pauvre mère, morte aujourd'hui, et que son affection pour moi rendait très inquiète, s'imagina que, pour ne pas l'effrayer, je lui cachais quelque maladie plus grave et, sans me prévenir, mit tout en mouvement, pour me faire obtenir rapidement un congé et me donner ainsi la facilité de me soigner au Caire.

Quand l'affaire eut été éclaircie, Abd er Rauf Pacha, se radoucit tout à fait et s'excusa de m'avoir accusé d'un manquement grave au règlement. Il saisit cette occasion de constater la puissance de l'amour maternel et de déclarer qu'un enfant ne pouvait le payer que par une obéissance absolue et par l'amour filial le plus ardent.

« Moi-même, ajouta-t-il, j'aime de tout mon cœur ma mère, qui n'est pourtant qu'une esclave abyssine, et je suis toujours à la lettre les conseils qu'elle me donne pour la direction de mes affaires personnelles. »

Pour un homme de sa race, c'est là, certes, un rare trait de sentiment!

Pendant mon séjour, je soumis à Rauf Pacha quelques propositions relatives à un partage plus équitable des impôts, lesquels, notamment à Fascher et Kabkabia, se trouvaient tout à l'avantage de quelques favorisés de la fortune. Puis, je lui demandai l'autorisation de lever chaque année un certain nombre de jeunes nègres, et surtout chez les tribus arabes, afin de pouvoir combler, dans mes bataillons, les vides causés par la maladie et la mort. Je lui fis part aussi de mon intention d'échanger contre des esclaves, les bêtes à cornes qui m'étaient remises par les Arabes en payement de leurs impôts, parce que j'espérais de cette manière rassembler peu à peu entre mes mains les Basingers de Soliman Zobeïr encore dispersés dans le pays et capables de porter les armes. Il se montra complètement d'accord avec moi sur mes propositions et m'autorisa à expédier sur le champ les ordres nécessaires.

Dès mon arrivée, j'avais reçu la visite de Hasan woled Saad en Nur, qui était interné à Khartoum et dont le père, comme on l'a vu plus haut, avait été tué à Shakka avec le vizir Ahmed Schetta. Il me supplia en pleurant de le faire rendre à la liberté et de le ramener avec moi dans son pays. Convaincu de son innocence, je lui promis de ne pas retourner sans lui au Darfour et en demandai la permission à Abd er Rauf Pacha, dans une nouvelle entrevue que j'eus avec lui, permission qu'il s'empressa de m'accorder.

Quelques jours après cependant, il me fit appeler et me dit avoir appris que Hasan woled Saad en Nur était devenu un des chefs des rebelles et qu'il était par conséquent obligé de lui retirer la permission de retourner au Darfour. Je lui représentai que Hasan n'avait joué dans l'insurrection qu'un rôle relativement effacé et qu'il n'y avait désormais plus rien à craindre de lui. Comme le gouverneur général persistait dans son opinion, je lui avouai que j'avais déjà donné, peut-être trop précipitamment, ma parole à Hasan de ne pas partir sans lui et que je me croyais obligé de tenir ma promesse ; je n'avais donc que deux alternatives à proposer au gouverneur : ou bien il accorderait à Hasan l'autorisation demandée, ou bien il accepterait ma démission.

Ce n'est que deux jours après qu'il me fit mander de nouveau ; il m'adressa au sujet de la promesse inconsidérée faite à Hasan, de violents reproches que je reçus sans broncher, car je les méritais : Bien que, à son avis, je fusse un peu têtu, il me considérait cependant comme un fonctionnaire sérieux ; ainsi consentait-il au départ de Hasan et avait-il soumis à S. A. le Khédive Mohammed Tewfik une proposition tendant à me faire nommer moudir umum (gouverneur supérieur) de tout le Darfour avec le titre de bey. Je le remerciai de sa semonce amicale et lui donnai l'assurance que je tiendrais toujours à honneur de mériter la grande confiance qu'on me témoignait. Néanmoins il exigea une déclaration écrite, par laquelle je me reconnaissais seul responsable de tous les troubles qui pourraient être suscités par Hasan Saad en Nur, déclaration que je dus rédiger aussitôt de ma propre main.

En rentrant chez moi, j'envoyai aussitôt chez Hasan, qui avait passé les deux derniers jours dans le désespoir. Lorsque je lui communiquai l'heureuse nouvelle et lui ordonnai de se préparer le plus rapidement possible à partir, il voulut, dans sa reconnaissance, se jeter à mes pieds.

J'étais convaincu d'avoir rendu service à un homme d'honneur; c'était pourtant un traître, ainsi qu'on le verra plus tard.

Les jours, à Khartoum, passaient vite. Ils furent agréablement remplis par des invitations chez le gouverneur général, chez l'évêque Mgr. Comboni, qui était arrivé du Caire à la fin de décembre 1880 avec les pères Joseph Ohrwalder et Jean Dichtel; chez le chef du département des finances, Hasan pacha, chez Rosati bey, chez le consul Hansal et d'autres encore. Le père Ohrwalder et le père Dichtel venaient souvent chez moi; nous nous entretenions pendant des heures de la patrie commune; tous deux furent pour moi de bons amis. Le père Dichtel retourna plus tard en Europe, atteint d'une pernicieuse maladie des poumons et vécut quelques années à Ober Saint-Veit, près de Vienne, où il mourut prématurément à l'âge de 31 ans en 1889.

A la fin de février 1881, Gessi Pacha, très malade, arriva de la province du Bahr el Ghazal à Khartoum. A son embarquement à Mechra er Rek, il n'avait pris avec lui que les vivres indispensables pour le voyage. Pendant la descente sur Khartoum, il fut arrêté par un enchevêtrement de plantes aquatiques, nommées « sedd » qui croissent en grand nombre dans le Haut-Nil, en sorte que son bateau, malgré tous les efforts de la machine, ne put plus ni avancer ni reculer et que Gessi dut rester prisonnier au milieu du fleuve. Il resta ainsi enfermé pendant des semaines entières; comme il était absolument impossible de se rendre au rivage et de traverser les amas extraordinaires de plantes enchevêtrées et qui formaient de solides barricades, Gessi serait assurément mort de faim, si le Gouvernement, qui attendait depuis longtemps son arrivée et que son retard inexplicable inquiétait, n'avait envoyé Ernest Marno à sa recherche. Celui-ci arriva et se fraya non sans peine un chemin au moyen d'un instrument qu'il avait eu la précaution d'apporter avec lui et dont se servent les indigènes pour arracher ces paquets d'herbes; il réussit enfin à délivrer de la situation épouvantable dans laquelle il se trouvait, Gessi dont ses compagnons étaient sur le point de s'entre-dévorer.

A son arrivée à Khartoum, Gessi fut soigné par les sœurs de la mission autrichienne, dans la maison du consul d'Italie. Malgré les soins les plus empressés et l'habileté du Dr. Zurbuchen, la maladie de Gessi traîna en longueur et le malade dut garder le lit jusqu'à son départ. Le domestique qu'il avait amené avec lui était un eunuque, nommé Almas, qu'il désirait emmener en Egypte, parce que c'était un excellent garde-malade. Mais il rencontra de grandes difficultés de la part du gouverneur général qui avait défendu une fois pour toutes d'emmener des eunuques en Egypte afin de ne pas donner aux ennemis de l'administration du Soudan, prétextes à des attaques malveillantes.

Grâce toutefois à nos pressantes démarches, la défense fut levée en faveur d'Almas.

Nous transportâmes en civière le pauvre Gessi sur la Dahabieh du Gouvernement, car ses nerfs affaiblis n'auraient jamais pu supporter le bruit de la machine d'un bateau à vapeur. En prenant congé l'un de l'autre je lui souhaitai un heureux voyage et la joie de pouvoir retrouver sa famille qui vivait autrefois à Trieste. J'exprimai le souhait de lui serrer bientôt la main et de le trouver alors complètement rétabli; et, en effet, une légère amélioration s'était déjà fait sentir dans les derniers jours.

Mais il ne devait jamais revoir les siens. Les fatigues du voyage activèrent la marche de son mal et, le 30 avril 1881, il rendit le dernier soupir à Suez.

Zogal bey m'ayant appris que Omer woled Dorho commettait quelques déprédations à Shakka, je fis part de cette nouvelle à Abd er Rauf Pacha qui, par dépêche télégraphique, intima à Omer l'ordre de rentrer à Fascher.

J'étais complètement rétabli et ma nomination m'étant enfin parvenue, je me décidai à partir. Le gouverneur général mit un vapeur à ma disposition. Il m'informa que l'évêque Comboni désirant se rendre avec sa suite au Kordofan, serait très heureux de profiter de l'occasion qui se présentait de faire la route avec moi, si toutefois je voulais bien l'en prier.

Enchanté de cette nouvelle, je me rendis aussitôt chez Monseigneur Comboni, qui accepta avec plaisir mon invitation. Je le priai de hâter son départ, dans la mesure du possible, car je devais regagner au plus tôt ma province. L'évêque m'expliqua qu'il avait quelques chameaux à acheter et que cette opération lui prendrait sans doute du temps; comme j'en avais acheté de mon côté une grande quantité, je les mis à sa disposition pour le conduire jusqu'à el Obeïd. Le 29 mars, nous quittâmes Khartoum ; le Consul Hansa. Marcopoulo bey et le Dr. Zurbuchen m'accompagnaient. Le 1er avril, nous prîmes congé d'eux; ils rentraient à Khartoum avec le vapeur. Après cinq jours d'une marche très pénible, une marche que Monseigneur Comboni appelait une chasse aux chiens courants, l'on atteignit el Obeïd. L'évêque, qui voyageait avec deux domestiques, n'était accompagné que du missionnaire le Père Ohrwalder ; celui-ci devait prendre la direction d'une mission nouvellement créée à Delen. Qui aurait pu songer alors dans quelle situation épouvantable nous nous reverrions tous les deux, Ohrwalder et moi !

A El Obeïd je reçus une dépêche m'invitant à me rendre à Foga, la station télégraphique du sud-ouest du Soudan, et là, d'attendre des ordres ultérieurs. Je descendis de nouveau chez Ahmed bey Dheifallah qui fit tout pour me retenir quelques jours afin de préparer en mon honneur un grand festin.

Mais à la réception de la dépêche il dut se résigner et me laisser partir, à ma grande joie, je l'avoue.

Mohammed Pacha Saïd et les autres notables m'accompagnèrent jusqu'aux portes de la ville. De El Obeïd, je me rendis, par Abou Haraz et Schelola, à Foga où j'arrivai après deux jours de marche. C'est là que je reçus par dépêche ma nomination de Moudir Umum du Darfour avec ordre de me rendre à Fascher et de m'occuper des affaires de Ali bey Chérif.

Je ne m'arrêtai à Dara que pour liquider certaines affaires et me faire remettre les papiers nécessaires ; et j'arrivai enfin à Fascher le 20 avril 1882, si j'ai bonne mémoire.

On ne peut se faire aucune idée du désordre qui régnait dans l'administration : à commencer par le Moudir jusqu'au dernier copiste, même les employés de l'administration judiciaire, tous ou peu s'en faut avaient à répondre devant la justice de leurs agissements fâcheux ; celui-ci avait détourné des fonds qui lui avaient été confiés, cet autre menait une vie scandaleuse, un troisième avait forfait à l'honneur, que sais-je encore ? tous étaient à la fois accusateurs et accusés !

Il aurait fallu des années pour se reconnaître dans un tel chaos de mensonges échafaudés avec la plus insigne mauvaise foi ; et encore, il n'eût guère été possible d'en venir à bout. Je me vis forcé de rendre tant bien que mal quelques jugements dans ces procès ; pour le reste, un amas de plaintes et de récriminations, je le classai *ad acta*. Saïd bey Djouma, autrefois Moudir de Fascher et commandant des troupes s'était trouvé lui aussi impliqué dans ces affaires et avait été licencié ; faute de preuves suffisantes, je le fis réintégrer dans ses fonctions.

C'était un remarquable intrigant, détesté des officiers et des soldats ; il était avare, emporté, et ne manquait jamais l'occasion d'injurier et de quelle façon ! — tout son entourage. En campagne, au contraire on ne pouvait qu'admirer son courage, qualité rare chez les Egyptiens, mais qui, dans ces contrées sans cesse troublées, méritait considération et même forçait à reléguer à l'arrière-plan les reproches qu'on pouvait lui adresser. Pourtant en le réintégrant dans son ancien poste, je mis pour condition qu'il eût à se mieux comporter à l'avenir, le menaçant, en cas de récidive, de le déposer de nouveau et de l'envoyer à Khartoum : Je savais que, quoique Egyptien, il préférait le Darfour à sa propre patrie.

Le procès le plus long et le plus compliqué que j'eus à examiner à Fascher, fut celui dans lequel Nur Angerer était impliqué avec son sandjak et plusieurs de ses gens.

Les papiers relatifs à cette affaire avaient peine à tenir dans un coffre de dimensions cependant respectables!

Nur Angerer avait déjà été mandé à Fascher par Ali bey Chérif. Je le fis venir une fois encore à Fascher, en même temps que ses adversaires.

Ses principaux antagonistes étaient justement ses amis et ses camarades qu'il avait tenus à l'écart depuis sa nomination de Moudir de Kabkabia et Kolkol; or, ceux ci qui l'avaient toujours aidé et soutenu dans toutes ses anciennes fourberies, s'étaient associés pour le renverser.

Tout le monde savait que Nur Angerer ne faisait pas plus de cas de la vie d'un homme que de celle d'un poulet et que, sans aucune raison, il répandait le sang pour le simple plaisir de le voir couler. Ses principes sur la propriété, sur le bien d'autrui, auraient stupéfait même le communiste le plus enragé. Comme il portait le titre de bey, et occupait le rang d'un colonel, je lui fis rendre les honneurs prescrits, à son entrée dans la forteresse, et fis conduire sa suite dans une des maisons appartenant aux gens d'Omer.

Nur Angerer était grand, maigre, très brun, et sans barbe; son visage était tatoué des trois lignes transversales, insigne de la tribu des Sheikieh.

L'expression de son visage montrait une énergie peu commune et quelque peu sauvage. Et pourtant, en tête à tête, il savait se donner l'attitude d'un homme inoffensif, presque candide; il appartenait à la tribu des Danagla, et avait été élevé par le sandjak Melik, de la race royale des Sheikhieh.

Dans sa jeunesse, il était venu au Caire. Depuis ce temps, il avait conservé un certain respect pour le Gouvernement, et plus tard, lorsqu'il embrassa le parti de Zobeïr et de son fils Soliman, ce respect persistait encore chez lui.

Quoiqu'il eut une situation brillante, il ne s'occupait guère de sa mère qui vivait à Dongola et avait près de soixante ans. En résumé, il était tout l'opposé d'Abd er Rauf Pacha.

Un jour que Gordon Pacha parcourait la province de Dongola, une vieille femme se présenta à lui: « Je suis, dit-elle, la mère de Nur Angerer, ton serviteur; et je te supplie de me venir en aide. »

— « Ton fils finira mal, lui répondit Gordon, à qui son entourage avait confirmé la vérité des assertions de la vieille, il te laisse dans la misère pendant qu'il vit dans l'abondance. »

— « Puisse-t-il quand même être heureux, je lui pardonne, reprit la mère. »

Gordon lui remit 1000 marks, sur sa propre cassette; et la vieille se retira, faisant des vœux de bonheur pour son fils et pour son généreux bienfaiteur.

Quand Nur Angerer comparut devant moi, je lui déclarai que je me voyais contraint de le renvoyer, avec ses adversaires, à El Obeïd; je n'avais, en effet, ni le temps ni le désir de poursuivre plus à fond un procès d'une telle étendue.

Je l'engageai à se reposer d'abord des fatigues de son voyage et lui assignai un pied-à-terre dans le voisinage de son ami Omer woled Dorho.

Le lendemain, nous étions alors en plein Ramadan.

Tandis que tout le Darfour gardait l'abstinence la plus complète, Nur Angerer seul négligeait absolument d'observer cette prescription religieuse. Il buvait à grands coups son « araki » et se faisait faire de la musique par les jeunes nègres qui sonnaient du cor et de la nugara, battaient du tambour de guerre, ces énormes instruments de cuivre qu'il avait apportés avec lui.

Je dus arrêter ces manifestations indécentes et lui fis entendre que, si pour moi personnellement, il était indifférent qu'il observât le Ramadan, je ne pouvais cependant admettre en aucune façon, qu'un musulman fonctionnaire du Gouvernement Egyptien, fut un pareil objet de scandale pour les habitants de Fascher.

« Je t'obéirai, répliqua-t-il, parce que tu es mon supérieur ; quant au Ramadan, je ne l'ai jamais observé et ne l'observerai jamais. Laisse-moi boire; ce que le public dit de moi, m'est absolument indifférent. »

Je compris aisément à son langage que la boisson opérait déjà chez lui.

Je lui donnai l'ordre de rentrer à la maison et d'activer ses préparatifs du départ.

Deux jours après, il quitta Fascher, pour se rendre à El Obeïd.

A mon instigation, le Gouvernement le remercia de ses services !

Ali bey Chérif était parti, peu de temps après que j'eus pris en mains la suite de ses affaires. Je désirais avant tout faire une tournée d'inspection et comme je faisais mes préparatifs, j'appris qu'un combat avait eu lieu à Bir-el-Milh (le puits du sel) entre les Arabes de Mahria et les Bedejat.

Quelques jours après, Hassab Allah, le grand sheikh des Mahria, vint me confirmer le fait et déposa une plainte. Il était accompagné de tous les principaux chefs de la tribu.

Les Mahria, comme ils le faisaient chaque année, étaient allés à Bir-el-Milh par la grande route des caravanes, qui va du Darfour à Siout et qu'on appelle Darb el Arbaïn (le chemin de quarante jours) parce que le voyage dure quarante jours environ. Ils venaient pour y chercher du natron, substance qu'ils mêlent à la boisson de leurs chameaux et dont ils font aussi le commerce au Darfour.

Bir el Milh est situé au nord de Fascher, en plein désert; on met pour l'atteindre dix jours, pendant lesquels on ne rencontre ni eau, ni végétation.

Là, sur un sol pierreux, des amas considérables de natron, sont répandus de tous côtés, on les ramasse et on les charge sur les chameaux. Des puits, presque desséchés cependant fournissent encore une eau suffisante pour les caravanes.

Depuis des temps immémoriaux, les marchands du Darfour se servent de cette route, pour le transport des produits naturels aux puits de Legia, Bir Selima et Bir el Schebb, ainsi qu'aux oasis de Beris, et d'El Khayeh, et de là, à Siout. Lorsque le Gouvernement Égyptien prit possession du Darfour, les caravanes suivaient encore cette voie jusqu'à Siout ; mais, un jour, quelques marchands qui allaient vendre des esclaves furent faits prisonniers. On instruisit leur affaire et ils furent condamnés à plusieurs années de bannissement ; depuis ce temps, cette route fut abandonnée.

Dès mon arrivée à Fascher, j'avais adressé à cette occasion un rapport au Gouvernement, faisant ressortir que cette voie, la seule qui menait directement en Égypte, était de la plus haute importance pour le Darfour.

Par cette route, en effet, les produits indigènes, tels que l'ivoire, les plumes d'autruche, les peaux, l'erteb, (fruits séchés du tamarinier), le senna-mckka, peuvent être expédiés à Siout à dos de chameaux — cet animal abonde dans le pays — et sans qu'on soit obligé de les décharger en route. La voie de Fascher, El Obeïd et Khartoum est non seulement beaucoup plus longue, mais encore plus coûteuse, en raison des fréquents changements de moyens de transport, ce qui naturellement augmente le prix de ces produits.

Le Gouvernement prit en considération mon rapport et rouvrit la route aux caravanes, en me rendant toutefois responsable, de ce qui pourrait arriver, si cette route était utilisée pour la traite des nègres. Dès que l'autorisation me fut parvenue, j'équipai une caravane d'environ 800 chameaux ; sous la conduite et la garde de Mohammed woled Idris et de ses parents, cette caravane se rendit à Khartoum, par la route en question, et de là, atteignit sans incident Siout.

Mais revenons aux Mahria.

Ils avaient été attaqués, dans les plaines à natron, à Bir el Milh, par les Bedejat, cette tribu dont nous avons parlé déjà et qui habite le nord et le nord-est du Wadai et vit en inimitié avec toutes les autres tribus. Les Mahria surpris s'étaient défendus vaillamment; mais avaient cependant été battus; leurs chameaux, au nombre de plus de 1500, furent enlevés; 160 Arabes libres avaient été faits prisonniers et le nombre des morts était considérable.

Déjà au temps des rois du Darfour, ces tribus avaient soutenu maints combats, et il avait été convenu que les prisonniers pouvaient être rachetés moyennant une rançon, fixée à un nombre de chameaux variant de dix à quinze, par homme.

Les Bedejat n'avaient jamais payé aucune redevance au Gouvernement; cependant comme ils relevaient du Gouvernement du Darfour, le sheikh des Mahria, Hassab Allah, et les principaux chefs me supplièrent d'intervenir en leur faveur pour qu'on leur rendît les prisonniers et les chameaux.

La demande des Mahria me convenait parfaitement puisque j'avais l'intention d'aller visiter la partie occidentale du Darfour.

Je leur promis donc mon assistance, à la condition qu'ils me prêteraient leur concours.

J'exigeai d'eux 150 chameaux de charge, pour transporter le blé, de l'eau, et cinquante paires de suga (outres en peau de bœufs), car les puits des Bedejat sont quelquefois éloignés les uns des autres de plusieurs journées de marche.

Les Mahria consentirent avec joie à m'accorder ce que je leur demandais; nous primes rendez-vous en un point situé au nord-ouest de Kabkabia, dans l'un des villages appartenant à Mélik Hager, prince de la tribu des Zagawa.

Mes préparatifs furent bientôt terminés. Au milieu de décembre 1881 je quittai Fascher avec 200 fantassins et 800 cavaliers irréguliers des Sheikhiehs, placés sous les ordres d'Omer woled Dorho.

En raison de la querelle de Madibbo et de Aagil, Omer avait été envoyé par l'ordre de Ali bey Chérif à Shakka. Là, il s'était livré aux plus criantes injustices; aussi l'avais-je destitué, et expédié à Khartoum. Comme la cavalerie irrégulière stationnant en garnison à Fascher appartenait en majorité aux Sheikhiehs et était composée surtout des parents d'Omer, je crus devoir remettre à celui-ci le commandement de la cavalerie, d'autant plus qu'il promettait de s'amender et qu'il m'avait donné quelques preuves démontrant qu'il avait été contraint par Ali bey lui-même d'agir comme il l'avait fait, les sommes d'argent qu'il extorquait étant exigées par Ali bey.

Pendant la première nuit, nous campâmes près d'un puits nommé Migdob, entre Fascher et Kobbe.

Après le coucher du soleil, je fis une promenade jusqu'à cinq cents pas environ du puits. Seul, un jeune nègre m'accompagnait.

Personne ne pouvait me reconnaître : mon uniforme était à peu près semblable à celui des soldats et la nuit était très sombre. Au puits, je rencontrai des femmes qui puisaient de l'eau au moyen du « dellu » (sorte de seau en cuir qui est attaché à un crochet). Quelques Sheikhiehs vinrent pour faire boire leurs chevaux. Ils demandèrent brusquement le seau ; les femmes le leur refusèrent.

«Nous allons d'abord remplir nos «bourmen» (cruches d'argile); répondirent-elles, après nous vous donnerons le seau.

— Vos paroles sont pour nous une épreuve envoyée de Dieu; répliqua l'un des Sheikhiehs; ce sont les Européens qui ont introduit ici pareille liberté. S'ils n'étaient pas dans le pays et « lui » avec eux (il parlait de moi), vous seriez, ainsi que vos cruches, notre propriété depuis longtemps.

— « Que Dieu leur donne longue vie »! ajoutèrent les femmes qui continuaient à puiser l'eau.

Sans avoir été aperçu je rentrai au camp, enchanté d'avoir entendu affirmer par une bouche soudanaise, que le despotisme, l'arbitraire et la violence avaient, sinon complètement disparu, du moins considérablement diminué.

Le lendemain vers onze heures, nous atteignîmes Kobbe, l'ancienne capitale du commerce du Darfour où s'étaient établis autrefois les marchands venus de la vallée du Nil, et qui appartenaient aux tribus des Djaliin et des Danagla. La génération précédente s'était mêlée à la race indigène et a donné naissance à la population actuelle.

Le Mamour de l'endroit, nommé par Gordon, était un certain Emiliani dei Dansinger, d'une famille vénitienne, mais autrichien d'origine. Je l'avais envoyé provisoirement à Dara; comme je l'appris, son départ fut regretté par les habitants de Kobbe.

Emiliani était bienveillant et simple, me dit-on; il savait persuader aux esclaves qui aspiraient à la liberté de retourner auprès de leurs maîtres et de reprendre le travail.

Le jour suivant nous quittions Kobbe; après avoir traversé Sanieh el Kebir et Bir el Gidad, nous arrivions deux jours après à Kabkabia.

Kabkabia est situé au bord d'un large « khor » (ravin formé par les pluies,) sur un plateau pierreux. Au milieu du plateau s'élève un simple bâtiment carré, entouré d'un mur épais en pierres brutes et muni de meurtrières. Ce bâtiment sert de magasin pour le matériel de guerre, de logement pour les soldats et les quelques officiers de la garnison. La construction n'en était pas encore terminée, car le moudir avait précédemment son siège à Kolkol et la garnison n'avait été transportée à Kabkabia que depuis un an et demi à peine. La maison du moudir ainsi que celles des fonctionnaires se trouvaient en dehors de la forteresse. Les jardins, situés au bord du khor, et de nombreux palmiers d'une grande hauteur donnaient à la ville un aspect riant.

Après avoir passé l'inspection des soldats rangés devant la forteresse et reçu le rapport du commandant, le major Adam Aamir, je me rendis au logement qui m'avait été préparé dans la forteresse. Bientôt de violents cris de femmes arrivèrent jusqu'à moi; comme je m'informais de la cause de ces cris, on me dit que le bruit venait des maisons du moudir Nur Angerer. Ce charivari augmentant toujours, je fis appeler Idris, frère et remplaçant de Nur Angerer, et m'efforçai de me faire renseigner sur l'origine de ce vacarme. Il chercha d'abord à me faire accroire qu'il ne s'agissait que de querelles de ménage. Cette explication ne me suffisant pas, il m'avoua que les femmes de Nur Angerer savaient que leur seigneur et maître avait été envoyé par moi à El Obeïd; aussi profitaient-elles de ma présence pour se rappeler à mon souvenir par leurs cris. J'envoyai alors chez elles mon secrétaire Ahmed Riadh et le cadi de la moudirieh avec Idris, en les priant de rétablir l'ordre.

Ils revinrent bientôt et m'annoncèrent, en présence d'Idris, que la plupart des femmes prétendaient être retenues par violence et contre tout droit dans la maison; quelques-unes même se plaignaient de manquer du nécessaire.

J'envoyai une seconde fois le major Adam Aamir avec le cadi et le chef des zaptiés, inspecteur de la police, en compagnie d'Idris, dans la maison de Nur Angerer et ordonnai au cadi d'apaiser les femmes mariées et leurs esclaves et d'installer, jusqu'au retour de leur seigneur et maître, un gérant officiellement nommé et muni de pleins pouvoirs pour administrer la maison. J'enjoignis à Adam Aamir de s'occuper de leur entretien et d'en porter les frais en déduction du traitement de Nur Angerer. Je fis également rendre à leurs parents ou aux chefs de tribus toutes les femmes irrégulièrement retenues dans la maison et dont une liste nominative devait être dressée au préalable. Je les invitai à ne pas faire naître de querelles et à ne pousser aucune femme à quitter la maison, celles surtout qui devaient attendre le retour de leur maître; les moyens d'entretien leur furent assurés. Comme les pourparlers avec les femmes soudanaises exigent autant de temps que chez nous, mes messagers ne revinrent que quelques heures plus tard. D'après les listes, je vis que plus de 60 femmes et jeunes filles demandaient leur liberté. Elles avaient presque toutes été enlevées à la suite de combats livrés dans les villages soumis au Gouvernement et étaient gardées de force. On les rendit à leurs parents. Une trentaine environ, soit qu'elles y consentissent de leur propre gré, soit qu'elles y fussent contraintes par leurs liens de famille, demeurèrent et attendirent le retour de leur maître.

Pendant ce temps, le sultan Hedjam de Dar Massalat, le sultan Idris de Dar Gimmer, le sheikh El Mahi de Dar Djebel, le sheikh Hammed Thor Djok de la tribu des Beni Husein et d'autres encore vinrent me présenter leurs salutations. Je m'entretins longuement et agréablement avec eux et surtout avec le sultan Hedjam. Il était sultan de Massalat et se trouvait constamment en conflit avec les tribus voisines, vassales du Wadaï. Comme il me le raconta lui-même, il avait l'habitude d'aller au combat avec femmes et enfants, ainsi ne manquait-il jamais d'emporter avec lui une notable quantité de « bill-bill » (bière forte). « Cela aiguillonne les hommes au combat, disait-il, une bonne boisson rend brave et on ne veut pas laisser tomber les femmes et les enfants aux mains de l'ennemi: il s'agit de vaincre ou de mourir. »

Je lui demandai si dans sa tribu on écorchait encore, suivant l'ancienne coutume, l'ennemi tombé, afin d'en faire des outres de sa peau, en conservant autant que possible la forme primitive du corps. Le sultan Hedjam commença par nier que cette coutume eût jamais existé et donna cette histoire pour une légende inventée par les ennemis de sa tribu. Mais les sheikhs présents lui ayant donné un démenti, d'une manière amicale du reste, il convint que cette coutume avait existé en effet autrefois, mais que lui-même ne la connaissait que par ouï-dire. Il promit même de faire son possible pour me procurer un trophée de ce genre provenant de ses ancêtres. Après quoi, selon la coutume, chacun des sheikhs présents m'offrit, quand il se trouva seul avec moi, un cheval que je refusai bien entendu.

Je liquidai encore quelques affaires administratives avec Adam Aamir, à qui avait été confiée, comme représentant du moudir, l'administration des provinces de Kabkabia et de Kolkol. Puis, je quittai Kabkabia en compagnie d'Omer woled Dorho et de ses cavaliers. J'avais envoyé l'infanterie, aussitôt après avoir quitté Fascher, directement sur le village de Melik Hager.

Nous n'avions jusque là traversé la plupart du temps que des steppes sans eau. Mais comme nous étions en hiver et que grâce à nos chevaux nous marchions rapidement, nous ne redoutions pas beaucoup la soif. Nous commençâmes par aller à une demi-journée de marche remplir les « sen » (petites outres à eau suspendues aux selles des chevaux) et nous quittâmes notre campement un peu après minuit, afin de traverser la steppe aussi rapidement que possible. De grand matin, je fus rejoint par quelques cavaliers, qui m'étaient envoyés par Adam Aamir avec une dépêche pressante du gouverneur général. C'était un télégramme chiffré, expédié par Marcopoulo bey à la station terminus de Foga et de là, par la poste, via Fascher, à Kabkabia. Voici à peu près ce qu'il contenait :

« *Derviche Mohammed Ahmed, le Mahdi, attaqué sans ordre dans le voisinage de Gedir par le moudir de Faschoda, Rachid bey et ses troupes complètement anéantis. Emotion considérable. Prendre tout de suite les mesures nécessaires et empêcher la jonction des mécontents avec les derviches.* »

Je répondis aussitôt par dépêche :

« Reçu nouvelle, ferai nécessaire » et envoyai ce télégramme à Adam Aamir pour qu'il l'expédiât plus loin.

On m'avait bien déjà raconté qu'un chef fanatique suscitait des difficultés au Gouvernement en excitant et en soulevant les gens du pays; mais, comme, je n'avais reçu jusque-là aucune communication officielle, je n'attachais aucune importance à ces bruits et croyais l'incident clos depuis longtemps. Et voici que la défaite du moudir Rachid bey semblait donner tout à coup à ce mouvement anodin des dimensions imprévues.

Il m'était impossible cependant d'abandonner en ce moment l'expédition commencée sans éveiller la méfiance des populations; je m'attachai donc à la terminer aussi rapidement que possible.

Vers le soir, nous rencontrâmes un troupeau de girafes; elles abondent dans la steppe. Les animaux se dispersèrent effrayés; j'en poursuivis une, monté sur l'étalon alezan qui m'avait été donné par Gordon et qui était un remarquable coursier; en quelques minutes je rejoignis l'animal qui tremblait de frayeur. Je résistai à la tentation de le tuer et retournai auprès de mes hommes, qui m'attendaient. Je voulais aussi éviter toute halte un peu longue : le dépouillement de la bête et le partage de sa chair eussent exigé des heures précieuses. La girafe dut la vie à la dépêche de Marcopoulo bey !

Nous arrivâmes pendant la nuit à un campement abandonné par des chasseurs d'autruches; nous nous arrêtâmes et allumâmes du feu pour nous réchauffer. Nous souffrions beaucoup du froid, fait rare sous ces latitudes et quelques-uns des sheikhs pouvaient à peine se tenir sur leurs chevaux.

Ces steppes sont riches en autruches, butin précieux pour les Gellaba et les Arabes. Ils transportent sur des chameaux à des endroits choisis de grandes quantités d'eau dans des outres de peau de bœuf, lesquelles recouvertes soigneusement de paille, les protègent de la soif pendant des semaines. Aux endroits fréquentés par les autruches, ils élèvent de petites huttes de paille, juste assez grandes, pour protéger des rayons du soleil un homme couché ou accroupi. Ils passent ainsi des jours et des jours attendant tranquillement, pour l'abattre, que le hasard amène une autruche dans leur voisinage.

Parfois un chasseur plus heureux que les autres découvre la place où la femelle a déposé ses œufs dans le sable. Caché dans les environs, de la manière ci-dessus décrite, il attend tranquillement que les petits sortent des œufs. Lorsque le moment attendu est arrivé, il les aide lui-même à casser la coquille; dans des cages tenues toutes prêtes il les emmène au marché, où il les vend toujours à un bon prix. Mais s'il manque le moment favorable et que les oiseaux se glissent sans son concours hors de la coquille, il ne lui est guère possible d'en rattraper un seul à cause de la rapidité extraordinaire dont ces animaux sont doués même à leur naissance.

Le lendemain matin, nous continuâmes notre marche nous arrêtant seulement après le coucher du soleil et nous atteignîmes les villages de Melik Hager le jour suivant vers onze heures. Hager, un des princes de la grande tribu des Zagawa, nous attendait déjà et m'invita à descendre chez lui. Je préférai toutefois m'installer sous un nabak *(Zizyphus Spina Christi)* géant, qui aurait pu abriter plus de 100 hommes sous ses énormes branches. Le sheikh Hassab Allah qui était arrivé lui aussi, m'annonça que les chameaux demandés aux Mahria étaient en train de paître dans le voisinage; les outres exigées avaient été apportées également.

Au lever du soleil, le capitaine Soliman Bassioum arriva avec 200 hommes d'infanterie, en sorte que le lendemain, quand Melik Hager nous eut livré le blé nécessaire et qu'il eut fait abattre deux bœufs dont il fit présent aux soldats en signe d'hospitalité, nous pûmes continuer notre route. Après deux jours d'une marche agréable, nous atteignîmes Kamo, village dépendant de Melik Salih Dunkousa. La sœur de Salih, Kadiga, avait été donnée, toute jeune encore, par ses parents, au sultan Mohammed Husein, pour faire partie de son harem. Son frère Salih, qui avait été envoyé avec elle à Fascher, reçut à la cour une certaine éducation, qui le plaçait bien au-dessus de ses compatriotes. Lorsque l'enfant que Kadiga avait donné au sultan Husein mourut, celui-ci la rendit à la liberté ainsi que son frère Salih, et comme Salih appartenait à une des familles les plus illustres des Zagawa, il le nomma chef d'une fraction de cette tribu et c'est ainsi que Salih et Kadiga rentrèrent dans leur patrie.

Les Zagawa dépendent de Salih et de son voisin, le sultan Rakeb ; ils sont apparentés aux Bedejat. La mère de Salih et de Kadiga appartenait même à la tribu des Bedejat et son frère était un de leurs chefs. Informé de cette parenté, j'avais déjà invité Salih à user de son influence sur les Bedejat, pour les amener à rendre aux Mahria les prisonniers et le butin qu'ils leur avaient enlevés, lui déclarant qu'en cas de refus je me verrais contraint de recourir à la force.

A mon arrivée à Kamo, Salih m'apprit qu'il avait transmis mes intentions et mes désirs aux Bedejat et que leurs chefs viendraient le lendemain m'assurer de leur soumission. Il me pria donc de les attendre.

Cette nouvelle me réjouit beaucoup, puisqu'elle me permettait d'espérer rentrer dans peu de temps à Fascher. Je fis annoncer aux Bedejat que j'étais prêt à une entente amiable avec eux et les priai de se mettre en route sans retard ; en même temps, je leur faisais part de la déclaration de Salih, affirmant qu'ils reconnaissaient mon autorité.

Les Bedejat et la tribu du Koran ou Tibbu qui les avoisine, sont, avec les Midob de l'est, les seules tribus du centre de l'Afrique qui, quoique entourées de musulmans, ont conservé leurs coutumes païennes.

Leurs chefs répondent, il est vrai, lorsqu'on les questionne sur leur confession par le « Lâ ilaha ill Allah » avec « Mohammed Rasul Allah » ; mais, c'est tout, car ils n'ont aucune connaissance du Coran.

C'est sous les grands arbres touffus nommés hegli (*balanites egyptiaca*) plantés dans un sol malheureusement recouvert de sable et soigneusement entretenus qu'ils adressent leurs prières à une force inconnue, lui demandant de les protéger et de les préserver du malheur. Ils ont leurs fêtes religieuses; pour les célébrer, ils se rendent sur le sommet des montagnes, et là ils immolent à leur divinité des animaux de leurs troupeaux. Les hommes sont d'un beau noir, bien bâtis, élancés pour la plupart; l'expression animée de leur visage, la forme régulière de leur nez et la noblesse de leur bouche, les rapprochent plus des Arabes que des nègres. Parmi les femmes qui se distinguent surtout par leur chevelure longue et épaisse, on trouve de réelles beautés, qui ne craignent pas la comparaison avec les femmes du plus haut rang des tribus libres des Arabes.

Les hommes et les femmes sont vêtus de peaux de bêtes qu'ils portent nouées autour des reins. Les chefs importants toutefois portent des chemises flottantes ou des robes de coton du Darfour.

Le blé est presque inconnu. Leur nourriture est simple. Elle se compose de grains de courge sauvage, écossés, que l'on fait macérer dans l'eau pour en diminuer l'amertume et que l'on réduit en farine; mélangée aux dattes, cette farine, cuite avec du lait, forme une bouillie; leurs nombreux troupeaux leur fournissent la viande . . . . . . et c'est là leur nourriture.

Leur droit de succession est très originalement conçu. Du lieu d'enterrement, ordinairement éloigné, les fils qui viennent d'accompagner leur père à sa dernière demeure, courent à un signal donné vers la maison paternelle. Celui qui arrive le premier et plante son javelot dans la maison, est déclaré héritier principal. Il a droit non seulement à la plus grande partie des troupeaux, mais encore aux femmes de son père, à l'exception de sa propre mère.

Libre à lui de considérer les femmes comme sa propriété ou de leur accorder la liberté contre une modeste indemnité.

Le nombre des femmes n'est limité que par la situation de fortune de l'homme.

La plupart des gens de Salih Dunkousa étaient restés fidèles aux traditions païennes de leurs aïeux. C'était même chose assez plaisante que de voir comment le vieux Salih, un très bon musulman, tombait d'une difficulté dans une autre en essayant de nier l'existence de ces coutumes.

Il cherchait aussi à excuser ses oncles et ses cousins germains, de la tribu des Bedejat, en expliquant que, bien qu'ils n'entretinssent aucun rapport avec des gens civilisés, ils tendaient néanmoins à se rapprocher de la vraie croyance et à se détacher de plus en plus des coutumes païennes.

Je m'informai alors de ce que pouvaient bien signifier ces arbres hegli, que j'avais vus dans ma promenade de la veille, ces arbres cultivés avec tant de respect et sous lesquels on semait, avec un soin tout spécial, du sable frais et fin. Salih se tut tout confus, mais après quelques minutes de silence, il me déclara qu'on choisissait ces endroits pour tenir des réunions dans lesquelles on discutait les intérêts du pays et les affaires de famille. Je lui dis que les Mahria voulaient laisser leurs troupeaux brouter les arbres mêmes, mais que je l'avais empêché, car leur aspect m'avait fait penser qu'ils étaient entretenus pour un tout autre but. Il me remercia cordialement de cette attention. Lui-même, quoique pieux et croyant, faisait respecter les idées et les habitudes de ses sujets, ce qui, d'ailleurs, lui valait une certaine popularité.

J'appris plus tard qu'il se vanta à son peuple d'avoir, lui seul préservé ces arbres sacrés de la destruction qui les menaçait. Je n'avais, pour ma part, aucune raison de m'opposer aux usages et aux coutumes de ces tribus ; je ne voyageais pas pour convertir les populations ni pour exciter la défiance de ces Bedejat qui s'étaient trouvés sur ma route. Aucun blanc jusqu'alors ne les avait encore soumis et mon intervention dans cette circonstance aurait pu les porter à revenir sur leurs décisions.

J'avais déjà fait preuve d'impatience, certain jour, que je recevais un nommé Ali woled Abiadh, qui remplissait à Shakka les fonctions de vice-cadi (Nâib). Il était venu se plaindre d'Emiliani dei Danzinger qui l'avait congédié injustement, à ce qu'il prétendait, et qui, ne sachant qu'imparfaitement l'arabe, se trouvait trop dans la dépendance de ses domestiques qui n'en faisaient qu'à leur tête.

Il me raconta ensuite, qu'à Shakka, les Arabes répandaient le bruit qu'un Derviche du Nil prêchait une croisade (djihah) contre les Turcs et qu'il les avait même battus dans plusieurs combats. J'écrivis aussitôt à Emiliani qui était à Shakka, moins pour lui faire part de la plainte d'Ali, que pour l'inviter à empêcher toute jonction entre les Arabes et les rebelles et à employer tous les moyens pour assurer la tranquillité dans le pays. Je le priai également de m'envoyer aussitôt que possible un rapport circonstancié sur la situation.

Il me fallut attendre six jours à Kamo; à la fin Salih Dunkousa vint m'annoncer que les Bedejat se trouvaient dans le voisinage, et me priaient de les recevoir; ils me demandaient de leur faire savoir par l'intermédiaire de Salih, l'heure et le lieu du rendez-vous.

D'accord avec Salih, je choisis l'emplacement des arbres hegli, comme lieu d'entrevue, et le priai de me servir d'interprète.

Je fis transporter une tente à 500 mètres environ du lieu convenu et y passai la nuit.

Le lendemain matin, j'avais fait former en bataille sur un front très étendu mon infanterie et ma cavalerie, quand Salih Dunkousa vint me demander l'autorisation d'amener les Bedejat.

Je les attendis en compagnie de mes officiers et du sandjak Omer woled Dorho, à une centaine de pas du front des troupes. Nous étions à pied; mais derrière nous, les domestiques tenaient nos chevaux en main.

Les chefs des Bedejat parurent, conduits par Salih. Ils saluèrent plusieurs fois, croisant les bras sur la poitrine, et s'inclinèrent profondément; Salih leur avait sans doute donné quelques leçons. Leur interprète me transmit leurs salutations. Je fis alors étendre des tapis et les invitai à s'asseoir; mes compagnons et moi, nous prîmes place sur des chaises de campagne. On leur présenta de l'eau sucrée et des dattes. La collation terminée, les négociations commencèrent.

Les quatre sheikhs Bedejat étaient des nègres, élancés, jeunes et vigoureux, la figure plutôt sympathique. Ils portaient de larges chemises rouges et de petits turbans que leur parent Salih, leur avait probablement prêtés. Chacun d'eux avait une épée munie d'une poignée à croisillons.

J'ai retenu leurs noms : Gar en Nebi, Bosch, Omer et Kourou Kourou. Leur escorte était composée de soixante-dix hommes environ et se tenait à quelque distance derrière eux ; les hommes de l'escorte étaient vêtus de chemises rouges en coton ou de peaux

L'interprète était assis par terre dans l'espace resté libre entre moi et les sheikhs. Salih Dunkousa avait pris place près de lui.

Celui qui désirait parler appelait l'interprète, disant « kursi sellem » ; il répondait alors « sellem » déclarant par là qu'il était prêt à écouter et à traduire.

Après les salutations d'usage, Gar en Nebi, le plus important et le plus âgé des quatre sheikhs parla ainsi :

« Nous appartenons à la tribu des Bedejat, et sommes comme nos pères, tributaires des rois du Darfour. Ces rois envoyaient, tous les deux ou trois ans, leurs délégués pour recueillir ce qui leur était dû. Aujourd'hui vous, les Turcs, à la peau blanche, vous avez vaincu les For, et soumis le pays. Mais personne n'est venu dans notre contrée réclamer les contributions. Comme Melik Salih Dunkousa, notre frère et ami, nous l'a appris, tu es le maître du pays ; en signe de soumission, nous t'avons apporté dix chevaux, dix chameaux et quarante bêtes à cornes ; c'est à toi de fixer le tribut. »

« Je vous remercie, leur répondis-je ; soyez persuadés que je fixerai d'après la plus stricte équité le taux de votre tribut. Ce n'est cependant point pour cela que je suis venu jusqu'ici, je viens réclamer de vous la mise en liberté des prisonniers Mahria et la restitution des chameaux que vous leur avez enlevés, étant prêt, si cela est nécessaire, à vous y contraindre par la force. »

Il y eut un instant de silence ; puis, Gar en Nebi prit la parole :

« Nous sommes, comme nos pères, en état d'hostilités avec les différentes tribus arabes. Nous combattons les uns contre les autres et nous avons la coutume d'échanger les prisonniers de guerre faits de part et d'autre. C'est ainsi que des prisonniers des Mahria ont été déjà échangés. »

Le sheikh Hassab Allah qui se trouvait près de moi me confirma l'assertion de Nebi. Je lui demandai si ces échanges se pratiquaient depuis que le Gouvernement Egyptien avait conquis le pays, ou s'ils se pratiquaient seulement au temps des rois For.

« Nous échangions nos prisonniers avant que vous n'ayez conquis le pays, répliqua-t-il ; je rappellerai pourtant qu'il y a deux ans à peine, les Mahria nous ont attaqués, mais ils furent repoussés et obligés de se retirer sans butin. »

Le silence de Hassab Allah me prouva que le sheikh disait la vérité.

« Je n'ai aucune connaissance de ces faits, lui dis-je, puisque en ce temps-là, je n'administrais pas la contrée. J'admets que vous ayez agi d'après vos anciennes coutumes et vous croyant dans votre droit ; pourtant je dois me prononcer aujourd'hui contre vous et exiger la mise en liberté des prisonniers qui sont entre vos mains. Quant aux chameaux, je vous autorise à en garder la moitié ; ce sera là la punition des Mahria qui vous ont attaqués il y a deux ans, mais qui, grâce à votre courage, n'ont pu vous dépouiller. »

Les sheikhs se concertèrent entre eux; ils parlaient avec vivacité et ce ne fut qu'après un dialogue assez long que Gar en Nebi me répondit en ces termes:

« Nous sommes disposés à exécuter tes ordres, mais nous te ferons remarquer qu'il nous faudra beaucoup de temps pour rassembler les chameaux qui sont à présent dispersés de tous côtés. Au contraire, il nous est très facile de te remettre les prisonniers qui se trouvent en des endroits parfaitement déterminés. »

« Faites votre possible pour terminer au plus tôt cette affaire. Je vous faciliterai l'exécution de mes ordres et pour cette année vous abandonnerai le montant du tribut qui va être fixé. »

Visiblement heureux, tous me remercièrent; je les invitai à passer la journée du lendemain chez Salih Dunkousa, que je chargeai de les héberger. Je remontai à cheval; mes compagnons firent de même et mes hommes, pour célébrer l'heureuse issue de notre entrevue, tirèrent trois salves, au grand effroi des Bedejat auxquels nos armes à feu étaient inconnues. Je fis rentrer mes troupes et priai Salih de m'amener au camp le lendemain à la même heure ses hôtes et leur escorte. Puis je me pris à réfléchir à ce qu'il convenait de faire.

Je ne pouvais prolonger mon séjour à Kamo jusqu'au moment où les Bedejat auraient délivré les prisonniers et restitué la moitié des chameaux. Il me fallait donc trouver un moyen de retourner à Dara, sans compromettre cependant le succès de l'expédition.

Quand Dunkousa arriva le lendemain au camp, amenant les Bedejat, je les saluai amicalement et leur demandai s'ils avaient expédié l'ordre de délivrer les prisonniers et de ramener les chameaux. Sur leur réponse négative, je leur déclarai qu'il m'était impossible d'attendre l'exécution de mes ordres. Gar en Nebi chercha à me radoucir:

« Maître, dit-il, nous sommes venus pour obéir à tes ordres. Retourne chez toi. Par l'intermédiaire de Salih Dunkousa, nous remettrons au sheikh Hassab Allah, qui est son hôte, les prisonniers et les chameaux. »

« Je vous ferai une autre proposition, lui répondis-je. Je suis persuadé de votre fidélité et de votre franchise; pourtant, je désire vous connaître un peu plus et plus personnellement. »

« Je vous l'ai dit, mon séjour ici ne saurait se prolonger, eh bien, tous les quatre, vous et les autres sheikhs des Bedejat, venez avec moi à Fascher. Le reste de vos gens retournera dans votre pays et y accomplira mes ordres. Dès que je saurai que tout sera parfaitement exécuté, vous pourrez partir et retourner chez vous, comblés de présents. La proposition que je vous fais est très avantageuse pour vous; vous n'avez encore jamais vu Fascher. En y venant, vous connaîtrez le siège du Gouvernement et pourrez apprécier la force dont il dispose. Je suis d'ailleurs persuadé, que, comme Melik Salih, vous êtes de mon avis et que vous vous rendrez à mes désirs. »

Salih Dunkousa appuya aussitôt ma proposition, déclarant qu'il avait visité autrefois Fascher. Les sheikhs Bedejat firent bonne mine à mauvais jeu et, après un conciliabule assez long, se déclarèrent prêts à partir pour Fascher.

Je les engageai donc à désigner immédiatement ceux qui devaient aller chercher les prisonniers et les chameaux, et les ramener à Salih; et, comme il était de leur propre intérêt que tout fut accompli le plus vite possible, ils désignèrent ceux de leur suite qui étaient le plus à même de mener à bien cette affaire. Ils ne gardèrent avec eux que six hommes qui devaient les accompagner à Fascher.

Salih m'informa que chacun d'eux désirait, suivant la coutume, prêter serment de fidélité.

Je me montrai disposé à recevoir le serment et m'apprêtai à la cérémonie.

On plaça une selle sur le sol au milieu de l'assemblée; sur cette selle on déposa une petite cuvette d'argile remplie de charbons ardents et une lance. Les sheikhs des Bedejat assis avec les chefs de leur escorte étendirent les mains vers ces objets et prononcèrent l'un après l'autre solennellement la formule suivante : « Que jamais plus ma jambe ne touche la selle, que mon corps soit atteint par un fer mortel, qu'il soit consumé par un feu ardent, si je ne reste pas fidèle à la parole jurée ! »

Qui n'eut crut à leurs promesses, après un tel serment spontanément offert?

Je quittai Kamo, dans l'après-midi, après avoir recommandé à Salih et à Hassab de m'aviser de l'accomplissement de la mission des Bedejat.

J'avais hâte d'arriver à Fascher, et je laissai en arrière les Bedejat et l'infanterie, en donnant à mes officiers l'ordre formel de veiller à ce que les sheikhs fussent traités avec les plus grands égards.

Suivi d'Omer woled Dorho et de ses cavaliers, je me dirigeai à marche forcée sur Fascher.

Là, j'appris qu'Emiliani dei Danzinger était mort subitement à Shakka. Il souffrait, à ce qu'il m'avait dit lui-même autrefois, d'une maladie de cœur ; cette maladie devait l'emporter.

Ses gens, surpris d'une mort aussi foudroyante, craignant d'être accusés de l'avoir empoisonné, transportèrent le corps, à dos de chameau, jusqu'à Dara où ils arrivèrent en deux jours. Le pharmacien de l'endroit, qui remplissait aussi les fonctions de docteur, fit l'autopsie, et constata une mort naturelle. Emiliani fut enterré à Dara. Je fis ériger plus tard un monument en souvenir de ce pauvre garçon, enterré en terre étrangère.

Là aussi, me furent remis les rapports sur les troubles qui avaient éclaté à Shakka; ma présence à Dara devenait indispensable, les nouvelles du Kordofan et de Khartoum annonçaient également quelques troubles. On était persuadé pourtant, dans les cercles du Gouvernement, qu'une expédition militaire suffirait pour étouffer aisément tous ces mouvements.

Les sheikhs des Bedejat et l'infanterie arrivèrent sans incident, peu de jours après nous, à Fascher. Je leur fis rendre les honneurs militaires; on tira même un feu d'artifice. Le moudir avait charge de les héberger.

Lorsque les hommes et les chevaux furent reposés de leurs fatigues, je partis pour Dara, escorté par Omer et ses deux cents cavaliers. Le moudir, commandant Saïd bey Djouma, me remplaçait à Fascher.

CHAPITRE IV.

Soulèvement du Mahdi.

Jeunesse de Mohammed Ahmed. — Tarikas religieux. — Lutte de Mohammed Ahmed contre son supérieur religieux. — Son séjour à l'île d'Abba. — Abdullahi et Taashi. — Débuts d'Abdullahi, racontés par lui-même. — Mécontentement général dans le pays. — La tentative de faire prisonnier Mohammed Ahmed à Abba échoue. — Fuite du Mahdi (Higra) au Gebel Gedir. — Il nomme ses califes. — Défaite de Rachid bey. — Anéantissement de Youssouf Pacha el Shellali et de ses troupes. — Suites de la victoire du Mahdi au Kordofan. — La révolution s'étend vers le Nil Bleu.

Les troubles suscités par celui qu'on a nommé d'abord le Derviche, et plus tard le Mahdi, Mohammed Ahmed ibn (fils de) Abdullahi, troubles dont la première nouvelle m'avait été apportée par un télégramme cité plus haut (pages 157 et 158) étaient des plus inquiétants.

Mohammed Ahmed était né dans la province de Dongola, non loin des îles d'Argo, d'une famille pauvre, et obscure; ses parents se prétendaient issus du Prophète et réclamaient le titre d'*Ashraf* (noble), mais il leur était impossible de justifier ces prétentions auxquelles d'ailleurs personne n'ajoutait foi. Mohammed Ahmed n'était pour tout le monde qu'un vulgaire Dongolais. Tout jeune encore, il avait quitté son pays natal et était venu à

Khartoum avec son père, Abdullahi, simple fakir, qui lui avait appris l'écriture et la lecture du Coran. Pendant le voyage, le père mourut près de Kerrere où plus tard son fils lui fit ériger un monument qu'on appelle aujourd'hui Koubbat es Seïid Abdullahi.

Le petit Mohammed Ahmed restait seul, livré à ses propres forces. Ses maîtres ne tardèrent pas à le prendre en affection, à cause de sa grande piété; lorsqu'il sut le Coran par cœur et qu'il eût commencé à étudier la théologie, on l'envoya à Berber chez le célèbre Mohammed el Cher afin de compléter ses études religieuses. Il y resta quelques années et gagna l'affection de son maître et de ses camarades, par ses excellentes qualités; enfin, ayant atteint l'âge d'homme, il retourna à Khartoum. C'est à cette époque qu'il entra dans la « Tarika de Samania » dirigée par le sheikh Mohammed Chérif, dont le père et le grand-père « Nur ed Dâim » et « et Tajjib » avaient mérité la réputation de saints. Le jeune Mohammed devint un des plus ardents défenseurs de cette doctrine. Le mot « Tarika » signifie « voie, route » et « sheikh el Terige » « chef ou guide de la voie. » Le chef rédige pour ses disciples un certain nombre de prières et d'invocations au Prophète composées le plus souvent par lui; ces prières et ces invocations sont récitées à des heures déterminées et indiquent aux croyants le chemin du ciel.

Les doctrines des sheikhs el Terige sont très nombreuses: la Kadmia, la Gaderia, la Tigania, la Samania, etc.; elles sont propagées par leurs califes (lieutenants) et leurs hauars (disciples). Les chefs exigent de leurs disciples une obéissance passive.

Mohammed Ahmed, admis dans la « Tarika de Samania », prêchait la doctrine de Mohammed Chérif dans lequel il avait une foi aveugle. Il s'était établi dans l'île d'Abba (Nil Blanc) au sud de Kaua, et vivait avec ses disciples du produit de l'agriculture et des dons qui affluaient chez le pieux jeune homme. Quelques membres de sa famille s'étaient autrefois établis dans cette île: son grand-oncle Ahmed Scherfi, dont il épousa la fille, ses frères Mohammed et Hamed, qui fabriquaient là des barques avec le bois de « l'acacia nilotica », d'autres encore, tous aidaient de leur mieux le pieux fakir qui s'était creusé une grotte au bord du fleuve et y passait dans la contemplation, des jours entiers, sans prendre de nourriture. De loin en loin il allait rendre visite à son maître, le sheikh Mohammed Chérif, pour lui renouveler l'assurance de son dévouement et prendre ses ordres.

Mohammed Chérif ayant résolu de fêter la circoncision de ses fils, invita tous les sheikhs dépendant de sa Tarika à prendre part à cette fête, ainsi que leur maître; les uns et les autres étaient tenus, selon l'usage, d'aider de leurs deniers.

Ce jour-là, chacun pouvait, avec l'autorisation du sheikh, se réjouir, comme il l'entendrait, et danser ou chanter suivant sa fantaisie.

Les jours de circoncision devaient pour tous les invités être des jours de réjouissance, Mohammed Chérif leur accordant d'avance au nom de Dieu la grâce et le pardon pour les jeux interdits par la religion.

Mais Mohammed Ahmed, le pieux fakir, protesta contre cette tolérance impie et, ayant expliqué à ses amis et à ses partisans que le chant, la danse et les autres jeux constituaient une transgression de la loi divine, il déclara qu'aucun homme, pas même un sheikh et Terige n'avait le pouvoir de pardonner les péchés qui en résulteraient.

Ces paroles furent rapportées à Mohammed Chérif, qui fit venir Ahmed ; il était très surexcité et en même temps très inquiet de la protestation de son disciple qui allait peut-être porter une grave atteinte à son influence.

En présence de tous les califes de la Tarika, Mohammed Ahmed se reconnut coupable d'avoir parlé comme il l'avait fait et pria son seigneur et maître de lui pardonner s'il avait été induit en erreur. Mohammed Chérif l'invectiva, l'appelant traître et séditieux, l'accusant d'avoir trahi son serment de soumission et de fidélité, et le chassa de l'ordre de la Samania.

Ahmed se retira profondément humilié ; il s'infligea le supplice de la « sheba » (fourche formée de deux branches d'arbre; on place le cou à l'intérieur et l'on réunit l'extrémité des deux branches au moyen d'un morceau de bois passé en travers), se répandit de la cendre sur la tête et retourna en suppliant, auprès de Mohammed Chérif, pour implorer son pardon. Celui-ci refusa de le recevoir, et Mohammed Ahmed, la mort dans l'âme, retourna auprès des siens à Abba.

Il avait tenu, en grand honneur, le descendant des saints « Nur ed Dâim » et « et Tajjib » ; aussi son renvoi de l'ordre lui fut-il d'autant plus sensible. Mohammed Chérif se trouvant quelques temps après dans le village d'Abba, Ahmed se présenta devant son maître, le cou dans la sheba, la poitrine nue, la tête et le corps couverts de cendre; il lui demanda grâce et le pria de l'accepter à nouveau dans son ordre.

Arrière, hors d'ici, traître, lui cria Mohammed Chérif, va, Dongolais qui ne crains point Dieu et te révoltes contre tes seigneurs et tes maîtres; tu confirmes une fois de plus le dicton : « ed Dongolani wahed scheitan, mogelled bi gild el insan » *le Dongolais est un diable qui a revêtu la peau d'un homme*. Tu cherches, par tes paroles, a répandre la discorde parmi les hommes. Retire-toi, je ne te pardonnerai jamais. »

Mohammed Ahmed avait écouté ces paroles en silence, la tête baissée, agenouillé devant Chérif. Il se releva et sortit. Des larmes coulaient le long de ses joues: non des larmes de repentir, mais des larmes de rage : il avait dû supporter cet affront, impuissant et sans répondre. Rentré dans sa retraite, il déclara à ses disciples qu'il venait de quitter pour toujours Mohammed Chérif et qu'il allait demander au sheikh El Gureschi établi à Mosselemie la permission d'entrer dans sa Tarika.

El Gureschi avait reçu du grand-père de Mohammed Chérif, le saint et Tajjib, son calife, le pouvoir de propager la doctrine de la Tarika ez Samania. Et, il y avait, par suite, une certaine rivalité entre le sheikh El Gureschi et Mohammed Chérif, le descendant direct du sheikh Et Tajjib.

Comme Mohammed Ahmed, admis dans la Tarika d'El Gureschi, s'apprêtait à partir avec ses disciples, Mohammed Chérif informé de ce qui se passait revint sur sa décision et fit savoir à Ahmed qu'il consentait à le voir, lui accordait son pardon et le rétablissait dans ses anciennes fonctions. Mais Ahmed répondit fièrement que, n'ayant commis aucune faute, il n'avait besoin d'aucun pardon; et que de plus la présence d'un Dongolais impie dans sa suite porterait sans doute préjudice à sa doctrine.

Le sheikh El Gureschi reçut Ahmed à bras ouverts. Et voilà comment le nom de Mohammed Ahmed, le pieux et rusé fakir devint célèbre dans tout le Soudan. Jamais en effet on n'avait entendu dire auparavant qu'un sheikh subalterne eut repoussé le pardon que lui offrait son supérieur.

En général l'opinion publique était pour Ahmed, qui avait osé se révolter contre son chef parce que celui-ci s'était servi de la religion pour autoriser et approuver des actes interdits par elle. Les partisans du rebelle ne manquèrent pas d'étaler au grand jour tout ce qui, dans cette affaire, pouvait lui être favorable; et lorsqu'on sut avec quelle hauteur il avait repoussé le pardon qu'on lui offrait, il devint le héros du jour.

Muni de la permission de Gureschi, Ahmed retourna à Abba. Là, il reçut la visite de presque tous les hauts personnages qui venaient demander la bénédiction du pieux jeune homme et le peuple se pressait sur le passage du nouveau saint. Comme il distribuait aux pauvres, en présence même des donateurs, les cadeaux qu'il recevait, on lui conféra bien vite le titre de sahid (dispensateur). Après une tournée au Kordofan, convaincu que ses idées avaient trouvé un écho dans nombre de cercles religieux, il rédigea des pamphlets qu'il distribua d'abord à ses fidèles partisans. Il les engageait vivement en leur qualité de pieux musulmans, à réunir toutes leurs forces pour arrêter la décadence de la religion, puisqu'on ne devait rien attendre de ce côté du Gouvernement dont les fonctionnaires se moquaient du Coran et insultaient même le livre sacré.

Bientôt El Gureschi étant mort, Ahmed et ses partisans se rendirent à Musselemie et firent ériger sur le tombeau de leur maître une koubbat, (monument surmonté d'une coupole).

C'est là qu'un certain Abdullahi ibn Mohammed de la tribu des Taasha-Baggara qui vit au sud-ouest du Darfour, pria Ahmed de le recevoir dans la Tarika de Samania. Mohammed le reçut dans sa corporation et Abdullahi jura de lui rester fidèle jusqu'à la mort.

Mohammed el Fakih, de la tribu des Taasha et de la branche des Djouberat, était un descendant d'Aulad umm Surra. Il avait quatre fils, Abdullahi, Yacoub, Youssouf et Samani, et une fille appelée Fatma.

Vivant en désaccord avec ses parents, il forma le projet de se rendre à la Mecque avec toute sa famille, de s'y établir et de terminer ses jours dans le voisinage de la ville du Prophète. Des gens, qui l'ont connu, le dépeignent comme un homme pieux, ne s'occupant que de ses devoirs religieux et qui avait le pouvoir de soulager les malades et les faibles d'esprit en récitant des formules religieuses. Il enseignait volontiers le Coran à la jeunesse. Abdullahi et Youssouf étaient les plus indisciplinés de ses fils; que de peine il eut à leur apprendre les versets les plus importants du Coran. Yacoub et Samani étaient d'une nature beaucoup plus calme et aidaient leur père dans ses leçons; c'est ainsi qu'ils apprirent d'eux-mêmes par cœur tout le Coran et commencèrent à l'interpréter.

Au temps des hostilités survenues entre Zobeïr et le Darfour, Mohammed el Fakih avec toute sa famille quitta son pays et se rendit à Shakka, par la route de Kallaka. Il resta à Shakka près de deux années et partit, traversant Dar Hamr, El Obeïd et Dar Djimme où il mourut près de Sherkela; il fut enterré par les soins du grand sheikh 'es Djimme, Asaker woled Abou Kalam, qui avait subvenu aux besoins de toute la famille pendant de longs mois. Avant de mourir, il conseilla à son fils aîné, le chef de la famille, de chercher asile auprès d'un chef religieux quelconque, sur les bords du Nil, comme il avait eu lui-même l'intention de le faire, d'entreprendre un pèlerinage à la Mecque; mais de ne rentrer en aucun cas dans son pays.

Abdullahi prit congé de ses frères et de sa sœur qu'il laissait à Dar Djimme sous la protection du sheikh Asaker, et partit seul dans la direction du Nil.

En route, il apprit le différend qui avait surgi entre Ahmed et son supérieur et résolut d'aller demander au premier la faveur d'entrer dans sa corporation.

« Ce fut un rude voyage pour moi, » me racontait souvent Abdullahi ibn es Sejjid Mohammed, califet el Mahdi, comme on l'appelle aujourd'hui. Dans les premières années de son règne, alors qu'il n'avait pas autant de défiance qu'à présent, il était très communicatif, et se plaisait à me raconter ses aventures le soir quand nous étions seuls. Couché sur un petit angareb, d'un assez joli travail, et recouvert d'une natte de palmier, Abdullahi s'appuyait alors sur une pièce de coton roulée en forme de coussin et s'entretenait avec moi qui l'écoutais accroupi par terre et les jambes croisées.

« Oui, ce voyage fut triste et pénible; je ne possédais pour tout bien qu'un âne, et, la pauvre bête avait une plaie sur le dos. C'est à peine si j'osais le monter. Je le chargeais d'une petite outre remplie d'eau et d'un peu de blé; et, triste et découragé, je le poussais devant moi. Sur le dos je n'avais qu'une chemise de coton large et coupée à la mode de mon pays. Tu dois te rappeler encore ce haillon, Abd el Kadir? »

Il m'avait surnommé Abd el Kadir; mais quand il voulait me distinguer de mon homonyme, il m'appelait Abd el Kadir Saladin (Slatin).

« A mon costume et à mon langage j'étais très vite reconnu comme étranger.

« Que de fois j'ai entendu dire autour de moi :

« Que cherches-tu ici? Que veux-tu? Va donc, rentre dans ton pays, il n'y à rien à voler ici! »

« Il est vrai, continuait-il en riant, que nous autres Arabes, nous jouissons ici d'une mauvaise réputation; cela tient surtout à ce que les marchands qui, au temps de Zobeïr, se dirigeaient vers le Bahr-el-Ghazal, étaient souvent détroussés par les Arabes. Quand je voulais savoir où résidait le Mahdi, alors Mohammed Ahmed, on me regardait avec défiance; on me demandait ce que je pouvais bien avoir à faire avec lui et l'on me donnait à entendre que jamais il n'accepterait de gens de mon espèce parmi ses disciples. Heureusement je rencontrai toujours quelque âme compatissante qui m'indiquait la route. Un jour, dans un village, on voulut me voler mon pauvre âne; on le reconnaissait bien, disait-on : il avait été volé l'année précédente. Un vieillard, qui craignait Dieu sans doute, intervint et je pus continuer ma route. C'est ainsi que, errant de-ci de-là, presque toujours repoussé, raillé, rarement secouru, j'arrivai enfin près de Musselemie où je rencontrai le Mahdi qui allait précisément ériger la koubbat d'El Gureschi.

« En le voyant, j'oubliai toutes mes peines passées, je ne voyais que lui, n'entendais que lui : et je dus rassembler tout mon courage pour lui adresser la parole.

« Je lui racontai brièvement l'histoire de ma famille et le suppliai, au nom de Dieu et de son Prophète, de me recevoir au nombre de ses disciples.

« Il y consentit et me tendit la main. Je la baisai avec effusion et lui jurai fidélité et soumission. J'ai tenu mon serment jusqu'à ce que la mort vint le surprendre. »

Il se tut subitement et me regarda.

« Oui, tu l'as tenu ton serment, lui dis-je, et Dieu le Tout-Puissant t'a récompensé ! Toi, qu'on repoussait, qu'on raillait autrefois, tu es aujourd'hui le maître, tu ne t'es point vengé ; ta conduite est noble et c'est ainsi seulement que peut agir un descendant du Prophète. »

Il aimait qu'on le louât ; j'étais d'autant plus disposé à le faire que agréablement flatté de mes paroles, il continuait son récit.

« Lorsque j'eus prêté serment, continua-t-il, le Mahdi appela un de ses disciples, nommé Ali, et lui dit : « Dès ce moment vous êtes frères, aidez-vous mutuellement et placez votre confiance en Dieu. Toi, Abdullahi, suis les ordres de ton frère. »

« Ali était bon, mais aussi pauvre que moi. Il partageait avec moi la nourriture qu'il recevait du Mahdi ou qu'on lui donnait en parent. Pendant le jour, nous portions ensemble les tuiles nécessaires à la construction de la koubbat; le soir, nous couchions côte à côte. Un mois plus tard, la koubbat était terminée. Le Mahdi, qui toute la journée avait à répondre à des visiteurs, ne s'était pas autrement préoccupé de moi; pourtant, une voix intérieure me disait que j'avais trouvé place en son cœur.

« Nous quittâmes Musselemie, bannières en tête, — bannières couvertes d'inscriptions religieuses et de morceaux de l'islam — et nous traversâmes l'île. De toutes parts les gens accouraient pour voir le Mahdi, ou plutôt le sheikh Mohammed Ahmed comme on le nommait alors, pour l'entendre prêcher sa doctrine et pour implorer sa bénédiction. Mes sandales étaient déchirées et un Mogaddam (le supérieur des disciples) avait pris mon âne pour y asseoir un malade. Nous arrivâmes enfin à l'île d'Abba, où résidait le Mahdi. Je souffrais de la dysenterie; mon frère Ali m'installa dans sa petite hutte de paille, où il y avait à peine place pour nous deux, et s'occupa de pourvoir à ma nourriture. Il apportait du Nil l'eau nécessaire pour notre boisson, et pour les ablutions.

« Un soir, il sortit pour aller puiser de l'eau, comme de coutume. Il ne rentra pas.

« Le malheureux avait été surpris par un des crocodiles qui pullulent sur les rives du fleuve. Les frères accourus en toute hâte ne purent qu'arracher à la bête le cadavre d'Ali. Allah jerhamo, Allah jeghfir lehu. Que Dieu l'ait en sa sainte garde; Que Dieu lui pardonne ses péchés. »

« Allah jerhamo, Allah jeghfir lehu, répétai-je à mon tour et me tournant vers le calife: Maître, ajoutai-je, ta patience est grande, c'est pourquoi Dieu t'a élevé.

« Mais dis-moi, le Mahdi ne s'est-il jamais occupé de toi pendant ta maladie ? »

« Non, me répondit le calife; le Mahdi voulait me soumettre à l'épreuve. Ce n'est qu'après la mort d'Ali, pendant que moi-même j'étais couché seul et sans secours dans la hutte, qu'il fut averti de ma maladie. Un soir, subitement, il pénétra dans la cabane. J'étais trop faible pour me lever. Il s'assit près de moi et me donna de la medida très chaude qu'il avait apportée dans une calebasse. (La medida est une sorte de bouillie de farine, à laquelle on ajoute quelquefois du beurre fondu).

« Bois, me dit-il, cela te fortifiera; aie confiance en Dieu. »

« Puis il me laissa. Il m'envoya, peu de temps après quelques frères qui me transportèrent dans une hutte voisine de son habitation. A peine eus-je bu la medida que je me sentis mieux. Ne m'avait-il pas dit: « cela te fortifiera », et c'était vrai; car, lui, le Mahdi disait la vérité et ne mentait jamais ! »

« Certainement, interrompis-je ; c'était le Mahdi, le fidèle, le véridique, et toi, son calife, tu as marché fidèlement sur ses traces.

« Auprès de lui, continua le calife, je me rétablis rapidement. Je voyais le Mahdi chaque jour. Il était la lumière de mes yeux; et la paix régnait dans mon cœur. Il m'interrogeait parfois sur ma famille et m'engagea à la laisser encore quelque temps au Kordofan. « Aie confiance en Dieu; » telle était toujours la fin de ses discours.

« Il s'entretenait souvent avec moi seul et me confia le secret de sa mission divine. Dieu, disait-il, l'avait marqué pour être le Mahdi et le Prophète l'avait investi de cette mission en présence des apôtres et de tous les saints. Je savais depuis longtemps, avant même qu'il ne m'eut jugé digne d'entendre cette confidence, je savais, dis-je, et je m'en rendais compte, rien qu'en le regardant qu'il était l'envoyé de Dieu, le Mahdi el Monteser (le maître attendu.) (¹) Ah! le beau temps, sans chagrin, sans souci!... Mais, il est tard, Abd el Kadir, va te reposer. »

« Que Dieu prolonge tes jours, lui disais-je en me levant et te donne la force de ramener sur le chemin de la foi les véritables croyants et je quittais le calife, en marchant à reculons.

Mohammed Ahmed avait trouvé son homme en Abdullahi ibn Mohammed.

A la suite de son différend avec Mohammed Chérif, il avait acquis rapidement une célébrité inattendue. La vénération générale dont il jouissait, et dont il était l'objet de la part surtout des habitants de Ghezireh, lui fit concevoir des espérances plus grandes encore. Il commença par déclarer secrètement à ses intimes qu'il avait été envoyé pour régénérer la religion du Prophète, qui tombait en décadence et il leur demanda de l'aider dans sa tâche. Il ne se donnait cependant que comme l'esclave de Dieu, forcé, par l'ordre divin, d'accomplir cette mission, sans croire qu'il en était digne.

Ce fut Abdullahi qui mit la secte en rapport avec les puissantes et belliqueuses tribus de l'ouest; ces tribus,

---

(¹) Mahdi signifie chez les musulmans, le rédempteur attendu pour la fin des temps « celui qui remplira de justice le monde qui auparavant était rempli d'iniquité. »

disait Abdullahi, ne laisseraient certainement pas échapper l'occasion de vaincre ou de mourir, pour Dieu et la religion; il engagea le Mahdi à entreprendre un voyage au Kordofan. Celui-ci parcourut le Dar Djimme, où les frères d'Abdullahi l'assurèrent de leur soumission ; il leur conseilla de ne pas quitter leur résidence, et de répandre sa doctrine parmi leurs concitoyens.

De là il se rendit à Dar Djauama et à El Obeïd. Dans cette dernière ville, il se présenta chez les plus hauts fonctionnaires religieux et civils; il les interrogeait sur leurs façons de penser, surtout sur leurs opinions et s'efforçait de les gagner à sa cause. S'il trouvait quelque écho auprès de certains personnages, il leur communiquait, après leur avoir fait prêter serment de garder le silence, sa mission divine, et les exhortait à s'entraider pour la tâche sainte qu'il avait entreprise de relever le prestige de la religion. Saïd el Melki, l'un des notables les plus importants du pays, fut également mis dans le secret. Il reconnaissait avec le Mahdi que les progrès de la religion allaient se ralentissant; cependant il l'engageait à ne rien entreprendre contre le Gouvernement, qui, suivant lui, était trop puissant et avait trop de partisans dans le pays. Il ne fallait pas trop non plus compter sur un soulèvement complet de la contrée, la diversité de race des tribus étant un obstacle à une entente générale. Ahmed combattit les raisons présentées par El Melki et lui fit promettre de garder le secret et de rester neutre pour le moment du moins, quitte à se joindre à lui plus tard quand l'insurrection aurait éclaté. Le Mahdi visita ensuite à Tekele, Mek Adam Omdaballo qui le reçut très hospitalièrement et offrit en son honneur plusieurs banquets ; mais, dominé par le cadi, Omdaballo ne voulut s'engager à rien. Le Mahdi rentra à Abba, en passant par Sherkela.

Que d'observations faites dans le cours de ce voyage ! Avec quelle pénétration il se rendit compte de l'hostilité sourde qui grandissait entre la population vulnérable et ceux qui étaient au pouvoir !

La principale raison de ce mécontentement était due à la répartition inique des impôts, fort élevés du reste, et à la méthode tout à fait arbitraire qu'employaient pour les percevoir les fonctionnaires et les soldats, ceux-ci n'ayant d'autre souci que d'extorquer tout ce qu'ils pouvaient quand l'occasion était favorable.

Dans les derniers temps surtout, les indigènes parvenus à de hautes fonctions cherchaient, ainsi que leurs proches parents auxquels ils avaient fait obtenir des postes subalternes, à s'enrichir le plus rapidement possible. C'est ainsi que Gordon, en nommant le riche marchand Elias, Pacha et moudir du Kordofan, suscita de nombreux mécontents. Le successeur d'Elias, Abd er Rahman bey ben Nagi, était lui aussi un marchand du Kordofan. Ils avaient certes toutes les qualités voulues pour faire d'excellents gouverneurs, mais l'esprit mercantile inhérent à leur profession de commerçants les portait à exploiter le pays à leur profit et au profit de leurs parents. Leur nomination n'était pas non plus très bien vue par leurs compatriotes, race d'envieux et de jaloux qui se croyaient aussi capables que les autres de diriger les affaires du pays.

Aussi, lorsque Elias Pacha envoya lever le tribut annuel auprès de Mek Adam Omdaballo, celui-ci refusa net de s'exécuter, arguant avec fierté de son origine royale.

« Je paye aux marchands la marchandise que je leur achète, mais jamais je ne me reconnaîtrai comme leur tributaire, répondit-il aux collecteurs de l'impôt. »

Et en même temps, il envoya des messagers à El Obeïd, demandant si les Turcs et les autres blancs étaient tous morts, puisque le Gouvernement accordait les plus hautes fonctions à des indigènes, voire à des marchands, laissant de côté les descendants des anciennes familles régnantes !

On dut tenir compte de l'opinion publique ; Elias Pacha et Abd er Rahman bey furent destitués et remplacés par des Turcs et des Egyptiens.

Nous-mêmes Européens, bien qu'en petit nombre et peu détestés en général à cause de notre sentiment inné de la justice, nous fûmes bien souvent des causes de mécontentement.

Animés des meilleurs intentions, il nous arriva maintes fois d'édicter des lois et des décrets qui blessaient les usages, les coutumes et les traditions des Soudanais, ce qui était pour eux une cause sérieuse d'irritation.

C'est principalement en ce qui touche à l'esclavage que nos lois blessèrent le plus la population indigène et la proclamation de « liberté générale » (el Hurria) faite par ordre du Gouvernement fut prise en très mauvaise part. Le commerce des esclaves, autorisé par la religion, procurait sans cesse aux habitants des éléments vigoureux toujours renouvelés et qui rendaient les plus grands services à l'agriculture et à l'élevage du bétail. Les acheteurs ne se préoccupant guère des cruautés commises pour se procurer les esclaves ou pour les amener jusqu'aux rives du Nil où ils étaient vendus ; mais on doit reconnaître qu'une fois l'esclave acheté, il était bien traité par son maître. Nos ordonnances et leur minutieuse application rendaient à peu près impossible l'introduction de nouveaux esclaves, et de plus elles permettaient à ceux qui étaient déjà dans le pays de recouvrer leur liberté s'ils pouvaient prouver que leurs maîtres les maltraitaient.

Mohammed Ahmed connaissait tous ces griefs et mettait à profit ce mécontentement général. Il savait fort bien aussi que la religion seule pourrait servir de lien et réunir pour une action commune toutes les tribus si diverses et presque continuellement en luttes les unes contre les autres, aussi n'hésita-t-il pas à mettre en avant la religion, toujours et partout, et à se donner simplement pour le Mahdi el Monteser. Une fois assuré du pouvoir spirituel, il se faisait fort de réussir, grâce au fanatisme de ses compatriotes, à chasser du pays les étrangers, Turcs, Egyptiens et Européens auxquels il avait voué une haine indestructible. Comprenant cependant, que son heure n'était pas encore venue, il attendit patiemment, essayant d'amener les principaux chefs religieux à travailler au relèvement de l'islamisme.

Au temps d'Abd er Rauf Pacha, le gouverneur qui siégeait à Khartoum, avait déjà été avisé de ce mouvement par Mohammed Chérif dont l'irritation contre son ancien disciple était toujours en éveil.

Mais les avis de Mohammed Chérif furent regardés comme provoqués par sa jalousie contre Mohammed Ahmed lequel, grâce à sa piété, voyait s'étendre de plus en plus sa popularité.

D'autres informations étant parvenues au Gouvernement par d'autres voies, on résolut d'en finir avec ce mouvement. Pour y parvenir, Abd er Rauf Pacha envoya par un vapeur à Abba, Mohammed bey Abou Saoud dont nous avons déjà parlé ; celui-ci était chargé d'inviter le nouveau Prophète à se rendre à Khartoum pour s'y justifier des accusations que l'on portait contre lui.

Mohammed Ahmed fut averti à temps par ses amis, qui lui conseillèrent de ne pas se rendre à cette invitation, car il serait sans aucun doute retenu à Khartoum, grâce aux intrigues de Mohammed Chérif.

Lorsque Mohammed bey Abou Saoud se présenta devant Mohammed Ahmed, celui-ci le reçut très amicalement, en présence de ses frères et d'Abdullahi. Après les salutations d'usage, Abou Saoud bey lui fit part des bruits qui couraient sur lui, bruits auxquels on ne croyait pas, mais qui obligeaient le Mahdi à se présenter chez le gouverneur pour se justifier ; après un très long discours, il l'invita enfin à l'accompagner sur le vapeur. Mais à ces paroles Mohammed Ahmed entra dans une grande colère et se frappant la poitrine : « Par la grâce de Dieu et du Prophète, s'écria-t-il, c'est moi qui suis le maître du pays ! Jamais je ne me rendrai à Khartoum pour me justifier ! »

Effrayé de cette sortie, Abou Saoud bey chercha à calmer Mohammed Ahmed ; mais celui-ci qui avait arrêté, au préalable, son plan de conduite avec ses frères et Abdullahi, déclara ne vouloir plus rien entendre et somma énergiquement Saoud bey de se retirer sur le champ. Abou Saoud, soucieux d'abord de sa propre sécurité, retourna à Khartoum où il fit part, au grand étonnement du Gouverneur général, de l'insuccès de sa démarche et des péripéties de sa visite à Mohammed Ahmed. Celui-ci convaincu désormais que sa vie ne dépendrait plus que de son énergie et de sa fortune, expédia des circulaires à toutes les personnes qu'il pensait lui être fidèles pour les soulever contre le Gouvernement. Il ordonna à son entourage de se préparer à la guerre sainte, la Djihad.

Cependant Abd er Rauf ne restait pas inactif. Le rapport de Saoud bey ne lui permettait plus de douter de la gravité de la situation et pour en finir d'une façon définitive, il envoya contre Ahmed deux compagnies commandées chacune par un saghcolaghassi. Le Gouverneur général promit à celui des chefs qui prendrait vivant le « Fanatique » la promotion au grade de « Bimbachi » (major). Il espérait par là leur donner plus de courage et plus d'ardeur. Mais, en fait, il ne réussit par cette promesse qu'à empêcher une action commune des deux saghcolaghassi dont un seul, celui qui prendrait le Prophète, devait être promu major.

Les compagnies furent embarquées à bord de « l'Ismaïlia »; le vapeur armé en outre d'un canon, quitta Khartoum, emmenant le pêtit corps expéditionnaire que commandait Abou Saoud bey. Mais pendant le voyage même des différends s'élevèrent entre les officiers, et entre ceux-ci et Saoud bey.

Mohammed Ahmed, averti à temps de cette expédition, rassembla ses amis et donna l'ordre aux tribus arabes des Dedjem et des Kenana établies dans son voisinage, de se joindre à lui pour la guerre sainte.

Le Prophète, leur disait-il, lui était apparu et lui avait déclaré que tous ceux qui combattraient, seraient considérés par Dieu comme ayant le rang d'un Emir el Aulia (Emir des Saints), sheikh Abd el Kadir el Kalani, fidèles particulièrement vénérés des musulmans. Mais les choses prenaient une tournure trop grave et quelques fidèles seulement répondirent à l'appel du Mahdi.

Le vapeur arriva dans la soirée; les deux saghcolaghassi, malgré les conseils de Saoud bey, voulurent débarquer la nuit même. Il finit par les laisser aborder. Lui-même, encore sous l'impression de sa dernière entrevue avec Mohammed Ahmed, resta prudemment à bord avec ses canons et fit ancrer le vapeur à une certaine distance du rivage. Les deux officiers, quoique ne connaissant nullement les lieux, se séparèrent, chacun voulant être le premier à s'emparer du Mahdi pour obtenir la récompense promise. A la tête de leur compagnie, ils se dirigèrent, à travers des chemins marécageux et par une nuit obscure, vers la demeure de Mohammed Ahmed; ils attaquèrent les huttes pensant y surprendre les rebelles; mais, dans l'épaisseur des ténèbres, ils finirent par tirer les uns contre les autres. Ahmed avait eu soin de quitter à temps les huttes; avec ses compagnons, armés seulement d'épées, de lances et de bâtons, ils s'étaient cachés près de là dans les hautes herbes. Guidés par les coups de feu, ils tombèrent sur l'ennemi dont ils eurent facilement raison, les deux compagnies étant dans le désarroi le plus complet et n'ayant plus de chefs. La plupart des hommes furent tués; quelques-uns gagnèrent le vapeur à la nage. Saoud bey effrayé de la malheureuse issue de l'entreprise, voulait faire lever l'ancre et rentrer à Khartoum ; le capitaine le pria d'attendre au moins jusqu'au lendemain matin; il y consentit, mais toujours inquiet pour sa propre personne et ses canons, il fit mouiller le vapeur plus loin encore, au milieu du fleuve.

Le lendemain, on constata l'anéantissement complet des deux compagnies; des survivants, quelques-uns se trouvaient à bord, les autres avaient été faits prisonniers: il ne restait plus qu'à porter à Khartoum la fâcheuse nouvelle.

Ahmed et ses partisans étaient heureux d'une victoire qui ne leur coûtait presqu'aucune perte : le Mahdi cependant avait été blessé légèrement au bras; Abdullahi qui se trouvait à ses côtés le pansa aussitôt sans qu'aucun des leurs ne s'en aperçut. Malgré ce succès le nombre des partisans du Mahdi ne s'accrut que lentement car on était persuadé que le Gouvernement prendrait contre lui des mesures plus sérieuses.

Mohammed Ahmed, sur les conseils de ses frères Mohammed et Hamed et surtout sur ceux d'Abdullahi, résolut d'aller dans le sud du Kordofan, où il serait plus loin de Khartoum. Comme il prétendait que tous ses actes étaient inspirés par le Prophète, il employa le même argument pour expliquer son départ à ses partisans leur révélant que le Prophète lui était apparu et, lui avait donné l'ordre de faire un pèlerinage à Gebel Gedir, dans le sud du Kordofan, où il devait attendre des ordres ultérieurs.

Avant de quitter Abba, il nomma, toujours d'après l'ordre du Prophète et comme celui-ci l'avait fait autrefois, il nomma, disons-nous, ses califes : Abdullahi ibn

Mohammed devint le calife Boubekr es Sidik; Ali woled Helou, de la tribu des Dedjem (Arabes possesseurs de bestiaux, au Nil Blanc) fut nommé calife Ali el Karar.

La fonction du calife Osman ibn Affan resta provisoirement vacante.

Le voyage par le fleuve présenta quelques difficultés; les bateliers refusaient de leur prêter des barques, ne voulant pas avoir à répondre de cette complaisance vis-à-vis du Gouvernement. Après de longues hésitations, ils se décidèrent à se servir de leurs propres barques qu'ils avaient tenues amarrées sur l'autre rive pendant le combat.

Au moment du départ, la plus grande partie de la tribu des Dedjem, cédant aux prières d'Ali woled Helou, se décida à quitter la contrée et à suivre Ahmed dont les forces furent ainsi considérablement accrues.

Mohammed Ahmed se mit donc à parcourir le Dar Djimme, faisant partout de la propagande et invitant la population à le suivre à Gebel Gedir. Ses partisans répandaient des récits fabuleux sur les dernières victoires, les miracles qui s'y étaient accomplis, si bien qu'un grand nombre de gens crédules se joignirent au Mahdi. Dans un village où ils tentaient ainsi de répandre la conviction, se trouvait un saghcolaghassi nommé Mohammed Djouma, venu là avec 60 hommes pour recueillir les impôts. Ahmed avec quelques-uns de ses fidèles s'était établi dans le voisinage du saghcolaghassi, sans songer au danger qu'il courait. Mohammed Djouma, redoutant une issue désastreuse pour une entreprise dont il aurait seul encouru la responsabilité, ne voulut rien engager de lui-même et n'osa pas prendre de détermination; il crut préférable d'envoyer un rapport à El Obeïd, à plusieurs jours de marche de là, et d'y demander des ordres. Mais le lendemain Mohammed Ahmed était parti et avait rejoint ses troupes.

Quelques années plus tard, je retrouvai Djouma à Omm Derman ; il me raconta l'histoire en quelques mots : « Si j'avais pu prévoir, me dit-il, les événements qui ont suivi, je n'aurais pas attendu la permission d'attaquer ce Dongolais, cause de tant de malheurs pour le pays; si j'avais succombé, que de vicissitudes amères je me serais épargnées ! »

Avec ses légions, Mohammed Ahmed était arrivé aux portes d'El Obeïd, à l'endroit précisément où se trouvait alors Giegler Pacha, le lieutenant du Gouverneur général, venu pour remplir les fonctions d'arbitre dans le procès d'Abd el Hadi, ancien juge du district (Nasir el Giom) et l'un des plus riches habitants du Kordofan. (Abd el Hadi accusé de concussion et de détournements, fut finalement acquitté).

Giegler Pacha envoya contre Mohammed Ahmed, Mohammed Pacha Saïd avec quatre compagnies; celui-ci avait pris la direction des montagnes de Tekele, avec ordre de couper la route au Mahdi et de le contraindre à livrer bataille.

Mais, soit négligence, soit défaut de tactique, Mohammed Pacha Saïd ne put arriver à rejoindre Ahmed ; régulièrement il faisait halte et dînait à la place même où les rebelles avaient campé la veille et campait à l'endroit où quelques heures auparavant les rebelles avaient dîné.

Après trois jours passés ainsi à poursuivre inutilement le Mahdi, Mohammed Saïd rentra à El Obeïd.

L'insuccès de cette expédition, dû surtout à la peur qu'éprouvait Saïd, ne fit qu'accroître auprès des populations l'influence du Mahdi.

Comme nous l'avons dit en passant, celui-ci s'était dirigé vers Tekele dans l'intention d'y faire un assez long séjour. Omdaballo, ne voulant pas que quelques troubles se produisent sur son territoire, lui envoya, par un de ses fils, comme présent d'hospitalité, quelques moutons et du blé; en même temps il l'engageait à se porter un peu plus dans l'intérieur du pays. Après une longue et pénible marche, Mohammed Ahmed arriva à Gebel Gedir, où se trouve une population mêlée d'indigènes et d'Arabes Kenana fixés là depuis de longues années.

Rachid bey, moudir de Faschoda, informé de tous ces mouvements, prit, de sa propre autorité, la résolution d'attaquer immédiatement les rebelles, sans leur laisser le temps de se renforcer. Parmi les familiers de Rachid se trouvait un Allemand, du nom de Berghoff, autrefois photographe à Khartoum et envoyé plus tard, par Abd er Rauf, comme inspecteur du service de répression de la traite des nègres à Faschoda, et Kaïkum bey, chef suprême (mek) des nègres Shillouk.

On était en décembre 1881; Rachid bey mena malheureusement son expédition contre toutes les règles de la tactique. A son arrivée près de Gedir, la troupe de Rachid tomba dans une embuscade et fut complètement anéantie par les partisans de Mohammed Ahmed, que ses espions avaient averti de l'approche des troupes. Les soldats n'eurent même pas le temps de décharger les cartouches que portaient les chameaux. Rachid lui-même et les gens de son entourage se défendirent héroïquement, et durent céder à la force; Rachid bey fut tué dans l'action. Cette victoire accrut encore la popularité du Mahdi, (c'est le titre qu'il avait pris et que nous lui donnerons désormais). Cette popularité se propagea et grandit surtout chez les Arabes qui habitaient les contrées du Sud. Cependant, malgré ce nouveau succès, la position du Mahdi n'était pas encore très sûre.

Le calife Abdullahi, pendant les premières années que je passai avec lui à Omm Derman, me raconta à maintes reprises les souffrances qu'il avait eu à supporter à cette époque.

« Nous étions, me disait-il, arrivés à Gedir, épuisés, harassés, par un voyage long et pénible. Le Mahdi ne possédait qu'un mauvais cheval de race abyssinienne; pour moi il me fallait faire à pied la plus grande partie de la route. Mais Dieu rend fort le croyant prêt à verser son sang pour la foi. Mes frères, Yacoub, Youssouf et Samani, s'étaient joints à nous avec leurs familles; la femme de mon père, qui allaitait encore son plus jeune fils, mon frère Haroun, ne voulut pas rester en arrière et nous accompagna. Elle et ma femme, qui venait de me donner un fils, Othman, celui que vous appelez aujourd'hui Sheikh ed Din et que tu vois chaque jour, me causaient le plus grand souci. Il nous était facile, à nous autres hommes, de supporter les fatigues de toute nature que Dieu nous infligeait comme épreuve; nous pouvions et devions les supporter et même remercier le Créateur de nous avoir choisis pour enseigner ses commandements et relever les croyants abattus. Mais, ajoutait-il en riant, pour les femmes et les enfants, les meilleures doctrines ne remplacent pas le boire et le manger. Des milliers de gens accouraient au devant de nous, il est vrai, mais eux-mêmes étaient pauvres et il nous fallait encore leur venir en aide. Les riches, au contraire, nous évitaient, trop soucieux de leur fortune, et des futilités de ce monde qui les empêchent de connaître les véritables joies du Paradis et d'en jouir. Les populations que nous rencontrions sur la route ne nous donnaient pour notre entretien que bien peu de chose, et ces faibles dons étaient encore distribués par le Mahdi aux nouveaux adhérents que dans sa bonté, il considérait comme ses hôtes. Que de fois j'eus le cœur déchiré par les cris des enfants affamés et les plaintes des femmes qui manquaient même du nécessaire. Seule, la vue du Mahdi faisait renaître en moi l'espérance et la confiance en Dieu. La patience est la plus belle des vertus; ô, Abd el Kadir, cultive-la et Dieu te récompensera! »

La défaite de Rachid bey ouvrit les yeux au Gouvernement qui ne pouvait plus douter de la gravité de la situation. Une expédition fut organisée sous les ordres de Youssouf Pacha el Shellali, dont la valeur était reconnue par tous depuis le temps de la campagne de Gessi contre Zobeïr.

Des renforts furent demandés au Kordofan qui envoya un bataillon d'infanterie régulière et des volontaires commandés par Abdullahi woled Dheifallah, le frère d'Ahmed bey Dheifallah, Abd el Hadi et le sultan Deema.

Le Mahdi lança de tous côtés des circulaires dans lesquelles il attribuait ses victoires à l'intervention du ciel qui avait voulu faire éclater à tous les yeux sa mission divine. Il invitait tous les croyants à prendre les armes pour la guerre sainte, il donnait à ses défenseurs le titre « Ansar » (défenseur de la foi) et promettait à ceux qui tomberaient pour la cause sainte les joies éternelles du ciel; aux survivants, les quatre cinquièmes du butin, car la victoire décrétée par Dieu ne pouvait faire défaut ; le dernier cinquième était réservé pour la part du Mahdi lui-même. Ainsi il mettait habilement en mouvement les deux grands mobiles des populations du Soudan: le fanatisme et la cupidité.

Youssouf el Shellali rassembla ses troupes. L'infanterie régulière fut placée sous les ordres de Mohammed bey Soliman et de Hasan effendi Rifki, que j'avais acquitté lors de son procès; la cavalerie irrégulière obéissait au vaillant chef des Sheikhiehs, Daha Abou Sidr. Toutes ces troupes formaient un ensemble d'environ 4000 hommes. Elles quittèrent Khartoum au milieu de mars 1882 et attendirent à Kaua le renfort qui devait leur être envoyé d'El Obeïd.

Abdullahi woled Dheifallah avait grand' peine à réunir des volontaires. D'abord, les gens, par piété, refusaient de marcher contre « l'homme pieux », et puis, le Mahdi ne possédant rien, ils n'avaient à espérer aucun butin. De plus, Elias Pacha, le plus riche des marchands de la contrée, ancien gouverneur d'El Obeïd, qui jouissait d'une énorme influence sur la population et vivait en mauvaise intelligence avec les frères Dheifallah, suscita tous les obstacles possibles au recrutement. Pourtant, lié par son contrat avec le Gouvernement, Abdullahi Dheifallah finit, grâce à une activité infatigable et à des efforts inouïs, par amener à Kaua un effectif d'environ 2000 hommes appartenant surtout à l'infanterie régulière. Forte de 6000 hommes, l'armée se mit en marche et aux environs du 15 mai 1882 atteignit Faschoda. Après que les hommes et les bêtes eurent pris le repos nécessaire, l'armée se mit en route pour se porter au point désigné pour les opérations et au commencement de juin, elle campait le soir aux environs de Gedir.

Youssouf el Shellali et la plupart des chefs placés sous ses ordres étaient absolument sûrs de la victoire. Qu'avaient à craindre des hommes comme Shellali, Mohammed bey Soliman, Daha Abou Sidr, d'une poignée d'hommes à demi-nus, affamés, affaiblis par la maladie! Ces soldats qui avaient pénétré victorieusement du Nil Blanc jusqu'à Doufilé, qui avaient conquis la province du Bahr el Ghazal, qui avaient anéanti le vieil empire du Darfour, qui en avaient fait périr les rois et les plus puissants personnages! Que pouvaient contre eux ces bandes indisciplinées et munies d'armes insignifiantes? Seul, Abdullahi Dheifallah les engageait à la prudence, à se tenir sur leurs gardes et conseillait à ses amis de ne pas faire fi du danger. Il leur fit même part d'un mauvais présage: quoique excellent cavalier, il avait été désarçonné à sa sortie d'El Obeïd! Mais ses avertissements n'eurent pas plus d'écho que la voix du prédicateur dans le désert.

Pourquoi se donner la peine d'aller chercher au loin des ronces et des épines pour construire une zeriba (abatis d'épines); les quelques buissons du Gebesh (broussailles sans épines) qui se trouvaient là ne seraient-ils pas, en les plantant simplement en terre et les accumulant les uns sur les autres, un retranchement suffisant?

Mais les partisans du Mahdi « ces hommes à demi-nus, affamés et affaiblis par la maladie », fanatisés jusqu'au délire, attaquèrent à l'improviste, avant même que l'aube eût blanchi le ciel, l'r ıée de Youssouf el Shellali. L'abatis d'épines fut franchi sans peine ou dispersé, et les soldats, à moitié endormis, fous de terreur, furent pour la plupart massacrés. Youssouf Pacha et Daha Abou Sidr furent tués sur le seuil de leurs tentes, avant d'avoir eu le temps de se vêtir. Ce qui restait de l'armée s'enfuit à la débandade et les fuyards furent un à un anéantis. Une suria (concubine) de Daha se précipita, le revolver à la main, sur les meurtriers de son maître et tua deux de ceux-ci ; mais percée d'un coup de lance, elle tomba près du cadavre de son « seigneur. » Abdullahi Dheifallah, le seul qui eût eu connaissance du danger que courait l'armée, combattit avec le peu d'hommes qui étaient restés debout et s'étaient groupés autour de lui. Mais, écrasé par le nombre, il éprouva bientôt le même sort que ses compagnons.

On sait que les peuples sans grande civilisation attribuent toujours à des causes surnaturelles les événements ou les succès qui sortent de l'ordinaire.

Depuis plus de soixante ans, le Soudan était aux mains des Turcs et des Egyptiens. Certes, pendant cette longue suite d'années, il était arrivé maintes fois que des tribus arabes avaient refusé de payer le tribut et le châtiment ne s'était pas fait attendre ; mais jamais il ne s'était rencontré un homme assez audacieux pour tenir tête avec une telle énergie aux maîtres du pays et leur déclarer la guerre dans toutes les formes ! Et un misérable mendiant, un fakir, très pieux sans doute, mais complètement inconnu, ce Mohammed Ahmed enfin, avait réussi avec une poignée d'hommes affamés et presque sans armes, remportant victoire sur victoire! Non, il ne pouvait en être autrement. Cet homme disait vrai quand il prétendait être le Mahdi el Monteser, le libérateur promis et envoyé par Dieu.

La défaite de Youssouf el Shellali fit tomber tout le Kordofan aux mains du Mahdi. Maintenant il avait lui aussi de l'or, des chevaux, des armes, des munitions, tout ce que peut procurer la guerre. Tout cela, il s'empressa de le distribuer en présents aux chefs des peuplades accourues vers lui qui, par reconnaissance iraient chez les peuples lointains répandre sa gloire et le proclamer comme le véritable Mahdi dont l'unique mission était de relever la vraie foi, sans aucun souci des biens de ce monde.

Les habitants du Kordofan et du Darfour, gens pauvres, naïfs pour la plupart, furent transportés en apprenant les victoires du Mahdi. Gagnés à leur tour et entraînés par le fanatisme, ils abandonnèrent en foule leurs villages, et, se portèrent, avec leurs femmes et leurs enfants, à Gebel Gedir, nommé depuis lors Gebel Masa, pour y attendre les ordres du Mahdi. D'autres se réunirent en masses sous les ordres des chefs qu'ils s'étaient choisis, heureux d'entrer en lutte à leur tour contre les troupes du Gouvernement et les fonctionnaires établis dans la contrée.

Les Arabes nomades saisirent avec joie une occasion qui se présentait et qui correspondait si bien à leurs penchants et à leur nature.

Sous prétexte de religion et de la guerre sainte, ils s'en donnent à cœur joie; pillant et massacrant les habitants qui tenaient encore pour ces Turcs maudits et leur Gouvernement. C'était pour eux aussi un moyen de s'affranchir des tributs et des impôts.

Le Mahdi s'était mis immédiatement en rapport avec les marchands d'El Obeïd, qui par leurs richesses et leurs relations gouvernaient en quelque sorte la ville et une partie du pays, et connaissaient admirablement l'opinion publique et la faiblesse du Gouvernement dont ils s'entendaient à merveille à tirer profit.

Un grand nombre de ces marchands était tout disposé à se déclarer pour le Mahdi. A leur tête était Elias Pacha woled Omberir, l'ennemi acharné de Ahmed bey Dheifallah, qui, aussi puissant et aussi riche qu'Elias, restait fidèlement soumis au Gouvernement. Ahmed bey était l'ami intime du gouverneur Mohammed Pacha Saïd et tous les deux s'étaient unis contre Elias qui comprenait fort bien qu'une lutte contre ces deux hommes ne pouvait lui être favorable. Aussi, résolut-il de se joindre au Mahdi et de lui recruter secrètement des partisans.

Quelques marchands, moins favorisés de la fortune, comptaient sur les événements pour améliorer leurs affaires; d'autres, plus riches, craignaient de voir se réaliser les menaces du Mahdi : s'ils ne se déclaraient pas pour lui, ils redoutaient, après la victoire du Prophète, d'être dépouillés de tous leurs biens, et de se voir eux-mêmes avec leurs femmes et leurs enfants distribués comme esclaves entre les vainqueurs.

Les sheikhs religieux espéraient, eux aussi, grâce à ce mouvement en faveur de la foi, recevoir de meilleures places. Tous du reste se sentaient très fiers, qu'un Soudanais eût osé se donner pour le Mahdi et se flattaient qu'un jour leur pays serait dirigé par ses propres enfants et non plus par des étrangers. Quelques-uns comprenaient cependant que le triomphe du Mahdi amènerait la ruine du pays; mais ils étaient bien rares et quelques efforts qu'ils fissent pour arrêter les progrès du mal et soutenir le Gouvernement, ils ne purent y réussir et se cachèrent quand le Gouvernement succomba.

Elias Pacha envoya son fils Omer à Gedir pour porter au Mahdi des détails minutieux sur la situation et l'engager à marcher sur El Obeïd. Mais Mohammed Pacha Saïd avait pris ses précautions; un fossé avait été creusé tout autour de la ville, comme si le gouverneur était certain que les habitants feraient cause commune avec lui et s'opposeraient de vive force à un investissement.

Ce ne fut que sur les recommandations pressantes d'Ahmed bey Dheifallah qu'on songea à protéger par des fortifications spéciales les bâtiments du Gouvernement et les casernes situés au centre de la ville.

Au lieu d'accumuler promptement et rapidement les provisions de blé nécessaires, Mohammed Pacha Saïd, fidèle à ses principes d'économie, voulut conclure des marchés aux mêmes prix qu'en temps de paix et cela avec des marchands qui étaient ses ennemis, il est vrai, mais qui, très probablement poussés par la cupidité se seraient volontiers chargés des commandes. L'agitation qui chaque jour allait croissant devint bientôt un obstacle insurmontable pour l'approvisionnement et il fut impossible de se procurer la moindre quantité de blé nécessaire même aux prix les plus élevés.

Les employés du Gouvernement, aussi bien les percepteurs de l'impôt que les plus petits fonctionnaires perdus dans de lointains villages se virent bientôt, malgré la protection de leurs soldats, attaqués de tous côtés; il leur fallut ou mourir sur place, ou se retirer.

Abou Haraz, village situé à une journée de marche seulement d'El Obeïd et dont les habitants obéissaient encore quelque peu au Gouvernement, fut attaqué un beau matin et complètement rasé par les Arabes Bederia.

Ceux qui échappèrent au massacre, des femmes surtout et des enfants, s'enfuirent à El Obeïd. Epuisés par la soif, sur cette longue route où l'on ne rencontre pas une goutte d'eau, beaucoup tombèrent et furent prises par les vainqueurs. On donna à boire aux jeunes filles prisonnières qui représentaient un agréable butin: quant aux vieilles femmes, les Bederia, avec une cruauté inouïe, leur coupèrent les mains et les pieds, afin de s'emparer plus vite des bracelets d'argent et d'ivoire qu'elles portaient aux bras et aux jambes.

Vers le même temps dans le nord du Kordofan, Ashaf, ville renommée pour la richesse de ses cultures, fut prise et pillée. Un grand nombre des habitants réussirent à atteindre Bara, protégés par Nur Angerer qui veillait sur eux en personne avec ses esclaves et Mohammed Agha Shapo, ancien kawas de Gordon Pacha, qui l'avait nommé sandjak de la ville. Shapo, un vieux Turc de la tribu des Kurdes, rendit le courage aux fuyards qu'il avait réunis et réussit, à plusieurs reprises, à repousser les assaillants qui les poursuivaient sans relâche.

« Mes filles, disait-il aux femmes de la troupe, chantez-moi quelque chose pour me donner le courage d'anéantir nos ennemis. Vos chansons réjouissent mes oreilles et chassent la crainte de mon cœur ».

Les femmes se mettaient alors à chanter et Shapo et ses hommes accomplissant des prodiges de valeur, amenèrent sains et saufs les fugitifs à Bara.

Bara elle-même fut attaquée. Les rebelles furent d'abord repoussés, mais la place finit par être complètement cernée par un nombre considérable de partisans du Mahdi (Ashab el Mahdi) sous les ordres du sheikh Rahme.

Mohammed Pacha Saïd envoya contre les Arabes, postés près de Kasgel, un bataillon d'infanterie régulière et un grand nombre d'irréguliers, mais ces troupes éprouvèrent des pertes si considérables que leur victoire ressemblait fort à une défaite.

Les Arabes, qui s'étaient de nouveau rassemblés, attaquèrent Birket; là presque tous les hommes de la garnison, au nombre d'environ 3000, furent massacrés. Shatta, village situé sur le Nil Blanc, fut également surpris, et 200 hommes y perdirent la vie. Enhardis par ces succès, les rebelles se risquèrent à attaquer la garnison de Douem; mais là ils furent repoussés, et perdirent 2000 hommes.

Pendant que le Kordofan était le théâtre de tous ces drames, des émissaires du Mahdi allaient soulever la population du Ghezireh contre le Gouvernement.

Sennaar fut attaquée et bloquée par les tribus arabes du voisinage, les Djihena, les Abou Rof, Agaliin, Kauasma, Hammada, etc.

Le sandjak Salih bey woled el Mek réussit avec quelques centaines de Sheikhiehs à délivrer la ville.

Abou Haraz, sur le Nil Blanc, s'était soulevée ; Giegler qui remplissait les fonctions de Gouverneur général depuis le rappel de Abd er Rauf Pacha, s'y rendit par bateau à vapeur en compagnie de Melik Youssouf woled El Mek Mohammed, le roi des Sheikhiehs.

Dès son arrivée, Giegler ordonna à Melik Youssouf d'attaquer les rebelles, malgré l'infériorité de ses forces. Melik Youssouf exécuta avec une obéissance toute militaire les ordres de Giegler ; mais voyant ses gens faiblir, et trop fier pour fuir, il mit pied à terre et, assis sur une farroua (peau de chèvre sur laquelle on se place pour prier), attendit tranquillement la mort.

Giegler Pacha reprit aussitôt le chemin de Khartoum d'où il revint à Abou Haraz avec une armée considérable composée de troupes régulières. Chérif Ahmed Tahir, un des partisans du Mahdi, fut battu par ces troupes et tué dans l'action. Sa tête fut envoyée à Khartoum. Giegler marcha alors sur Sennaar où se trouvaient rassemblés les Arabes et réussit à disperser les rebelles sans éprouver lui-même de pertes sérieuses.

Ces succès cependant n'arrêtaient pas l'agitation chaque jour grandissante, et à chaque instant le Gouvernement recevait la nouvelle du soulèvement de quelque district.

La situation devenait de plus en plus menaçante et le nouveau Gouverneur général, Abd el Kadir Pacha qui était arrivé vers le milieu de mai 1882, se résolut à faire sans délai fortifier Khartoum.

Cette décision troubla un peu la population en lui prouvant que le Gouvernement, malgré une occupation longue de soixante années, avait peur du mouvement qui se dessinait; cependant on dut prendre cette mesure que les événements rendaient tout à fait indispensable. Il fallait protéger contre toute surprise la capitale du pays, avec ses arsenaux, ses dépôts de munitions et ses archives. Le nouveau Gouverneur général demanda du renfort aux garnisons de Gallabat, El Senhit et de Gira, dont les territoires jouissaient encore de la tranquillité la plus parfaite.

Le Mahdi savait fort bien que sa présence était nécessaire pour faire éclater en une conflagration générale les incendies jusque là dispersés.

Poussé par Elias Pacha et ses amis, il quitta les montagnes et marcha sur El Obeïd, laissant les femmes et les enfants à Gebel Gedir, sous la garde de son oncle Chérif Mohammed et de quelques-uns de ses partisans.

CHAPITRE V.

Extension de la révolution dans le Darfour méridional.

Mon arrivée à Dara. — Troubles à Shakka. — Méfiance à l'égard de Zogal bey. — Retour à Fascher. — Mon impopularité auprès des officiers. — Troubles à Omm Shanger. — Au quartier général de Dara. — Plaisanterie de femme et ses conséquences. — La tribu des Maalia. — Le sheikh Madibbo menace Shakka. — Défaite de Mansour Hilmi. — Commencement de la lutte contre les tribus arabes du sud. — Attaque nocturne du camp de Madibbo. — Lâcheté de Mansour Hilmi. — Courageuse résistance d'Ali Agha.

Comme je l'ai dit plus haut, je m'étais rendu à Dara avec Omer woled Dorho et ses 200 chevaux et en outre une escorte de 150 cavaliers réguliers, en tout 350 hommes.

Le pays étant tranquille, un pareil déploiement de forces était absolument inutile; pourtant j'étais bien aise de montrer aux tribus arabes que nous avions assez de soldats pour parer à toute éventualité. Je fis une visite à l'endroit où était enterré le pauvre Emiliani dei Danzinger et lui fit ériger un monument funéraire. Mohammed bey Khaled, plus connu sous le nom de Zogal bey, était alors vice-gouverneur et, en cette qualité, administrait les affaires de Dara.

Les tribus des Arabes du sud, les Habania, les Risegat et les Maalia étaient prêtes à se soulever. On tenait chaque jour des assemblées et l'on y racontait que le Mahdi avait été envoyé par Dieu pour délivrer l'humanité de tous ses maux et rétablir la religion; et, que les derviches, armés de simples sabres de bois, avaient remporté d'innombrables victoires sur les troupes du Gouvernement.

Emiliani que j'avais délégué à Shakka, peu avant sa mort, fatigué de la lutte interminable qui existait entre les deux sheikhs des Risegat, Madibbo et Aagil woled el Djangaui, avait mis hors de cause les deux compétiteurs et conféré ces fonctions à Munsel qui, quelques années auparavant, avait déjà été grand sheikh.

Madibbo blessé de cette décision, retourna dans sa tribu, chez les Aulad Mohammed, qui pendant la saison d'été se cantonnent dans leurs pâturages du Bahr el Ghazal, comme tous les autres Arabes Risegat.

C'est là que je lui écrivis en même temps qu'à Aagil, les invitant à surveiller leurs hommes et à tenir la main à ce que les assemblées suspectes dont on m'avait parlé n'eussent plus lieu à l'avenir. Par la même lettre je demandais à Madibbo dont l'influence sur les Arabes était considérable de venir conférer avec moi sur ses affaires personnelles et sur celle de sa tribu.

Ces lettres étaient en route quand j'appris que les Arabes de Shakka se montraient de plus en plus menaçants et que les 40 soldats envoyés par Emiliani à Shakka et qui devaient servir à aider le grand sheikh dans la perception du tribut avaient été forcés de battre en retraite.

Je fis partir aussitôt pour Shakka 250 hommes d'infanterie régulière, 100 Basingers, 25 cavaliers irréguliers et Ismaïn woled Bernou, qui avait servi autrefois d'intermédiaire entre Gessi et Soliman Zobeïr, avec ses gens (environ 40 serviteurs armés). Le commandant de l'expédition, Mansour effendi Hilmi, avait ordre de pacifier la région.

En outre, le sultan Abaker el Begaoui recevait l'ordre de se joindre à l'expédition ; il connaissait, en effet, à fond le pays des Risegat et était un serviteur du Gouvernement.

J'invitai Mansour effendi à user envers les Arabes de douceur et de prudence, autant que le permettrait la dignité du Gouvernement ; mais, s'il était nécessaire, il devait agir avec vigueur. Pour moi, je retournai à Fascher, après le départ de l'expédition, afin d'y rassembler pendant qu'il était temps encore, les soldats dispersés dans le pays pour la perception des impôts et de me tenir prêt à toute éventualité.

J'eus encore auparavant une entrevue avec Zogal bey, que j'avais appris à mieux connaître depuis mon premier séjour à Dara, où il avait été mon représentant, pendant mon absence.

D'après ce qui m'avait été rapporté, il avait avec Omer woled Dorho de fréquentes entrevues nocturnes, durant lesquelles ils s'entretenaient dans le meilleur accord du nouveau mouvement soulevé par le Mahdi ; on en pouvait conclure que, si celui-ci réussissait, ils n'hésiteraient pas à se joindre à ses partisans. Ces deux personnages étaient l'un et l'autre fort riches, ce qui, joint aux fonctions qu'ils remplissaient dans le Gouvernement, leur donnait une influence énorme sur la population ; aussi devais-je prendre bien garde d'éviter toute rupture avec eux aussi longtemps que cela serait possible.

Dans mon entretien avec Zogal bey je ne laissai donc rien paraître de ce que j'avais appris au sujet de ses entrevues avec Omer woled Dorho et de ce qui s'y passait. Il m'avait déjà précédemment avoué qu'il était de la tribu des Danagla à laquelle appartenait le Mahdi, et que même ils étaient cousins ; je lui conseillai de ne pas se laisser influencer par ces liens de parenté, mais de rester fidèle au Gouvernement et de faire tous les efforts pour lui procurer la victoire. Je lui fis comprendre que si de simple marchand qu'il était, il avait pu parvenir à la haute position qu'il occupait, il le devait au Gouvernement actuel; jamais le Mahdi, à supposer qu'il fut un jour victorieux ne pourrait lui donner une situation équivalente. Je le mis en garde contre les succès passagers du Mahdi et contre la croyance nullement très flatteuse pour lui, que son cousin fut le véritable Mahdi. La victoire, tôt ou tard, appartiendrait finalement au Gouvernement, et lui Zogal, un fonctionnaire honoré du titre de bey aurait à payer fort cher plus tard son infidélité et sa trahison.

Il devait, avant tout, songer à ses femmes et à ses enfants, qu'il pouvait précipiter tout à coup dans la misère par une démarche irréfléchie. Ces conseils, ajoutai-je en terminant, lui étaient donnés non par son supérieur mais par un ami qui, dans une œuvre commune, l'avait toujours reconnu fidèle et devoué.

Zogal qui paraissait touché de mes paroles me déclara que, bien que parent de l'homme qui se donnait aujourd'hui pour le Mahdi, il resterait invariablement fidèle au Gouvernement et qu'il était prêt à me donner, en toute occasion, des preuves de sa loyauté et de son attachement.

Je lui demandai si par hasard il n'avait pas déjà reçu des lettres de son cousin le poussant à trahir le Gouvernement. Il répondit négativement et me montra seulement quelques circulaires appelant à la révolte et qui, expédiées par le Mahdi à différents chefs fanatiques, avaient été interceptées. Je fis comparaître le messager chargé de la distribution de ces circulaires et qui avait été arrêté ; il ne put nier la mission dont on l'avait chargé, et qui constituait un crime de haute trahison ; la province du Darfour étant soumise à la loi martiale, je fis fusiller l'homme sur le champ.

Le jour de mon départ, je réunis les fonctionnaires et les officiers ; je les exhortai vivement à bien remplir leurs devoirs et leur fis part de mon intention de revenir prochainement de Fascher. Ayant laissé à Dara 50 des cavaliers d'Omer woled Dorho, j'arrivai après trois jours de marche à Fascher, où je fus informé de la destruction de la station télégraphique de Foga par les Arabes Hamer; en outre les environs de Omm Shanger n'étaient plus très sûrs depuis que ces bandes avaient paru dans le district.

Des paysans qui ramassaient du bois et faisaient la récolte du fourrage hors des murs de Omm Shanger, avaient été surpris par les Arabes et emmenés en esclavage.

Comme la garnison ne comptait que 60 hommes et que la ville passait pour la plus commerçante de la région, entre Fascher et El Obeïd, je craignais que les Arabes n'eussent l'intention de s'emparer de Omm Shanger même, dont ils connaissaient bien la richesse. Je donnai l'ordre aussitôt au majo Husein Mahir et à Omer woled Dorho, qui étaient stationnés à Fascher, de prendre l'un 200 hommes d'infanterie, et l'autre 300 hommes de cavalerie irrégulière pour fortifier la ville et marcher contre les rebelles en prenant, si cela était possible l'offensive, en se faisant aider par les marchands qui pourraient fournir plus de 200 fusils.

Il avait été décidé que le major Husein Mahir, déjà âgé et peu apte à supporter les fatigues d'une campagne, passerait en cas d'expédition, le commandement à Omer woled Dorho et resterait lui-même pour défendre la forteresse de Omm Shanger.

Je donnai à Omer woled Dorho les instructions nécessaires à l'action qu'il devait entreprendre et insistai tout particulièrement sur ce point que j'attachais beaucoup moins d'importance au butin qu'il pourrait enlever et qui serait le partage de lui et de ses hommes qu'à la délivrance définitive de Omm Shanger et de ses environs, qu'il devait à tout prix purger des Arabes qui les infestaient. En lui promettant d'abandonner le butin à lui et à ses hommes, je voulais exciter sa cupidité et le rendre autant que possible hostile aux partisans du Mahdi, afin de rendre impossible ou du moins très difficile toute entente ultérieure entre eux.

Les communications postales étant interrompues, je ne pouvais envoyer des lettres à El Obeïd ou à Khartoum qu'en les cachant dans des bois de lances creusés ou en les cousant dans des vêtements ou des chaussures. L'envoi des munitions demandées par Abd er Rauf lorsque j'étais à Khartoum avait été retardé, grâce à la négligence habituelle des fonctionnaires.

Le convoi était arrivé seulement à El Obeïd et ne pouvait aller plus loin à travers un pays aussi troublé. Avec ce convoi se trouvait Mohammed Pacha woled Imam, le marchand le plus riche du Darfour, qui était à El Obeïd. Exilé en même temps que son frère, par Gordon Pacha, il se rallia plus tard au Mahdi. — Des 400 hommes des régiments de cavalerie irrégulière de Mohammed Agha Abou Bala que j'avais demandés et qui comprenaient en grande partie des Turcs et des Egyptiens, une centaine seulement était arrivée. Les autres étaient restés seuls à El Obeïd et je me trouvais ainsi réduit aux forces que j'avais levées dans le Darfour.

Dès le début de la campagne, j'avais établi une discipline des plus sévères; aussi le plus grand nombre des officiers ne m'aimait-il guère; ils se souciaient fort peu d'exercer leurs soldats, et cherchaient à se faire envoyer à la perception des impôts, afin de pouvoir s'y enrichir. Dans les villes où ils tenaient garnison, ils ne s'occupaient que de se construire des maisons ou de se créer des jardins, ne regardant les hommes placés sous leurs ordres que comme de simples domestiques. Naturellement, je ne pouvais permettre qu'on traitât ainsi les soldats.

De dépit, une plainte avait été envoyée au Caire, signée par la plupart des officiers, dans laquelle on me reprochait entre autres griefs d'avoir transféré sans nécessité le magasin aux poudres, de maltraiter les officiers, de soumettre à l'impôt, contre tout droit, leurs maisons et leurs jardins et d'avoir nommé inspecteur de la police (mamour es zaptieh, un des postes les plus lucratifs) non pas suivant l'usage, l'un d'entre eux, mais un officier de la cavalerie turque.

Le Gouvernement du Caire répondit que j'étais gouverneur responsable du Darfour, et libre par conséquent de diriger les affaires de ma province comme je l'entendais ; mais les mécontents, bien que satisfaits en apparence, n'en cherchaient pas moins à connaître mes intentions et mes desseins.

Informé par le major Husein Mahir et Omer woled Dorho qui se trouvaient à Omm Shanger que la jonction des rebelles s'effectuait dans le voisinage de la ville, je donnai l'ordre de prendre à tout prix l'offensive.

La nouvelle m'arriva aussi de Dara que la lettre adressée par moi à Madibbo lui avait bien été remise, mais qu'il avait déclaré ne pouvoir donner suite à mes désirs, s'étant rendu auprès du Mahdi à Gebel Gedir. En outre, Aagil woled el Djangaui, qui était resté auprès de ses troupeaux au Bahr el Arab, refusa de venir à Dara.

Un certain Théran, de la tribu des Arabes Risegat et parent de Madibbo, était employé déjà par les fonctionnaires depuis longtemps à la perception du tribut et recevait pour cela du Gouvernement une petite indemnité mensuelle. Quand les hostilités éclatèrent, deux soldats qui s'étaient séparés de leurs camarades, chargés comme eux de la perception des impôts, se trouvaient par hasard seuls avec lui. Théran, qu'ils croyaient dévoué au Gouvernement dont il était l'employé depuis de longues années, tomba sur eux l'un après l'autre et les assassina ; cela ne lui suffisant pas, il eut l'audace d'attaquer les troupes d'Abaker, sultan du Bégou et leur enleva leurs troupeaux. Blessé et fait prisonnier dans cette affaire, on l'envoya à Fascher avec un rapport circonstancié. Je le fis traduire aussitôt devant un conseil de guerre et, après jugement. il fut pendu sur la place du marché; il fallait faire un exemple.

Les inquiétudes les plus sérieuses étant imposées par la situation des régions du sud et du sud-ouest du Darfour où les nombreuses et belliqueuses tribus d'Arabes qui y demeuraient avaient déjà depuis longtemps pris contact avec le Mahdi, je me rendis à Dara avec 200 hommes d'infanterie régulière et 75 cavaliers (bachi-bouzouks d'Abou Bala).

A Dara j'eus les renseignements les plus détaillés sur l'expédition de Mansour effendi Hilmi. Celui-ci s'était rendu par Kallaka à Shakka et en route avait enlevé de nombreux troupeaux par surprise aux Arabes Omm Serer (de la tribu des Risegat) qui s'étaient à plusieurs reprises montrés hostiles au Gouvernement et avaient commis plusieurs actes de brigandage; Hilmi avait fait prisonniers plusieurs de leurs sheikhs. Mais ceux-ci connaissant sa cupidité, lui offrirent une partie de leur fortune ; en effet, Hilmi leur accorda la liberté et leur restitua la plus grande partie de leurs troupeaux. Arrivé à Shakka, il fut attaqué par une troupe de Risegat et de Maalia, qu'il repoussa sans grandes pertes. C'est alors que malheureusement arriva Ali Agha Kanke, un oncle d'Omer woled Dorho, connu chez ses compatriotes comme l'un des hommes les plus braves du Soudan.

Mansour effendi m'affirmait que les Arabes ne pensaient absolument pas à entrer sérieusement en lutte contre le Gouvernement et étaient tous disposés à conclure la paix avec moi, si on voulait leur pardonner le passé. Ce qui les inquiétait le plus, me disait-il, c'était le meurtre du sheikh Ali woled Hægær, de la tribu des Maalia, qui m'avait accompagné dans le temps à Khartoum et qui, nommé par moi grand sheikh des Arabes Maalia du Sud, était toujours resté un serviteur fidèle du Gouvernement.

Au début des hostilités, Hægær ayant entendu parler d'une assemblée convoquée par le sheikh Risegat Belel Nagour et dans laquelle on devait appeler les habitants à la révolte, Ali woled voulut intervenir et arrêter les rebelles. Accompagné seulement de son beau-père et de quelques hommes sûrs, il se rendit au lieu indiqué et somma les assistants, parmi lesquels se trouvaient aussi quelques hommes de sa tribu, de se disperser. Les autres refusant d'obéir, on en vint à une violente querelle, qui dégénéra rapidement en une lutte dans laquelle Ali woled Hægær et ses partisans eurent le dessous. Ils résistèrent, non sans peine, aux forces supérieures qui les accablaient et rentrèrent dans leur poste sans avoir pu réussir dans leur entreprise. Avant leur arrivée, la nouvelle de leur défaite et de leur déroute s'était répandue. Ali woled Hægær fut reçu par sa femme avec des chansons moqueuses. Elle chantait, en se tenant debout devant l'entrée de la zeriba: « Ragli hedlim ou aboui rabta safar yomein houma saua fil kabta » (Mon époux a des ailes aux pieds, mon père est un colis; ils ont fait tous deux ensemble un voyage de deux jours en tremblant d'angoisse). Belel Nagour réunit une partie de ses gens, auxquels se joignirent quelques

Maalia et surprit la maison d'Ali woled Hægær. Ali fut averti à temps par ses amis qui lui conseillèrent de se rendre auprès de Mansour effendi, alors à Kallaka, et lui démontrèrent l'impossibilité de résister à des forces aussi considérables. Mais, profondément blessé par la chanson de sa femme, il repoussa ces conseils.

« Jamais je ne fuirai pour sauver ma vie, répondit-il à ceux qui le pressaient de partir ; mieux vaut mourir que d'entendre encore une fois mon nom tourné en dérision par la bouche d'une femme! » Il resta fidèle à sa parole. Attaqué par l'ennemi, il se défendit jusqu'à ce qu'un javelot l'atteignit à la tête. Blessé à mort, il tomba en murmurant sa profession de foi : « Lâ ilaha ill Allah ou Mohammed rasul Allah »; il mourut en vrai croyant. Son beau-père tomba à ses côtés et sa femme, qui, par sa chanson moqueuse, avait été la cause de la mort de son mari et de son père, fut emmenée en captivité.

D'après l'avis de Mansour effendi, l'affaire était assez grave pour que j'intervienne directement dans l'arrangement du traité de paix; on devait aussi, à la suite d'une pareille violation de droit, établir à Shakka un poste militaire assez fort et armer la forteresse d'un ou de deux canons. Les autres parties du Darfour étant plus tranquilles, un traité de paix avec les tribus arabes pouvait, à ce qu'assurait Mansour effendi Hilmi, amener un résultat aussi prompt que favorable. Je pris la résolution de me rendre à Shakka et fis préparer une petite troupe de 150 hommes d'infanterie régulière, de 25 cavaliers et d'un canon pour m'y accompagner.

Pendant ce temps, d'autres rapports me furent adressés par le major Husein Mahir, m'annonçant qu'après avoir fortifié Omm Shanger, il avait envoyé Omer woled Dorho avec des forces suffisantes pour soumettre les Arabes Hamer révoltés. A ce rapport en était annexé un autre, écrit par Omer et relatant qu'il avait attaqué les rebelles à Esefer, où ils s'étaient concentrés, à deux jours de marche de Omm Shanger; qu'il les avait complètement défaits après un combat acharné. Ses pertes étaient insignifiantes en comparaison de celles de l'ennemi. Quoiqu'il avouât n'avoir pris que quelques chevaux, les messagers m'affirmèrent qu'il avait fait un large butin, ce qui me fit plaisir, car je savais que la cupidité seule les pousserait, lui et ses gens, à déployer toute leur énergie contre l'ennemi.

Je félicitai Omer woled Dorho de son succès et l'autorisai à disposer entièrement à son gré des chevaux dont il m'annonçait la prise dans son rapport. Mais, en même temps je lui défendis de dépasser jusqu'à nouvel ordre: Zernah à l'est et Esefer au sud; ces deux places appartenant à la province du Kordofan; je lui recommandai de remplacer les pertes qu'il avait faites par des vagabonds qu'il recruterait sur sa route. Enfin je lui fis espérer une bonne récompense de la part du Gouvernement s'il remplissait fidèlement sa mission.

Les troupes étant prêtes, je me rendis en personne de Dara à Shakka et arrivai, après deux jours de marche, à Kelekele, où Mohammed bey Abou Salama, sheikh des Maalia du nord, que Gordon Pacha en son temps avait nommé bey et qui avait toujours possédé la confiance du Gouvernement, m'attendait avec une quarantaine de Basingers armés. Par lui, nous apprîmes les dernières nouvelles sur les événements les plus récents accomplis dans le pays. La tribu des Maalia est de toutes les tribus arabes du Sud, celle dont les mœurs s'effacent le plus rapidement. Adonnés à la boisson, menant la vie la plus dissolue, les Maalia sont méprisés par les Arabes Habania, Risegat, Messeria et Hamer, qui ne boivent pas de spiritueux et tiennent encore un peu à la pureté des mœurs.

Mohammed b. Abou Salama m'accompagna avec ses Basingers ....s et une cinquantaine de chevaux jusqu'à Deen, lieu de résidence de Madibbo qui y restait pendant la saison des pluies; quand j'y passai, le village était abandonné et gardé seulement par quelques esclaves, qui s'enfuirent à notre approche.

A un kilomètre et demi plus loin, je fis établir une zeriba à un endroit élevé et découvert et, j'attendis les nouvelles de Mansour effendi Hilmi qui ne tardèrent pas à me parvenir.

Mansour s'était bercé de l'illusion que les Arabes désiraient réellement la paix et m'avait fait un rapport dans ce sens. Mais Madibbo, qui, comme on l'a remarqué plus haut, était allé en pèlerinage auprès du Mahdi, à son retour, avait participé lui-même à l'anéantissement de l'expédition de Youssouf el Shellali et était rentré dans sa tribu, chargé par le Mahdi de riches cadeaux, en armes, chevaux et esclaves. Le Mahdi lui avait même confié un drapeau qui serait toujours, disait-il, environné d'anges invisibles chargés de le conduire à la victoire; en outre, Madibbo avait emporté les proclamations habituelles du Mahdi, qu'il fit distribuer à profusion dans sa tribu, par les Fukahá (pluriel de Fakîh), versés dans l'écriture. Madibbo, de retour, réunit les membres de sa tribu, et leur ayant démontré, grâce au riche butin qu'il apportait, que les troupes du Gouvernement avaient été vaincues, il les excita à s'armer pour la guerre sainte. Tous les Arabes Risegat, du sud-est au nord-ouest de Shakka, se déclarèrent prêts à se rendre à son appel; seul Aagil woled el Djangaui par haine pour Madibbo, déclara rester neutre ainsi que ses plus proches parents.

En quelques jours Madibbo réunit des forces assez importantes pour se risquer à attaquer Mansour effendi qui avait établi son camp à Mourraï, à une demi-journée de Shakka et sous la protection duquel s'étaient placés tous les marchands qui se trouvaient dans la contrée, beaucoup d'entre eux avec leurs femmes et leurs enfants.

Un vendredi matin, Madibbo parut avec son armée dans le voisinage du camp. Mansour effendi qui ne s'attendait à aucune attaque avait de son côté donné l'ordre à son lieutenant Bachit Agha d'attaquer Madibbo avec 150 hommes d'infanterie régulière, 200 Basingers, soutenus par le sultan Abaker el Begaoui et les marchands réunis sous le commandement d'Abd er Rasoul Agha qui avait rejoint le gros de la troupe à Kallaka. Mansour restait au camp avec le reste de ses hommes formant la réserve. Bachit Agha se mit immédiatement en marche et s'avança, sans faire aucune reconnaissance, vers le campement de Madibbo. Celui-ci, instruit depuis longtemps du mouvement de l'ennemi, avait habilement profité des avantages que présentait le terrain et dissimulé ses hommes dans l'herbe épaisse, derrière les arbres et dans les dépressions du sol; il tomba à l'improviste sur le flanc et le derrière des soldats qui marchaient sans défiance et succombèrent, écrasés par le nombre, sans pouvoir faire usage de leurs fusils perfectionnés; seuls, le sultan Abaker el Begaoui et Abd er Rasoul Agha réussirent, grâce à la rapidité de leurs chevaux, à se réfugier dans la forteresse auprès de Mansour effendi. Bachit Agha, avec tous ses officiers, les commandants des Basingers avec leurs hommes furent tués jusqu'au dernier. Mansour effendi, rempli d'épouvante à cette terrible nouvelle, perdit complètement la tête et ne put prendre aucune résolution.

Ismaïn woled Bernou, qui était resté dans le camp auprès de Mansour, et le sultan Abaker l'exhortèrent à se ressaisir et à ne pas s'abandonner prématurément au désespoir. Les Arabes, encouragés par leur victoire, dirigèrent aussitôt une attaque contre la forteresse, mais furent reçus par le feu bien dirigé des quelques soldats qui restaient protégés par le retranchement. Les assaillants furent obligés de battre en retraite et les assiégés reprirent courage.

Mansour effendi m'envoya pendant la nuit un exprès pour me rendre compte de la situation qu'il dépeignait sous les plus sombres couleurs, estimant, sous l'impression de la catastrophe, les ennemis bien plus nombreux qu'ils n'étaient en réalité. Je tins conseil sur la situation avec deux de mes officiers les plus capables et, comme il nous semblait réellement imprudent d'aller au secours de Mansour à Mourraï avec 150 hommes et un canon, nous décidâmes de nous rendre au camp de Mohammed bey Abou Salama, à une bonne journée de

UN GUERRIER RISEGAT.

marche de là, de demander là au plus vite des renforts à Dara et ensuite, munis de fusils et des munitions nécessaires, de nous porter sur Mourraï à marches forcées.

Madibbo, qui disposait auparavant de quelques centaines de fusils et de Basingers, avait encore pris à Mansour effendi, dans cette malheureuse journée, plus de 300 fusils et des munitions considérables. Je ne disposais que de 150 hommes d'infanterie, car il ne fallait pas compter sur les Basingers d'Abou Salama. Les canons et les nombreuses caisses de munitions destinés à Mansour effendi étaient chargés sur plus de 20 chameaux. J'aurais dû pendant le combat immobiliser au moins 40 hommes pour garder ces animaux qui n'étaient pas encore habitués au feu: il ne me serait donc plus resté que 100 combattants, c'est-à-dire beaucoup trop peu pour attaquer, avec quelque chance de succès, des ennemis enivrés par leur victoire, bien armés et qui avaient pour eux le nombre.

Je fis répondre à Mansour effendi, qui avait encore assez de vivres pour patienter quelque temps comme me l'avait appris son messager, de se retrancher le mieux qu'il lui serait possible et d'attendre du secours. Comme l'attaque de l'ennemi avait été repoussée une fois déjà, on était en droit d'espérer qu'un nouvel assaut n'aurait guère plus de succès. Le messager retourna donc auprès de Mansour et le lendemain matin même, je voulais aller à Kelekele pour y attendre les renforts de Dara; à tout hasard et pour prévenir tous bruits fâcheux, j'informai Zogal que Mansour effendi avait bien éprouvé un léger échec, mais que lui-même, ainsi que la plupart de ses officiers, se portaient bien et qu'il avait heureusement repoussé une nouvelle attaque.

La veille, étaient arrivés à mon camp, à Deen, le grand sheikh des Arabes Habania, Arifi woled Ahmed, le sheikh Chamis woled Nenija et le sheikh Chader woled Girba, avec une vingtaine de chevaux ; ils venaient m'assurer de leur fidélité et de leur dévouement. Le grand sheikh Arifi en particulier m'exprima son attachement d'un façon touchante; il m'affirma que lui et ses plus proches parents seraient prêts en tout temps à sceller de leur sang leur fidélité. Il a d'ailleurs tenu parole; ce fut un des rares hommes qui, dans les malheurs qui devaient survenir, resta fidèle à sa promesse jusqu'à ce que le sort le frappât à son tour.

Il m'informa que la rébellion avait de nombreux partisans à Kallaka et que la victoire remportée par Madibbo pourrait facilement y faire naitre un soulèvement.

Madibbo lui-même, un des plus intelligents parmi les sheikhs arabes et qui avait en outre beaucoup appris, grâce à ses longues relations avec le Gouvernement, n'ignorait pas que je me trouvais à Deen avec des forces très faibles et résolut, en conséquence, de laisser de côté Mansour effendi, qui était presque anéanti, et de m'attaquer.

Un peu avant le coucher du soleil, — le messager envoyé à Mansour effendi n'était parti que depuis quelques heures, — nos hommes, occupés hors du camp à recueillir de l'herbe et de la paille pour les chevaux, furent surpris par les cavaliers de Madibbo qui surgirent tout à coup par centaines, à une certaine distance cependant.

Arifi woled Ahmed sella lui-même son cheval, sauta sur son dos et se planta devant moi, brandissant sa lance. « Aarifni zeen, criait-il, ana thor ed daghsch, abou gelb, 'azm — ana bi eddawer alal mot. » (Reconnais-moi bien, je suis le taureau de grand prix, ayant du cœur aux jambes, je cherche la mort). Il s'élança et quelques minutes après revint, la lance ensanglantée et ramenant un cheval tout sellé dont il s'était emparé.

Le sheikh Chamis woled Nenija engagea à son tour le combat contre l'ennemi et ramena aussi un cheval comme butin. On entendait maintenant quelques coups de feu; les cavaliers aperçus par mes hommes n'étaient que l'avant-garde des rebelles; les Basingers les suivaient.

Je fis sonner le rassemblement; les Arabes qui se trouvaient au dehors et à qui j'avais appris à reconnaître cette sonnerie, rentrèrent au camp et nous attendîmes l'attaque.

Mais le gros des forces de Madibbo n'était pas encore arrivé, sans doute; ses hommes masqués par un groupe d'arbres au nord du camp ouvrirent le feu sur nous; un de mes hommes et un cheval tombèrent blessés; je fis sortir 50 hommes du camp au pas de course afin de se porter sur le flanc du petit bois.

L'ennemi abandonna bientôt son abri en y laissant trois morts.

Le soleil s'était couché, et la nuit s'étendait autour de nous quand je fis appeler Arifi woled Ahmed, Chamis et leurs compagnons pour m'entretenir avec eux de la situation. « Nous ne pouvons maintenant nous retirer pendant la nuit, dis-je, car dans l'obscurité, les chameaux qui portent les munitions, épouvantés par les coups de feu s'enfuiraient au hasard et se trouveraient perdus pour nous. Il nous faut donc attendre le jour qui nous amènera probablement une nouvelle attaque. L'ennemi nous est de beaucoup supérieur en nombre et nous devons nous contenter de nous défendre ; nous ne pourrons guère prendre l'offensive et nous ouvrir un chemin jusqu'à Dara que quand les circonstances seront tout à fait favorables. Nous n'avons donc pas pour le moment besoin de cavalerie : par conséquent, sheikh Arifi, je désire que tu nous quittes avec tes hommes.

« La nuit est sombre, la route vous est connue. Habiles cavaliers comme vous l'êtes, vous pourrez sans danger atteindre votre pays où vous me serez plus utiles qu'ici, enfermés dans un camp. »

Les sheikhs arabes avaient écouté en silence. Puis le sheikh Arifi répondit :

« Ma vie est entre les mains de Dieu et l'homme n'échappe pas à sa destinée. Si Dieu a fixé ma mort à demain, elle peut aussi bien me prendre loin d'ici, sur le chemin de mon pays, car Allah est le Tout-Puissant. Je considérerais comme une infamie de t'abandonner maintenant. Plutôt la mort qu'une vie ignominieuse, c'est mon avis. J'ai dit. »

A peine avait-il terminé que tous les Arabes Habania déclarèrent à haute voix qu'ils l'approuvaient, et ils n'en voulurent pas démordre malgré mes objections. Nous attendîmes donc le jour.

Je fis donner plus de profondeur aux petits fossés qui entouraient le camp à l'intérieur et les hommes, conscients de la gravité de la situation, travaillèrent pendant toute la nuit.

Au lever du soleil, une sentinelle avancée découvrit dans le lointain un Arabe à cheval, qui agitait au bout de sa lance un chiffon de coton blanc afin d'attirer sur lui l'attention de mes gens.

J'envoyai un homme lui dire qu'il pouvait s'approcher sans crainte et quelques minutes après il arrivait au camp: c'était le sheikh Ishaac el Ebed, de la tribu des Risegat. Il était descendu de cheval et, comme je ne voulais pas le mettre à même de se rendre compte de l'effectif de notre troupe, j'allai à sa rencontre en dehors du camp. Il me salua et me remit une lettre de Madibbo, qui dans les termes les plus extravagants me sommait de me rendre.

Madibbo rappelait la défaite de Youssouf el Shellali, à laquelle il avait assisté, ainsi que celle de Mansour effendi Hilmi et me suppliait en qualité d'ancien subordonné et de véritable ami, d'ajouter foi à ses paroles. L'homme qu'il avait visité était bien le Mahdi envoyé par Dieu même, et qui lui résistait était perdu et maudit.

Je partis d'un éclat de rire et demandai au sheikh Ishaac, une vieille connaissance, ce qu'il pensait lui-même de la chose. « Seigneur, dit-il, j'ai mangé avec toi le pain et le sel et ne te tromperai pas; tout le pays est en révolution et tout le monde dit qu'il est le véritable Mahdi; si tu es disposé à te rendre à Madibbo, tu n'as rien à craindre de nous. » « Jamais, répondis-je brièvement, je ne mettrai bas les armes devant un Arabe. Va et dis à Madibbo que je veux que mon sort se décide par les armes. »

« Seigneur, répondit Ishaac, je ne voulais pas te tromper et je t'ai dit la vérité; moi-même je ne combattrai pas contre toi, mais ma tribu ne se trouve plus entre mes mains. »

« Que tu me combattes ou non, cela m'est indifférent, car comme individu tu ne peux qu'augmenter ou diminuer d'une unité la foule de nos ennemis. » — Je me levai et lui tendis la main en signe d'adieu. « Si je suis forcé de marcher au combat contre toi, je t'avertirai auparavant, » dit-il en me serrant la main, puis il remonta sur son cheval et en quelques instants disparut à nos yeux.

Dans le camp se trouvait également un Grec du nom de Scander, qui était arrivé avec deux chameaux chargés de spiritueux et d'étoffes, dans l'espoir de faire des affaires à Shakka. De plus, Ali woled Fadhl Allah, que j'avais puni une fois, il y avait longtemps, était arrivé à mon secours la veille avec dix nègres armés afin de rentrer dans mes bonnes grâces et d'obtenir un emploi.

Tous les deux regrettaient amèrement de s'être mis sans s'en douter dans une situation si périlleuse.

Deux heures pouvaient s'être écoulées depuis le depart d'Ishaac, quand j'aperçus, au moyen de ma lunette, l'ennemi qui s'approchait. Je fis donner l'alarme et chacun se rendit à son poste. L'ennemi nous attaqua par le nord et l'ouest, points où le terrain mamelonné et couvert de bouquets d'arbres pouvait lui procurer un excellent abri. Au milieu de notre camp se trouvaient les débris d'un ancien nid de termites, qui formaient un petit monticule d'où je pouvais observer commodément la contrée environnante.

L'ennemi était arrivé à portée de fusil et les premières balles commençaient à siffler. Je fis sonner: « feu de tirailleurs » et me levant de la chaise sur laquelle j'étais assis, chaise trouvée par mes hommes à notre arrivée dans la hutte de Madibbo et apportée par eux pour mon usage, je fis quelques pas de côté afin de pouvoir mieux observer un point qui me semblait tout particulièrement intéressant. Au même instant, une balle brisa le dossier de mon siège; je ne dus mon salut qu'à cette circonstance fortuite. Bien entendu j'allai chercher un poste d'observation moins périlleux.

    L'ennemi ayant pris position ouvrait contre nous un feu extrêmement violent. Mes hommes étaient bien protégés par le fossé, mais nos chevaux et nos chameaux avaient terriblement à souffrir. Comme nous aurions pu, en restant ainsi inactifs, perdre en quelques minutes tous nos animaux, je me décidai à tenter une sortie par la porte méridionale du camp avec cinquante tireurs choisis parmi les meilleurs. Décrivant au pas de course une petite courbe vers l'ouest, je réussis à prendre l'ennemi de flanc et à le maintenir entre le feu de ma petite troupe et celui du camp. Effrayé de cette attaque, l'ennemi se retira en toute hâte, non sans subir de fortes pertes. Nous l'avions repoussé, l'assaut, il est vrai, mais à quel prix? Ali woled Fadhl Allah, qui m'avait accompagné dans cette sortie, était tué; le Grec Scander qui était resté au camp, avait reçu une balle dans le dos et nous avions de plus, autant que je m'en souvienne, douze tués et plusieurs blessés. Nos chevaux et nos chameaux avaient surtout été éprouvés.

    Nous nous attendions à une nouvelle attaque; ce ne fut que le soir que nous fûmes de nouveau inquiétés; nous repoussâmes l'ennemi facilement et cette fois sans grandes pertes.

Je tins conseil avec mes officiers et le sheikh Arifi. Nous tombâmes d'accord de prendre le lendemain l'offensive contre l'ennemi après l'avoir repoussé, dans le cas où nous serions de nouveau attaqués. Instruits par les dernières pertes, les soldats avaient, de leur propre mouvement, agrandi le fossé et si bien élevé le parapet, que nos animaux étaient beaucoup mieux protégés.

La plupart de nos hommes s'étaient endormis, épuisés par les fatigues de la journée, lorsque, tout à coup, une heure environ avant minuit, ils furent réveillés par une violente fusillade. L'ennemi s'était glissé jusqu'auprès de nous et tirait sans discontinuer, dans le seul but de nous empêcher de dormir et de décourager mes soldats.

La nuit était sombre et nous n'avions pas allumé de feux : les balles ne nous causaient donc aucun dommage ; j'avais donné l'ordre formel à tous mes hommes de rester absolument tranquilles et de ne pas répondre au feu de l'ennemi, afin que les assaillants manquassent leur but que la lueur produite par les coups de feu aurait pu leur indiquer. Peu à peu, le feu s'éteignit et l'ennemi se retira.

J'appelai le sheikh Arifi et lui demandai de mettre à ma disposition deux de ses hommes pour reconnaître la position du camp de Madibbo, qui devait se trouver dans le voisinage. Je promis aux deux hommes qu'Arifi m'amena aussitôt une bonne récompense, leur donnai mes instructions et les engageai à se hâter le plus possible.

Deux heures après environ, ils revinrent et m'annoncèrent que Madibbo lui-même se trouvait avec ses Basingers dans son village, tandis que les Arabes en grand nombre, à l'ouest et au sud, campaient insouciants avec leurs chevaux. Ils s'étaient glissés jusqu'auprès des gens de Madibbo et les avaient entendu s'égayer de notre frayeur, à laquelle ils attribuaient notre silence pendant leur attaque.

J'attendis encore environ une demi-heure, puis je fis avancer mes 50 meilleurs tireurs auxquels j'adjoignis 20 autres soldats ; je leur expliquai qu'il valait mieux d'abord attaquer le camp de Madibbo. L'ennemi était de beaucoup plus fort que nous ; il était de plus bien armé, et nous aurions certainement beaucoup à souffrir si nous engagions le combat pendant le jour, en rase campagne ; en tout cas, nous pouvions être bien sûrs que nos animaux de trait tomberaient tous sous les balles des ennemis. Par une attaque nocturne au contraire, et favorisés par l'insouciance des Arabes, nous pourrions peut-être réussir à les disperser et trouver ainsi le moyen d'arriver aux environs de Dara, où nous rencontrerions les renforts qui nous étaient destinés. Mon plan fut trouvé excellent et tous les officiers voulaient m'accompagner, ce qui naturellement n'était pas possible.

Je choisis deux d'entre eux et quittai le camp avec 70 hommes d'infanterie et 4 trompettes, accompagné par Arifi, qui ne voulut absolument pas rester en arrière. Guidés par les deux hommes qui avaient été en reconnaissance, nous fîmes si peu de bruit que beaucoup de nos gens ne s'aperçurent pas de notre départ. Je recommandai la plus stricte surveillance aux officiers qui restaient, surtout afin que personne ne quittât le camp après mon départ, car un des hommes de Mohammed bey Abou Salama, qui ne me paraissaient plus dignes de confiance, aurait pu avertir l'ennemi.

Nous étions tous à pied ; nous marchâmes sans bruit tout d'abord dans la direction de l'est, puis nous décrivîmes une courbe et arrivâmes après une heure environ près du camp ennemi. La contrée ne nous était pas inconnue et nous avions de bons guides. Je partageai notre troupe et en donnai la moitié à Mohammed Agha Soliman, officier particulièrement brave, originaire de Bornou. Nous arrêtant à une distance de 7 à 800 pas, nous nous glissâmes auprès de l'ennemi endormi sans défiance et, dès que nous fûmes sur lui, les trompettes donnèrent le signal d'ouvrir un feu rapide. La confusion de l'ennemi, réveillé en sursaut dans la nuit sombre par le crépitement de la fusillade, fut indescriptible.

Beaucoup des Basingers de Madibbo abandonnèrent leurs fusils et prirent la fuite ; les chevaux des Arabes, effrayés, rompirent leurs liens et s'enfuirent, affolés, dans la nuit ; leurs maîtres les suivirent ; en quelques instants, le vaste camp et les huttes de Madibbo restèrent en notre pouvoir. Dans le lointain retentissaient les cris de terreur des ennemis qui s'enfuyaient. Nous incendiâmes le camp. Notre projet avait pleinement réussi ; il fallait maintenant plusieurs jours à Madibbo pour rassembler autour de lui ses troupes dispersées.

Je fis mettre aussi le feu au village et les flammes s'élançant jusqu'au ciel, éclairèrent le camp abandonné, ainsi que les morts et les agonisants. Je n'avais moi-même que deux hommes blessés de coups de lances.

Je fis jeter dans les flammes les selles de chevaux restées en grand nombre sur la place, ainsi que les vieux fusils ; nous ne gardâmes qu'une quarantaine de Remington et retournâmes à notre camp où les nôtres, qui nous attendaient pleins d'anxiété, nous reçurent avec joie.

Le lendemain matin, après le lever du soleil, nous quittâmes le camp, car il nous fallait rejoindre au plus vite les renforts expédiés de Dara et délivrer Mansour effendi de sa situation difficile. A minuit, nous étions à Kelekele où j'accordai un instant de repos à mes soldats épuisés.

Mohammed Abou Salama nous avait quittés, sous prétexte d'aller porter à ses hommes l'ordre de chasser vers le nord les troupeaux laissés au pâturage sur la frontière des Risegat. Comme il n'avait pas reparu dans la matinée, je l'envoyai chercher; j'appris alors qu'il était parti avant le lever du jour dans la direction du sud avec tous ses biens et toute sa famille. Il n'y avait plus à en douter: lui aussi s'était joint aux rebelles.

Je ne recevais aucune nouvelle de Dara et cependant je ne pouvais rester indéfiniment à Kelekele avec une troupe aussi faible; je repris donc ma marche en avant et atteignis la ville le lendemain à midi.

Les renforts que j'avais demandés étaient prêts à se mettre en route; les munitions étaient suffisantes. Je résolus donc de retourner le lendemain à Shakka, après avoir donné l'ordre de remplacer par des troupes fraîches mes soldats épuisés. Le soleil n'était pas encore levé, quand arriva un message d'Ismaïn woled Bernou, m'informant qu'il se trouvait déjà, avec Mansour effendi, dans le voisinage de Dara où il arriverait le lendemain. Cette nouvelle présageait pour moi un malheur; Shakka abandonnée serait maintenant très difficilement reprise.

Lorsque dans la matinée Mansour Hilmi et Ismaïn woled Bernou firent leur entrée à Dara, ils n'avaient pour toute escorte que quelques-uns de leurs esclaves, épuisés, et qui menaçaient de ne plus obéir. Je fis assembler les officiers et devant ce tribunal j'invitai Mansour effendi à justifier l'abandon sans ordres de la place qu'il occupait. Il allégua une fatigue insurmontable et demanda à ne répondre que plus tard. Je me fis alors raconter les faits par Ismaïn woled Bernou.

« Nous t'avions, dit celui-ci, envoyé par un messager la nouvelle de notre malheureuse position et, instruits de ton approche, comptions sur ton secours. Quand notre messager revint nous annoncer que tu retournais à Dara, pour y prendre des renforts, et qu'il nous eût raconté en même temps avoir laissé Madibbo opérant dans ton voisinage et prêt à t'attaquer, nous perdîmes courage. Nous n'avions presque plus de vivres et il nous était impossible de nous en procurer d'autres; nous prîmes la résolution d'échapper par la fuite à notre déplorable situation. »

« Eh bien, répondis-je, où sont les chameaux, les munitions et le matériel de guerre, où sont les marchands, qui s'étaient placés sous votre protection? Vous étiez des centaines et maintenant vous voilà quinze à peine. »

« Les munitions et le matériel étaient chargés sur 16 chameaux, avec lesquels, accompagnés des marchands, nous quittâmes le camp, répliqua rapidement Mansour effendi; nous les avons perdus en route. »

« Perdus! Comment des chameaux lourdement chargés peuvent-ils se perdre au milieu d'une troupe de cavaliers et de fantassins? Il est plus probable que les animaux et leur escorte marchaient trop lentement à votre gré, et que vous avez pris les devants pour vous mettre d'abord en sûreté ? »

Mansour se tut obstinément ; je demandai à Ismaïn de parler.

« Il y a aujourd'hui trois jours que nous avons quitté notre camp, » répondit-il.

« Trois jours! et vous voudriez que la colonne de munitions ne fut pas restée en route! Le camp est au moins à sept journées de marche d'ici! Ismaïn, continuai-je, dis-moi exactement où et quand tu as abandonné tes hommes. Tu es fonctionnaire civil et ce n'est que sur mon ordre que tu t'es joint à l'expédition, tu n'as rien à craindre de moi. »

« Seigneur, dit-il reprenant courage, lorsqu'arriva la nouvelle que nous devions attendre ton retour de Dara, nous tînmes conseil entre nous et, comme il ne nous restait que très peu de provisions, la majorité résolut d'abandonner la position. Mansour effendi, notre chef, donna l'ordre de partir trois heures après le coucher du soleil. Les chameaux furent chargés et nous quittâmes le camp; les marchands, avec leurs femmes et leurs enfants, s'étaient joints à nous. Nous faisions beaucoup de bruit et pouvions ainsi attirer sur nous l'attention de l'ennemi. Mansour effendi m'appela auprès de lui et donna à Ali Agha Djoma, qui accompagnait le convoi de munitions avec environ 50 hommes, l'ordre de nous suivre; nous prîmes les devants. Au lever du jour, nous attendîmes; Abd er Rasoul Agha arriva seul et nous raconta qu'il s'était séparé de la caravane, pendant la nuit. Maître, il n'y a pas de cœur exempt de crainte. Le Seigneur tout-puissant et miséricordieux, qui nous a sauvés, sauvera aussi nos frères! Nous continuâmes à marcher sans arrêt. Je fais appel à ton indulgence; songe que mes frères et mes serviteurs sont tombés dans le combat et que j'ai femme et enfants. »

Mansour effendi n'avait pas ouvert la bouche et ce ne fut que sur mes instances réitérées que pour se justifier il me présenta prétextes sur prétextes. La colonne de munitions n'était pas arrivée au lieu du rendez-vous fixé en temps voulu; avec le peu de gens qu'il avait, il n'aurait pu se hasarder à faire des recherches.......

Je lui fis enlever son sabre par le plus ancien des officiers présents et le mis aux arrêts après avoir fait insérer au procès-verbal en présence des officiers, les raisons qu'il nous avait données pour se justifier.

J'envoyai des émissaires pour obtenir quelque nouvelle de la colonne de munitions et ne m'occupai momentanément que de cette affaire. Sept jours après, j'eus la joie d'apprendre que le reste de l'expédition de Mansour se trouvait à Taouescha et arriverait incessamment à Dara.

Après trois jours d'attente, le convoi de munitions avec le reste des troupes fut signalé; il se trouvait à environ une lieue de Dara; j'allai à sa rencontre et le fis conduire à la forteresse sous une escorte d'honneur composée de toute la garnison.

Les braves soldats y reçurent un logement; et pour rendre honneur à leur bravoure autant que pour donner un exemple à leurs camarades, j'élevai en grade tous les sous-officiers et nommai quinze d'entre eux qui me furent désignés par Ali Agha Djoma comme les plus braves, au grade d'officiers subalternes. Tous avaient fait preuve de courage comme le prouvait le récit d'Ali Agha ; voici ce qu'il me raconta :

« Les munitions ayant été chargées sur les chameaux, nous quittâmes le camp, sur l'ordre de Mansour effendi ; nous avions avec nous les marchands, dont les femmes et les enfants poussaient des cris étourdissants. Mansour effendi, très inquiet pour sa propre personne, à cause de ces cris qui pouvaient attirer l'attention de l'ennemi, nous quitta en m'ordonnant de le rejoindre le lendemain matin. Cela ne m'était guère facile avec des chameaux lourdement chargés, sur un terrain dépourvu de routes et encombré de broussailles. Je réunis à la hâte mes soldats et les Gellaba et leur dis que j'avais l'intention de me diriger vers les *Gos* (collines sablonneuses) des Maalia, et qu'ainsi, avec l'aide de Dieu, nous pourrions regagner notre pays. Là, la contrée, plus découverte, permet de se défendre aisément ; quant aux Maalia je comptais en venir facilement à bout. Dieu soit loué !

« A la faveur des ténèbres, nous quittâmes, sans être vus ni entendus, le pays occupé par l'ennemi, et lorsque le soleil se leva, nous nous trouvions à la frontière sud-ouest des Maalia. Nous fîmes halte.

« Cependant, harcelés par la peur, nous nous remîmes bientôt en route. Les femmes les plus vigoureuses conduisaient les chameaux par la bride ; les plus faibles, ainsi que les enfants, se tenaient assis sur les caisses de munitions. Nos chameaux étaient frais et dispos, car ils avaient pu longuement se reposer avant notre départ. Nous avions 100 fusils à notre disposition et nous évitions les parages habités ; chacun de nous avait des vivres suffisants pour trois ou quatre jours. Comme il n'y a pas d'eau dans la région, nous étanchions notre soif, comme le font les indigènes, en buvant le jus des melons d'eau qui croissent là en abondance. Vers midi, nous fûmes attaqués par quelques cavaliers Risegat, appuyés de quelques Maalia. Avec l'aide de Dieu, qui n'abandonne jamais les croyants, nous en mîmes quelques-uns hors de combat ; si bien que ces gens qui croyaient avoir beau jeu contre nous furent contraints de prendre la fuite.

« Nous ne campâmes, à part une courte halte, qu'après le coucher du soleil, et nous établîmes une petite haie d'épines, pour nous protéger pendant la nuit contre une nouvelle attaque; mais tout se passa tranquillement. De bonne heure, le lendemain, nous reprîmes notre route, harcelés encore par les ennemis; les habitants des villages voisins s'étaient joints aussi aux rebelles. Dieu nous donna la force et le courage: autant de fois nous fûmes attaqués, autant de fois nous repoussâmes l'ennemi, et enfin après une pénible marche de huit jours, nous atteignîmes Taouescha. Là, nous étions en sûreté. Les Gellaba, emmenant leurs femmes et leurs enfants, se séparèrent de nous et nous comblèrent de remerciements; pour nous, nous nous hâtions d'arriver ici. Remercions le Dieu tout-puissant, qui délivre le croyant de toute peine! »

« Moi aussi, dis-je, je remercie Dieu de ce que vous êtes sauvés. Votre position m'a causé beaucoup d'angoisse. Mais comment vont les affaires à Taouescha et comment se porte Abo bey el Bertaoui, le juge militaire? »

« Il se porte à merveille et paraît toujours fidèle au Gouvernement; mais on commence déjà à ne plus lui obéir et, tôt ou tard, si des nouvelles favorables n'arrivent pas du Kordofan, il finira par se joindre aux rebelles. Pour le moment, le voisinage de la forteresse d'Omm Shanger (distante d'environ 130 kilomètres), le tient encore en bride. »

Je remerciai de sa prudence et de sa bravoure Ali Agha Djoma; c'était un indigène originaire des montagnes de Tekele mais qui avait appris son métier de soldat au Caire. Comme il n'était que lieutenant, je le promus au grade de lieutenant supérieur.

Le lendemain je fis conduire Mansour effendi Hilmi sous escorte à Fascher; car il n'y avait à Dara aucun officier qui lui fut supérieur en grade. J'envoyai mes instructions au commandant de la place, Saïd bey Djouma, lui prescrivant de traduire Hilmi en justice sous l'inculpation d'abandon de matériel. En même temps je demandai qu'on m'envoyât de Fascher 200 hommes d'infanterie, des munitions et du plomb.

Des nouvelles nous étaient parvenues dans l'intervalle. Madibbo, à la tête des Basingers qu'il avait de nouveau réunis, était retourné à Deen, où il avait fait élever de nouvelles huttes de paille pour remplacer celles que nous avions incendiées. Mohammed Abou Salama avait quitté définitivement le pays et était parti pour le Sud. Il avait eu une entrevue avec Madibbo, et tous les deux avaient conclu avec des serments solennels une alliance offensive et défensive.

Le jour de notre arrivée à Dara, j'avais envoyé à Kallaka le fidèle et brave skeikh Arifi et ses compagnons. Arifi ne voulait absolument pas me quitter et ne partit qu'après que je l'eus assuré qu'il pourrait venir à Dara avec sa famille, si sa tribu, les Habania, se révoltait, comme c'était à prévoir, contre sa volonté.

Afin de ne pas laisser s'implanter dans la population la croyance que j'assistais aux événements sans rien dire, j'envoyai le capitaine Ali effendi Ismat avec environ 180 hommes d'infanterie à Hachaba, village situé dans le pays de Mohammed Abou Salama, à deux journées au sud de Dara; il avait ordre d'y attendre que j'eusse rassemblé nos troupes.

Les nouvelles reçues d'Omer woled Dorho étaient satisfaisantes; car, partout où les rebelles se réunissaient, ils étaient battus par lui avec l'aide des marchands d'Omm Shanger. Comme il disposait de plus de 400 chevaux, il avait les mouvements plus rapides et pouvait ainsi surprendre l'ennemi; bien qu'ayant eu quelques pertes à enregistrer, il était jusqu'à présent resté toujours victorieux. Dans les districts dépendants du Kordofan l'agitation cependant ne faisait que croître et s'étendre, et il devint tout à fait impossible de rétablir le service de la poste.

Je ne pouvais qu'envoyer des messagers isolés portant de courts rapports chiffrés au Gouvernement; ces rapports toutefois, soit trahison, soit arrestation du porteur ne parvenaient que rarement à destination. Bien qu'il n'y eût maintenant rien à craindre pour Omm Shanger, j'y laissai provisoirement Omer woled Dorho; j'espérais que, si quelque jour l'on voulait pousser une pointe du Kordofan vers l'ouest, Omer pourrait de son côté s'avancer vers l'est et se réunir aux troupes du Kordofan, ce qui nous permettrait de dégager la route suivie par les courriers postaux.

Zogal bey, qui se trouvait près de moi à Dara, faisait consciencieusement son devoir et ne me donnait aucun nouveau motif de méfiance. Il était cependant presque certain qu'il avait reçu des lettres du Mahdi, son parent; mais il ne semblait pas avoir répondu à ces lettres, au moins par écrit. En tous cas il était devenu plus prudent et moi plus attentif et, je croyais n'avoir rien à craindre de lui dans l'état actuel des choses au Darfour.

Pendant mon séjour à Dara, je déployai toute mon activité à enrôler des soldats, des Basingers et à engager par des promesses les marchands et leurs serviteurs à soutenir effectivement le Gouvernement. Je nommai sandjak un ancien officier de la cavalerie irrégulière, Abd el Kadir woled Asi et plaçai sous ses ordres la cavalerie de Dara. Je lui enjoignis d'enrôler de nouveaux cavaliers, de manière à disposer au bout de quelques jours d'environ 150 chevaux. En même temps j'écrivis au sultan Abaker el Begaoui, au grand sheikh des Birket, aux Messeria et à d'autres tribus amies de se tenir prêts à me suivre à Shakka.

J'avais fait emprisonner Abd er Rasoul Agha qui, avec Mansour effendi, avait abandonné le convoi de munitions, mais je lui rendis la liberté, car j'avais besoin de gens utiles et les bonnes qualités ne lui manquaient pas. Il avait largement fait ses preuves dans les combats précédents et s'était toujours montré un guerrier sinon extraordinaire, du moins suffisant. Je lui rendis donc le commandement de ce qui lui restait à Dara de ses anciens Basingers, avec l'ordre de faire de nouvelles levées.

Je fis mettre en état les fusils qui se trouvaient dans les magasins, pour la plupart fusils à percussion à double canon, et les distribuai aux nouveaux soldats. On disposait de munitions suffisantes pour l'expédition projetée, mais les vivres laissés à Dara étaient très réduits; aussi avais-je écrit, en envoyant Mansour effendi, à Saïd bey Djouma et avais-je demandé à ce dernier de m'expédier promptement de nouvelles provisions.

Environ 15 jours après l'envoi de mes ordres à Fascher, je reçus la nouvelle que 100 hommes d'infanterie étaient en route; ils arrivèrent le lendemain. Leur capitaine, Saïd el Fouli, un brave Soudanais, m'apportait des lettres de Saïd bey Djouma. Celui-ci m'annonçait qu'il était impossible pour le moment de trouver dans le voisinage de Fascher les chameaux nécessaires pour le transport des munitions, c'est pourquoi il ne m'envoyait provisoirement que 100 hommes d'infanterie comme renfort. Les 100 autres partiraient, aussitôt qu'il aurait réuni les chameaux, et serviraient d'escorte à la colonne de munitions.

Il était à prévoir que dans ces conditions les munitions se feraient attendre encore longtemps. Mais je ne voulais pas rester davantage inactif à Dara. Je quittai donc cette ville et me rendis à Hachaba, que j'avais désigné comme lieu de rendez-vous aux tribus qui devaient m'accompagner dans l'expédition.

CHAPITRE VI.

Siège et chute d'El Obeïd.

Marche du Mahdi contre El Obeïd. — Premier assaut de la ville. — Chute de Delen ; les missionnaires sont réduits en captivité. — Siège et chute de Bara. — Famine à El Obeïd. — Reddition de Saïd Pacha. — Son entrevue avec le Mahdi. — Un miracle du Mahdi.

Enhardi par les victoires de ses partisans sur les troupes gouvernementales et cédant à l'invitation des notables de la ville, Elias Pacha à leur tête, le Mahdi quitta Gebel Masa (autrefois Gedir) et marcha sur El Obeïd. Des milliers de fanatiques, de marchands d'esclaves et d'esclaves errants et sans moyens d'existence se joignirent à lui.

Arrivé à Kaba le 3 septembre 1882, il envoya aussitôt les nombreux cavaliers arabes de son armée à El Obeïd pour contraindre les indigènes habitant en dehors de la ville à faire cause commune avec lui ou tout au moins à reconnaître son autorité. En même temps, il délégua à Mohammed Pacha Saïd, Gouverneur du Kordofan, deux hommes pour le sommer de se rendre. Connaissance fut donnée aux officiers rassemblés, du message du Mahdi. La lecture finie, Mohammed bey Iscander, appuyé par la plupart des officiers, proposa qu'on pendit haut et court les porteurs d'une missive aussi arrogante. Mohammed Saïd s'y opposa tout d'abord ; il finit cependant par se rallier à la majorité et fit exécuter les deux Mahdistes le 5 septembre.

Les émissaires envoyés secrètement par le Mahdi auprès de la population d'El Obeïd eurent un meilleur sort et plus de succès. En effet, la plus grande partie des habitants quittèrent la ville pour se joindre au Mahdi. Cette résolution provenait surtout de leur haine personnelle contre ceux qui étaient à la tête du Gouvernement, notamment contre Mohammed Saïd et Ahmed bey Dheifallah; en outre, la raison qui amenait de toutes parts au Mahdi tant de partisans résidait surtout dans le sentiment qu'on avait de la faiblesse du Gouvernement.

Le Mahdi écrivait à tous d'abandonner simplement ce qu'ils possédaient et de venir à lui tels qu'ils se trouvaient; leurs biens leur seraient rendus après la prise d'El Obeïd. Ainsi fut fait et dans la nuit du 5 au 6 septembre les habitants quittèrent la ville et se rendirent au camp des rebelles.

Mohammed Pacha avait suivi les conseils de Dheifallah et partagé la ligne de défense en plusieurs sections, considérant comme sans danger pour lui le quartier des marchands.

Lorsque, le 6 septembre au matin il trouva cette partie de la ville abandonnée, il ordonna aux soldats, de transporter dans les granges de la place tout le blé amassé dans les maisons; les soldats s'empressèrent d'obéir, tout heureux de trouver une occasion de s'approprier tout ce qu'ils purent des biens laissés par les fugitifs.

Le Mahdi fit une courte proclamation, appelant ses partisans à la guerre sainte, et leur promettant les biens terrestres dans ce monde et les joies célestes dans l'autre.

Dans la matinée du vendredi, 8 septembre, les hordes sauvages du Mahdi se dirigèrent en masses compactes vers El Obeïd. Elles n'étaient armées que de lances et d'épées, ne voulant pas vaincre avec d'autres armes. Les autres instruments de guerre pris sur Rachid bey et Shellali avaient été laissés à Gebel Masa.

Mais bien que les Remington des soldats fissent un effet merveilleux sur les assaillants qui étaient abattus par milliers; les fanatiques, altérés de sang et de butin, et marchant sur des monceaux de cadavres, franchirent d'assaut les remparts, trop peu élevés, et pénétrèrent dans la ville. En ce moment critique, le premier major Nesim effendi, un Tcherkesse gardant un sang-froid admirable, fit donner le signal de « montez ». Toutes les trompettes retentirent; en un instant, les soldats se trouvaient sur les toits des maisons qui ne se composaient guère que d'un rez-de-chaussée et sur la terrasse de la caserne; de là, ils ouvrirent un feu meurtrier sur les Mahdistes. Ceux-ci ne pouvant atteindre avec leurs lances et leurs épées les soldats debout sur les toits, furent tués par milliers, prirent la fuite hors des remparts et ne s'arrêtèrent que lorsqu'ils furent arrivés hors de la portée des balles.

La première attaque pour laquelle l'ennemi fanatisé avait réuni toutes ses forces était donc brillamment repoussée par la vaillante garnison d'El Obeïd. Le frère du Mahdi, Mohammed, le frère du calife Abdullahi, Youssouf, étaient au nombre des morts et avec eux le premier cadi et de nombreux émirs (chefs).

Le Mahdi lui-même s'était pendant l'attaque tenu à l'écart, derrière une ferme isolée, hors de portée des coups de feu. Ah! si Mohammod Pacha Saïd avait suivi les pressants conseils d'Ahmed bey Dheifallah, et avait exécuté une sortie pendant la mêlée générale, peut-être, probablement même, il aurait anéanti d'un coup, d'un seul coup toute la révolution, en tuant le Mahdi lui-même. Mais, Mohammed Pacha se contenta du succès remporté, ne croyant pas que le Mahdi put rassembler de sitôt une armée aussi considérable, et comptant bien que Khartoum lui enverrait les secours promis depuis si longtemps.

Le Mahdi comprenant fort bien qu'un insuccès pouvait anéantir la foi qu'il avait su inspirer et ruiner son influence, quitta Kaba, où il s'était d'abord rendu pour organiser une attaque contre la garnison de Gensara, ville éloignée d'une portée de canon d'El Obeïd. Il envoya prendre à Gebel Masa les armes à feu qui y avaient été laissées.

Tandis qu'il campait sous les murs d'El Obeïd, avec la plus grande partie de ses partisans, les habitants du pays qui s'étaient joints à lui, étaient partis guerroyer contre les postes et les stations du Gouvernement.

Gebel Delen, ainsi que la mission catholique de l'Afrique centrale créée en cet endroit, une huitaine d'années auparavant, et que protégeait un détachement de 80 soldats environ, se trouvait depuis longtemps déjà dans une situation difficile. Dans sa marche sur El Obeïd, le Mahdi envoya Mek Omer, un de ses partisans, pour s'emparer de la garnison de Delen, ou la massacrer. Les missionnaires, le Père Joseph Ohrwalder dont j'ai déjà parlé et l'Italien Luigi Bonomi, avaient l'intention de se réfugier à Faschoda avec les sœurs et les serviteurs nègres. Mais ils furent empêchés de mettre leur projet à exécution par le commandant même de la garnison qui, retenu par la terreur, n'eut même pas le courage de battre en retraite et préféra se rendre avec ses soldats. Les deux malheureux missionnaires ne pouvant pas traverser seuls un pays au pouvoir de l'ennemi, durent aussi se rendre; leur modeste avoir fut confisqué et on les envoya à El Obeïd, où le Mahdi essaya de les convertir à l'islamisme, ainsi que les sœurs.

Mais, reconnaissant l'inutilité de sa tentative, il les fit traîner le lendemain au milieu d'une foule immense qui remplissait l'air de cris et de hurlements jusque sur la place où, entouré de ses califes, le Mahdi devait passer ses troupes en revue. Les malheureux attendaient la mort quand, après de longues angoisses, on leur annonça que le maître leur faisait grâce. On délibéra longtemps sur ce qu'on ferait de leurs personnes. Enfin, on les remit contre reçu à un Syrien Georgi Stambouli qui était venu d'El Obeïd se joindre aux partisans du Mahdi.

C'est à cette époque qu'apparut dans le ciel une grande comète. Les habitants du Soudan virent là le signe de l'anéantissement du régime actuel, et le Mahdi sut tirer habilement parti de l'apparition du météore.

Le Gouvernement avait organisé une expédition composée de 2000 hommes environ, sous le commandement d'Ali bey Lutfi, pour se porter au secours de Bara et d'El Obeïd. L'expédition attaquée par les Djauama sous les ordres du sheikh Mohammed Rahma, et incapable de se défendre, les soldats ayant été privés d'eau depuis de longues journées, fut complètement détruite ; 200 hommes à peine purent s'enfuir jusqu'à Bara et y apporter la triste nouvelle.

El Daïara, ville située à l'est d'El Obeïd, fut attaquée vers la même époque. Le premier assaut de l'ennemi fut repoussé ; mais la garnison était trop faible, et la place finit par capituler. Cela se passait à la fin de septembre. Bara eut le même sort. Sa vaillante garnison, après une longue et héroïque défense, dut se rendre à l'Emir Abd er Rahman woled Negoumi qui commandait les assaillants. Parmi les prisonniers se trouvaient le commandant Sourour effendi, Nur bey Angerer et Mohammed Agha Shapo, les anciens défenseurs d'Ashaf. La garnison avait été du reste décimée par la maladie et par la misère, les provisions de blé ayant été détruites par un incendie au commencement de janvier 1883.

Les captifs furent conduits à Gensara où le Mahdi se fit présenter les chefs militaires et les chefs de tribus. Il leur accorda leur grâce. Sourour Agha, Abyssin d'origine, mais pieux mahométan, qui s'occupait beaucoup plus de ses devoirs religieux que de ses devoirs militaires et, que les soldats avaient surnommé sheikh ou fakîh Sourour, fut reçu de la façon la plus amicale par le Mahdi qui lui fit restituer une partie de ses biens. A Nur Angerer, un Dongolais comme lui, il adressa d'aimables paroles et, faisant un brillant éloge de la bravoure de Mohammed Shapo, il lui rendit de ce qui lui avait été pris, un cheval.

Quant à la troupe qui ne se composait que de nègres, elle fut envoyée au calife Abdullahi, qui la mit sous le commandement de Hamdan Abou Anga. Le rusé Mohammed Shapo qui était encore célibataire voulut prouver au Mahdi qu'il était aussi pieux que brave et le pria de bénir son mariage. Le Mahdi vit, dans cet acte, le résultat de son enseignement religieux ; il en fut tout heureux et donna à Shapo de l'argent en même temps que sa bénédiction. Quelques jours plus tard Shapo parut tout à coup devant le Mahdi et lui dit qu'il n'avait nul besoin de l'argent qui lui avait été donné à l'occasion de son mariage, car il était déjà séparé de sa femme. Le Mahdi, étonné, s'informa de la raison d'une si courte lune de miel ; à quoi Shapo répondit : « Elle avait un grand défaut ; on devait la forcer à prier et, une femme qui ne prie pas, est pour moi une abomination ». Le Mahdi, ravi d'une telle piété, lui procura le moyen de se remarier, et lui fit don d'une somme d'argent plus forte encore.

C'est ainsi que Shapo, qui ne s'était jamais soucié de la religion, sut conquérir l'estime du Mahdi.

Plus tard, après la mort du Mahdi, je rencontrai un jour Shapo à Omm Derman au moment de la fuite. Je lui rappelai alors sa « comédie ». Tristement, il me répondit: « Malgré tout le mal que le Mahdi a fait pendant sa vie, c'était au fond un brave homme ; on pouvait lui parler ; on pouvait lui demander quelque chose. Mais malheur à qui compte sur la générosité du calife Abdullahi. »

Shapo avait raison.

La chute de Bara fut célébrée, au camp du Mahdi, par une salve d'artillerie. Les habitants d'El Obeïd qui comptaient toujours recevoir des secours ne s'expliquaient pas ce bruit insolite.

Mais, lorsqu'ils apprirent que Bara avait capitulé, ils commencèrent à perdre courage. Les assiégés manquaient de vivres depuis longtemps, et les prix de ce qu'on en trouvait étaient inabordables. On avait malheureusement négligé de s'approvisionner à temps.

Le blé, objet de première nécessité, était presque entièrement consommé.

Un mois avant la reddition de la ville, l'*erdeb duchn* atteignait le prix de 400 écus medjidieh et même à ce prix il était difficile de s'en procurer. Seuls les plus riches pouvaient s'offrir de la viande de vache ou de mouton, quelques-uns de ces animaux étant encore dans leurs étables. Des chameaux maigres, décharnés, se vendaient 1500 écus et plus encore. Une poule se payait 30 à 40 écus et un œuf 1 écu à 1 écu et $^1/_2$; la douzaine de dattes coûtait 1 écu. Le sel même menaçait de manquer; quant au beurre, à l'huile de sésame, il était impossible de s'en procurer. Quant aux soldats, où chercher des vivres ? où chercher des écus ?

On comprendra aisément que l'état sanitaire était déplorable.

Pareils à des fantômes, les affamés se glissaient çà et là, dans l'espoir de trouver quelque chose à manger. Les os d'animaux crevés depuis des années furent pilés, bouillis dans de l'eau. Et même cette nourriture — si on peut appeler nourriture un mets pareil — devenait rare. De vieux souliers, des lanières de cuir des angarebs, tout en un mot était cuit, bouilli et mangé. De jour en jour la misère augmentait. La dysenterie, le scorbut, la fièvre commençaient à se répandre. Dans les rues, on buttait contre des cadavres que personne ne voulait enterrer. Attirés par l'odeur putride, les vautours se précipitèrent sur cette proie et devinrent bientôt à leur tour un gibier recherché par les indigènes et les soldats qui leur donnaient la chasse.

Bien que tenus au courant de la situation épouvantable où se trouvait la ville, les Mahdistes cependant ne tentaient pas un nouvel assaut. Ils n'avaient pas beaucoup à craindre une attaque de la part de la garnison; c'est à peine si de loin en loin quelque cavalier se risquait à monter un des rares chevaux qu'on gardait à la forteresse, et à aller enlever une vache, un chameau ou un mouton qui avait eu l'imprudence de s'approcher un peu trop en broutant, des remparts de la ville. De ces cavaliers, le plus audacieux était le fils de la sœur d'Ahmed bey Dheifallah, Abdallah woled Ibrahim, renommé pour sa bravoure et son courage, et qui plus tard devait occuper un des postes les plus élevés auprès du Mahdi. Alléchés par l'appât du gain, quelques Mahdistes tentaient de faire entrer en contrebande, dans la ville affamée, des vivres qu'on trouvait en abondance dans les environs. Ce manège dura quelques jours. Mais l'affaire s'étant ébruitée, ils furent pris en flagrant délit. On leur coupa les mains, pour faire un exemple et on les leur pendit au cou. La situation épouvantable des assiégés devait fatalement amener un relâchement dans la discipline; ce relâchement se produisit en effet et les désertions devinrent de plus en plus fréquentes.

Le Mahdi toujours bien informé, somma une seconde fois Mohammed Pacha Saïd de se rendre. Il ne tenait pas à s'emparer par force d'El Obeïd, et voulait éviter que le butin fut dispersé à tous les vents; il était sûr que ce butin ne pouvait lui échapper. Il savait aussi, par ses amis des bords du Nil, que le Gouvernement n'était pas en état d'organiser rapidement une armée assez forte pour le vaincre. Il n'avait donc aucune raison de se hâter.

Mohammed Pacha Saïd voulait faire sauter la poudrière et mourir ainsi avec les assiégés et les assiégeants. La poudrière contenait précisément les munitions qui devaient m'être envoyées au Darfour. Mais les officiers de la garnison qui avaient avec eux leurs femmes et leurs enfants s'opposèrent à son dessein et le contraignirent à accepter ce qu'il ne pouvait éviter.

Tout espoir était perdu; la garnison ne pouvait plus tenir. Mohammed Pacha Saïd se vit forcé, le 18 janvier 1883, d'envoyer au Mahdi une lettre lui déclarant qu'il consentait à se rendre. Il dut lui en coûter, à lui qui s'était si longtemps et si vaillamment défendu, de prendre une telle résolution, et de se rendre à l'ennemi ! Le Mahdi tint conseil avec son calife; il répondit au Pacha qu'il acceptait sa soumission et qu'il n'avait rien à craindre ni pour lui, ni pour ses officiers.

Le lendemain, il envoya les plus considérables des marchands, sous la conduite de Mohammed woled el Ereg, porter à Saïd, l'ordre de se présenter devant lui avec tous ses officiers et les notables restés dans la place. Ereg, ancien président du tribunal d'El Obeïd et ami de Mohammed Pacha, fit son possible pour adoucir le sort de celui-ci.

Les délégués du Mahdi avaient apporté avec eux des *gioubbes* (costumes des Derviches, de couleur marron); ils les firent endosser à leurs prisonniers et les invitèrent à monter les chevaux qu'ils avaient amenés.

Mohammed Pacha Saïd marchait en tête; venaient ensuite Ali bey Chérif, Mohammed bey Iscander, le commandant de la forteresse d'El Obeïd, le major Nesim effendi, Ahmed bey Dheifallah, Mohammed bey woled Yasin; puis, d'autres officiers, des notables. Ils se rendirent au camp du Mahdi, dont les gardes avaient la consigne de défendre l'entrée à toute autre personne.

Le Mahdi, assis sur son angareb, les reçut amicalement; il leur tendit à tous la main qu'ils baisèrent et leur accorda leur grâce.

Il savait, leur dit-il, qu'ils étaient dans l'erreur la plus profonde, touchant sa personne; et, c'est pourquoi, il leur pardonnait.

De ce moment, toutefois, il exigea de chacun fidélité et soumission à lui-même et à la cause sainte. Les captifs durent faire un serment solennel (¹).

La cérémonie accomplie, le Mahdi fit apporter des dattes et de l'eau. Il parla à ses prisonniers de la vanité de ce monde à laquelle il fallait renoncer et de l'amour exclusif de Dieu. Puis, se tournant vers Mohammed Pacha: « En ta qualité de Turc, lui dit-il, je ne te donnerai pas entièrement tort de ce que, plongé dans les douceurs de la vie, tu te sois battu contre moi; mais tu as commis un acte monstrueux en faisant périr mes messagers; car, sache-le bien, un messager est sacré et ne doit point subir de mauvais traitement.

(¹) La formule consacrée de la Baïa (du serment) est la suivante: Au nom de Dieu clément et miséricordieux. Nous promettons à Dieu, au Prophète, à notre Mahdi et à toi, de nous confier en Dieu, de ne jamais douter de Lui, de ne jamais voler, de ne commettre ni adultère, ni faux témoignage, et de ne pas nous montrer ingrats à ses bienfaits; nous te promettons de renoncer au monde et de ne jamais abandonner la guerre sainte.

Avant que Mohammed Pacha put répondre, Iscander répliqua :

« Seigneur et Mahdi, ce n'est point Mohammed Pacha Saïd qui a fait mettre à mort tes messagers ; c'est moi, en ma qualité de commandant de la forteresse, et parce que je considérais tes hommes comme rebelles ; ainsi que tu l'as dit, j'ai eu tort. »

« Je ne vous demande point compte de vos actions, répondit le Mahdi, mes messagers ont atteint leur but. En me quittant pour porter mon message, ils ont exprimé le désir de mourir en martyrs. Leur prière a été exaucée. Dieu le Miséricordieux les a entendus et, en ce moment, ils jouissent du bonheur éternel. Dieu, fortifie-nous, afin que nous puissions suivre leurs traces. »

Tandis que le Mahdi s'entretenait de la sorte avec ses prisonniers, ses troupes occupaient la forteresse. Abou Anga prit avec ses soldats possession des casernes, du magasin aux poudres, et des bâtiments du Gouvernement ; les autres émirs s'établissaient dans les plus belles maisons, celles des officiers, des marchands, etc.

Alors seulement, le Mahdi fit conduire par Ereg les prisonniers dans les maisons qu'ils occupaient dans la forteresse.

Le gouverneur fut prié d'indiquer l'endroit où étaient cachés ses trésors que l'on croyait considérables. Mais Mohammed Pacha se défendit de posséder quoi que ce fut. On le ramena au Mahdi auquel il renouvela ses dénégations, déclarant ne posséder absolument rien.

Cependant, Ahmed woled Soliman, sur l'ordre du Mahdi, avait interrogé les serviteurs de Mohammed Pacha et appris l'endroit où était caché le trésor. Il revint communiquer secrètement à son maître le résultat de ses recherches.

Celui-ci, connaissant alors le secret de son prisonnier, lui parla en ces termes en présence de l'espion Ahmed woled Soliman :

« Tu m'as juré fidélité par un serment sacré ; pourquoi refuses-tu de me donner ta fortune ? C'est un péché ! Espères-tu donc pouvoir réunir d'autres richesses ? »

« O Mahdi ! répliqua Mohammed Pacha, je n'ai commis aucun péché et ne possède aucun argent ; je ne puis rien te donner ; fais de moi ce que bon te semblera ! »

« Tu me crois donc encore un homme comme tous les autres, s'écria le Mahdi, sache que je suis le Mahdi el Monteser ; le Prophète m'a révélé que ta fortune est cachée dans ton appartement. Ahmed woled Soliman, va dans sa chambre, soulève les briques de la paroi du côté gauche, tu y trouveras le trésor de ce Turc, et tu me l'apporteras ici ! »

Soliman sortit, Mohammed Pacha s'assit auprès du Mahdi ; toujours fier, bien qu'il ne put douter que son trésor était découvert, et ne pouvant se résoudre à s'excuser de son mensonge, il écoutait, sans s'y mêler, la conversation dont il était l'objet.

Soliman ne tarda pas à reparaître ; des hommes derrière lui portaient une caisse de métal que l'on amena devant le Mahdi ; on l'ouvrit : elle était pleine de pièces d'or. La caisse contenait, à ce qu'on m'a raconté, 7000 guinées.

« Mohammed Saïd, dit alors le Mahdi, tu m'as trompé. Pourtant, je te pardonne : Ahmed, porte cette somme dans le « Bet el Mal » (caisse d'état où l'on mettait tous les revenus) et distribue-la à ceux qui en ont besoin. »

« Toi, qui prêches le renoncement aux biens de ce monde, tu me prends mon trésor pour l'employer suivant tes caprices », s'écria Mohammed Pacha en se levant et en s'éloignant tranquillement. Le Mahdi le regarda et fronçant le sourcil : « Di ma bijenfa ma ana » (celui-ci ne vaut rien pour nous) dit-il à voix basse.

Ahmed bey Dheifallah, l'ami de Mohammed Pacha, avait assisté à toute la scène.

Le Mahdi se tourna vers lui, et l'invitant à rester fidèle et juste :

« Ne cherche pas, lui dit-il, à imiter ton ami dont le cœur est fermé ; sois juste à mon égard et tu verras tous tes desseins s'accomplir. J'avais fait donner le même avis à ton frère Abdullahi ; malgré cela il s'est rallié aux Turcs et a combattu contre moi. Dieu le Miséricordieux l'a réduit en poussière avec ceux dont il avait embrassé la cause. Toi, Ahmed, sauve ton âme ! Reste fidèle et tu goûteras après la mort les joies divines, car le Seigneur te prendra avec lui dans le ciel ! »

« Mahdi ! répondit Ahmed woled Dheifallah, dans un ciel où n'est pas mon frère, je ne veux pas être non plus. »

Et, se levant, il quitta l'assemblée.

Le Mahdi garda le silence ; à la fin il signifia aux membres présents que la réunion était finie. Tous se hâtèrent d'aller répandre la nouvelle du miracle que leur maître venait d'accomplir. Quelques minutes après, l'on savait partout que le Prophète était apparu au Mahdi et lui avait révélé l'endroit où était caché l'or de Mohammed Pacha : nouvelle preuve éclatante que Mohammed Ahmed était bien le Mahdi el Monteser !

Pour montrer qu'il était droit, bon et juste, il donna à Soliman l'ordre de veiller à ce que ni Mohammed Saïd, ni Ahmed Dheifallah, ni Ali bey Chérif, ni aucun de leurs officiers manquassent de vêtements ou d'argent

Puis il expédia des circulaires par tout le pays, annonçant aux fidèles qu'il ne combattait que pour la sainte cause et les invitant à se joindre à lui pour la défense de la religion. Il leur parlait du néant des choses d'ici-bas et les engageait à craindre Dieu.

Il rendit des lois plus dures que celles édictées avant lui contre les fêtes impies qui se célébraient à l'occasion des mariages; contre l'abus du tabac et des liqueurs fortes, faisant comprendre que ses victoires ne l'avaient pas rendu orgueilleux et qu'il poursuivait seulement l'accomplissement de sa mission divine!

CHAPITRE VII.

Lutte contre le Mahdisme au Darfour.

Expédition contre Shakka. — Bataille de Omm Waragat. — Après la bataille. — Assiégés dans la zeriba. — Retraite sur Dara. — Episodes du voyage. — Arrivée à Dara. — Maladie et mort de Gottfried Rott. — Envoi d'émissaires secrets au Kordofan. — Difficultés avec la garnison d'El Fascher. — Révolte des Arabes Mima. — J'apprends la chute d'El Obeïd. — Mort du sheikh Arifi. — Campagne contre les Arabes Mima et les Arabes Khawabir. — Tentative de désertion. — Découverte d'un complot parmi les troupes à Dara. — Mes officiers et mes hommes mettent notre défaite sur le compte de ma religion. — Je me décide à adopter en apparence la religion musulmane. — Je décide d'envoyer Zogal bey à El Obeïd. — Ma campagne contre les Beni Halba. — Bichari bey. — Sa mort. — Situation au Darfour.

J'étais arrivé à Hachaba ; point de ralliement convenu, après avoir fait de mon mieux pour organiser une force capable d'opérer avec succès contre Madibbo. J'avais réussi à engager les Gellaba à se joindre personnellement à moi ou à me donner leurs Basingers. J'avais demandé aide à Zogal bey qui me fournit plus de deux cents Basingers ; moi-même je possédais un certain nombre d'esclaves qui connaissaient le maniement des armes. Je réengageai le major Sharaf ed Din, ex-commandant des Basingers à Kulkol qui avait été destitué par Nur Angerer ainsi qu'un certain nombre d'officiers Djaliin qui avaient autrefois servi avec Zobeïr Pacha. Les tribus que j'avais appelées pour porter secours au Gouvernement étaient arrivées. Mes forces pouvaient donc comprendre les effectifs suivants:

L'infanterie régulière armée de Remington, 550 hommes; les Gellaba qui m'avaient accompagné, 200 hommes; les Basingers, sous le commandement de Sharaf ed Din secondé par les chefs en second, Abd er Rasoul, sheikh Khoudr Ombetti, Mangel Medine, Hasan woled Satarat, Sultan Abaker el Begaoui, Soliman woled Farah, Moslim woled Kabachi et d'autres, 1300 hommes; en tout 2050; ajoutez à cela environ 100 hommes de cavalerie armés de fusils. J'avais donc à peu près au total 2150 fusils et un canon se chargeant par la bouche et 13 artilleurs. Les tribus de Bégou, Birket, Zagawa (au sud du Darfour), Messeria, Tadjo, et quelques Maalia, hostiles au sheikh Abou Salama, m'avaient amené un contingent de 6000 hommes armés de lances et 400 chevaux.

La garnison laissée à Dara comprenait 400 hommes d'infanterie, 7 canons et leurs servants, 30 chevaux, 250 Basingers sous le commandement de Zogal bey qui depuis la mort de Emiliani administrait comme vice-gouverneur le district de Dara. J'avais laissé avec lui le Suisse Gottfried Rott et j'avais chargé ce dernier de me renseigner exactement sur tout ce qui se passerait. Ce Rott autrefois maître d'école à Siout avait découvert quelques années auparavant une caravane d'esclaves qui se rendait en contrebande par la route de Arbaïn en Egypte; sur ces indications le Gouvernement arrêta le convoi. Rott reçut pour ce fait une lettre de félicitations de M. Gladstone; la société anti-esclavagiste lui exprima sa reconnaissance et le Gouvernement égyptien le nomma inspecteur du service de répression de la traite des esclaves et me l'envoya au Darfour, avec ordre de lui assigner Shakka comme centre de ses opérations, mais Rott n'arriva que très peu de temps avant l'ouverture des hostilités et l'interruption des communications postales; je me vis donc forcé de le retenir à Dara. Il comprit bien vite que la situation était assez grave pour m'autoriser à le prier de renoncer momentanément au service que le Gouvernement lui avait assigné afin de ne pas surexciter davantage des esprits que les troubles environnants agitaient trop déjà. Comme il possédait bien la langue arabe, je le chargeai de surveiller secrètement Zogal bey et ses parents et d'observer quels étaient leurs rapports avec les rebelles.

A la fin d'octobre, je me mis en marche avec toute ma colonne. Le pays des Risegat étant couvert d'épais buissons et de forêts, je devais me tenir sur mes gardes, éviter toute surprise, toute attaque et marcher de manière à éviter que toute ma petite armée ne s'avançât en désordre et ne tombât dans quelque embuscade.

Le tableau ci-contre donnera une idée exacte de l'ordre dans lequel nous marchions vers Shakka. L'avant-garde consistait en 50 cavaliers armés de fusils, 400 hommes de l'infanterie régulière formaient le point de résistance de ma troupe. Les troupes étaient disposées en un carré de 100 hommes sur chaque face; sur chacun des côtés marchaient 200 Basingers de sorte que le carré en réalité comprenait quatre faces de chacune 300 hommes. Au centre du carré s'avançaient les canons chargés à dos de

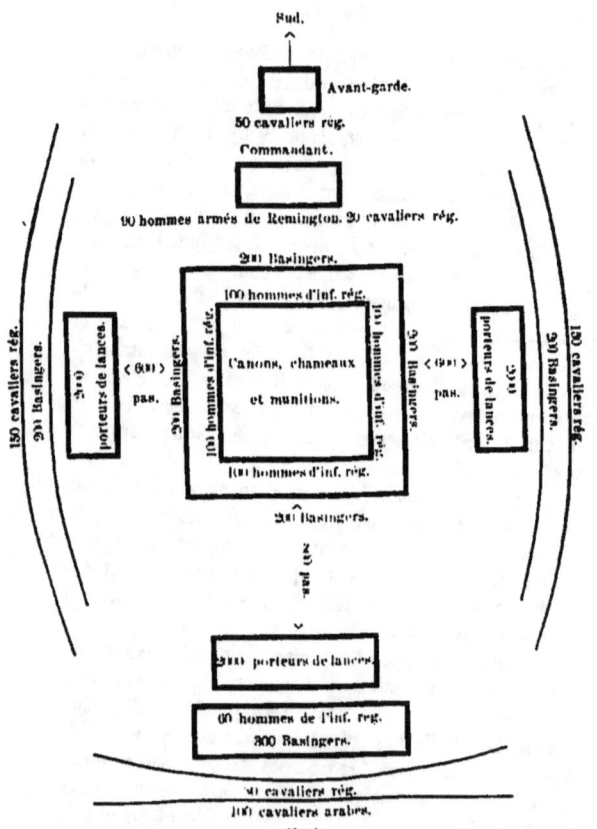

Ordre de marche avant le combat de Omm Waragat sur la route de Shakka.

chameaux ; avec eux marchaient les bêtes de somme portant les munitions, les fusils, etc. Je marchais en avant du carré avec une petite troupe de 90 hommes armés de Remington, suivi de 20 cavaliers armés de fusils. Sur les flancs, à 600 pas de distance environ, 2000 porteurs de lances flanqués en plus à leur tour de 200 Basingers que protégeaient encore 150 Arabes à cheval. L'arrière-garde, marchant à 800 pas en arrière du carré se composait de 2000 porteurs de lances, suivis de 60 hommes de l'infanterie régulière, de 300 Basingers, de 30 cavaliers armés de fusils et enfin de 100 cavaliers arabes qui restaient. Les Basingers qui marchaient sur les flancs étaient accompagnés de trompettes. L'arrière-garde était plus forte que les flanqueurs et comptait 390 fusils, car on pouvait être sûr que, fidèles à leurs habitudes, les tribus arabes attaqueraient d'abord nos derrières.

Les Basingers et les porte-lances qui protégeaient les flancs pouvaient en cas d'attaque résister assez longtemps pour me permettre d'arriver avec un renfort pris, s'il était nécessaire, parmi les hommes de l'infanterie régulière qui formaient le carré central.

L'arrière-garde qui avait à veiller sur les chameaux dont la charge était un peu en désordre, qui devait aussi être constamment sur le qui-vive pour se garder des maraudeurs et qui en outre était plus exposée à une attaque inattendue, l'arrière-garde dis-je, avait un service des plus pénibles et chaque jour je faisais relever les hommes chargés de ce poste périlleux; les lanciers qui avaient passé une journée à l'arrière-garde se portaient le lendemain sur le flanc droit de la colonne; les hommes du flanc droit allaient occuper le flanc gauche et ceux-ci se rendaient à l'arrière-garde. Il en était de même pour les 60 hommes d'infanterie et les 300 Basingers.

J'espérais de cette manière atteindre Shakka sans trop d'encombre. Une fois là j'y construirais un fort, l'armerais des canons que je possédais et y laisserais une petite garnison. Pour moi je ferais quelques excursions dans la contrée, à la recherche de Madibbo tandis que les lanciers pourraient s'occuper à enlever le bétail des Risegat.

A notre arrivée à Deen nous trouvâmes une grande quantité de blé emmagasinée dans les huttes du nouveau village que venait de reconstruire Madibbo. Le poste qu'il y avait laissé fut, après une courte résistance, tué ou dispersé, et nous nous établîmes dans notre ancien camp. Le tombeau d'Ali woled Fadhl Allah avait été ouvert par la main des hommes; son crâne avait été exhumé et ses ossements jetés à tous les vents. Les Arabes avaient sans nul doute profané sa tombe, bien que nous l'eussions entourée d'une forte haie d'épines pour la protéger; ils avaient emporté le linceul et abandonné le corps aux hyènes!

Je fis distribuer à mes hommes le blé trouvé dans le village; ils avaient donc ainsi une provision suffisante pour quelques jours. Et comme je désirais marcher immédiatement sur Shakka, j'envoyai au préalable deux espions arabes Risegat qui, à la suite de différends avec leurs familles s'étaient établis depuis de longues années dans le Darfour. Ils avaient pour instructions de s'enquérir de la route où nous trouverions de l'eau en quantité suffisante et, si possible, de découvrir l'endroit où Madibbo avait concentré ses forces. Le lendemain, des cavaliers de l'ennemi se montrèrent autour de notre camp, ils venaient sans doute en reconnaissance, et se tinrent à une distance respectueuse.

Trois jours après mes deux hommes revinrent m'annoncer que la route était bien pourvue d'eau; que les Arabes avaient emmené leurs troupeaux au sud de Shakka où Madibbo avait aussi rassemblé ses forces; ils n'avaient pu se procurer d'informations plus précises.

Je donnai le signal du départ. Mes hommes étaient dans les meilleures dispositions, riant, plaisantant, se partageant d'avance le butin, les femmes de Madibbo et de ses sheikhs, d'après l'exemple du Mahdi. Bien que je fusse absolument sans aucune crainte pour ma petite armée, je désirais vivement cependant atteindre Shakka sans être attaqué. Je souffrais de la fièvre et remis momentanément le commandement de la colonne à Sharaf ed Din effendi, qui se tint constamment à mes côtés. Le jour suivant, laissant à l'ouest Kindiri, nous venions de faire halte, quand on signala l'approche des cavaliers ennemis: on sonna l'alarme. Chacun rejoignit aussitôt son poste. Malgré la faiblesse où me mettait la maladie, je me portai à l'arrière-garde d'où l'apparition des rebelles avait été signalée. On apercevait à une assez grande distance quelques centaines de cavaliers; comme la plupart d'entre eux se dissimulaient derrière des buissons, il était impossible d'évaluer exactement leur nombre. Je donnai aux flanqueurs l'ordre de m'appuyer et je me jetai avec la ... e la régulière et les cavaliers arabes au devant des assaillants. Une escarmouche s'ensuivit. L'ennemi tint bon et conserva sa position, je dus néanmoins avancer un peu, pour permettre à mes hommes de renfort d'entrer en scène. Notre tir était excellent et nos fusils tuèrent ou blessèrent quelques cavaliers ; les autres aussitôt battirent en retraite. Nous nous emparâmes de six chevaux, ce qui compensait à peu près les sept que nous avions perdus ; deux de nos hommes avaient été tués et nous avions plusieurs blessés. Les pertes des Risegat, dans cette petite escarmouche, devaient être considérablement plus grandes, mais nous ne pûmes nous en rendre exactement compte, étant dans l'impossibilité de prolonger davantage une poursuite qui nous avait déjà entraînés loin de notre troupe plus que ne le commandait la prudence.

Nous revînmes donc à l'endroit où le gros de la colonne attendait et, comme il était encore de bonne heure, et qu'on y voyait encore assez clair, je fis reprendre la marche.

Le soir, nous nous arrêtions dans le voisinage de Omm Waragat. Quoique la fièvre ne m'eut pas quittée, je donnai des instructions pour faire reprendre le lendemain la marche dans le même ordre. A la pointe du jour, nous levions le camp et, après une marche de deux milles, nous arrivions à un endroit découvert et marécageux au sud-est duquel se voyaient quelques petites huttes, telles que les élèvent les esclaves des Risegat qui travaillent dans les champs.

L'avant-garde eut bientôt fait de traverser le marais et d'atteindre les huttes. Je m'y rendis aussi avec mon détachement, pendant que les hommes du carré s'occupaient à pousser et à tirer les animaux qui enfonçaient à chaque pas dans le sol détrempé. A ce moment, j'entendis l'arrière-garde et immédiatement après le flanc gauche donner le signal d'alarme. Quelques coups de feu éclataient. Ordonnant à l'avant-garde de maintenir sa position près des huttes, je me portai au galop vers le flanc gauche du carré, suivi de mes 90 hommes armés de Remington qui couraient au pas gymnastique. En arrivant à l'arrière-garde je constatai qu'il était déjà trop tard. Les Basingers et les réguliers, après la première salve, n'avaient pas eu le temps de recharger leurs armes; l'ennemi fondait sur eux et, écrasés par des milliers d'Arabes à demi-nus, ils se repliaient en désordre vers le centre de la colonne, et avaient presque atteint la ligne de fond du carré; quoique prêts à faire feu, les hommes du carré hésitaient, craignant d'atteindre dans la mêlée aussi bien les amis que les ennemis.

Je fis sonner « formez le carré » et « feu rapide », bique je courusse moi-même le risque d'être tué puisque je me trouvais à la hauteur du dernier rang du flanc gauche.

La ligne d'arrière du carré tira bien quelques coups de fusil mais ne put réussir à repousser les assaillants. Déjà l'arrière-garde et l'ennemi étaient aux prises, le carré commençait à céder; mes 90 tireurs se mirent alors « à genoux » et ouvrirent sur l'ennemi un feu nourri qui obligea les Arabes à reculer et à diriger leur attaque contre les lanciers dispersés du flanc droit. Cependant ceux d'entre eux qui, à la suite de l'arrière-garde avaient pénétré dans le carré firent de grands ravages parmi les Basingers qui ne pouvaient faire usage de leurs fusils à double canon : l'infanterie n'avait pas même eu le temps de mettre baïonnette au canon tant l'attaque avait été soudaine. Cependant les Arabes engagés dans le carré furent tous tués. Les flanqueurs attaqués à la fois en arrière et de côté eurent plus à souffrir que le carré lui-même; ils se dispersèrent complètement et s'enfuirent dans toutes les directions. Des centaines d'entre eux furent pris et tués par les cavaliers Risegat embusqués dans la forêt.

L'action dura à peine 20 minutes, et pourtant dans un espace de temps si court, nous eûmes à subir des pertes considérables.

Fort heureusement l'ennemi s'était mis à la poursuite des flanqueurs dispersés dans la campagne; et nous avions réussi, grâce au feu de mes tireurs, à le repousser du carré, mais hélas! au prix de quels sacrifices! Ceux de mes hommes qui s'étaient couchés à mon commandement n'avaient pas été très éprouvés, mais les Basingers, troupe fort indisciplinée et qui pour la plupart, ne comprenaient pas les sonneries, avaient terriblement souffert; presque tous nos chameaux avaient été tués. Au moment où la confusion était à son comble, j'aperçus un Arabe qui se sauvait en emportant le sac rouge d'un canonnier; ce sac contenait toute notre provision de mèches à canon. Mais l'Arabe ne se doutait guère que son butin eut pour lui une si mince valeur.

« Kir, dis-je à un jeune nègre qui se trouvait près de moi, et ne me quittait jamais, si vraiment tu es aussi brave qu'on le dit, va et rapporte moi le sac rouge! voici mon cheval », et, mettant pied à terre, je l'aidai à sauter en selle.

Il saisit une lance et courant à toute bride, revint au bout de quelques minutes avec le sac rouge et sa lance plus rouge encore.

Les derniers ennemis avaient disparu dans le lointain. Je fis sonner le rassemblement, quelques centaines d'hommes seulement répondirent à l'appel, je les partageai en deux groupes; la moitié prit la garde tandis que les autres recueillaient les munitions et les armes de ceux qui étaient tombés. Ils les chargèrent sur les chameaux qui nous restaient et allèrent les déposer dans le petit village voisin. Situé sur un terrain sablonneux et ondulé, cet endroit nous permettait de surveiller les alentours et n'offrait aucun abri à l'ennemi qui nous aurait attaqués. Avant qu'il fut midi, nous avions ramassé assez de buissons d'épines pour nous construire une solide zeriba qui nous protégeait. Ce travail fini, nous pûmes enfin nous occuper des blessés. Quelques-uns d'entre eux avaient réussi, pendant que nous élevions la zeriba à se traîner jusqu'à nous; le reste y fut apporté à son tour et nous fîmes de notre mieux pour soulager leurs souffrances.

Aussi loin que le regard pouvait s'étendre, le terrain était jonché de cadavres; par places ils étaient entassés comme si on les eut déposés les uns à côté des autres.

Il devait y en avoir bien davantage encore dans la forêt hors de la portée de nos regards. Par une coïncidence assez étrange, le désastre avait eu lieu presque au même endroit où plusieurs années auparavant, Adam Tarboush, le vizir du sultan Husein, était tombé, après une défaite semblable. Je procédai ensuite à l'appel nominal de mes hommes, tâche triste et touchante à la fois. Dix de mes quatorze officiers d'infanterie avaient succombé; un onzième était blessé. Les chefs des Gellaba, le sheikh

Khoudr, Mangol Medine, Hasan woled Satarat, Soliman woled Farah ainsi que les plus importants de ces marchands Fakih Ahmed, Hassid et Shekeloub avaient été tués. Un seul de mes treize canonniers vivait encore. Le grec Scander, qui malgré les blessures, reçues à Deen, et saignantes encore, avait voulu être des nôtres, était aussi tombé! Tristement, nous rassemblâmes les morts pour leur rendre les derniers honneurs. Sous un monceaux de cadavres Sharaf ed Din fut trouvé le cœur percé d'un coup de lance. Les tombes furent creusées à la hâte dans la terre humide et molle, et les officiers et les chefs furent ensevelis par deux et par trois. Triste besogne! Il nous fallait aussi porter secours aux blessés : ceux qui ne l'étaient que légèrement, pansaient eux-mêmes leurs blessures : pour les cas plus graves, nous manquions des premiers éléments nécessaires et ne pouvions les soigner. Quelques bonnes paroles, c'était hélas! tout ce que nous pouvions leur donner. Un de mes serviteurs avait encore dans sa gibecière du chloride de fer, du taffetas d'Angleterre et quelques bandes de toile. Quand il vint me les apporter, sa vue me rappela tout à coup Morgan Hosan, mon domestique, jeune homme de 16 ans à peine, de belle mine et très intelligent que j'aimais entre tous à cause de son courage, de sa fidélité et de son sang-froid. « Isa, demandai-je au jeune homme à la gibecière, où est Morgan ? Il conduisait mon cheval Moubarek. (Sur celui-ci se trouvaient mes sacoches avec mon journal, mes esquisses et différents ustensiles.) C'est une bête un peu vive; peut-être Morgan l'a-t-il enfourchée et a-t-il pu se mettre en sûreté. » (Tous mes chevaux de selle avaient été perdus.)

Isa secoua tristement la tête et me remit, les larmes aux yeux, un morceau de la bride du cheval que conduisait Morgan.

« Qu'est-ce que cela ? » lui demandai-je. « Maître, je ne voulais pas te rendre plus triste encore ; j'ai trouvé Morgan tout près d'ici étendu sur le sol, un coup de lance dans la poitrine. Lorsqu'il me vit, il sourit: "Je savais qu'on viendrait me chercher, me dit-il; porte mes dernières salutations à mon maître et dis-lui que je ne me suis pas comporté lâchement; je n'ai laissé partir le cheval que lorsque je suis tombé mortellement blessé; les ennemis ont dû couper la bride que je ne voulais pas lâcher. Remets-lui ce morceau et dis-lui que Morgan était fidèle ; prends encore le couteau qui est dans ma poche, c'est celui de mon maître, salue-le de ma part." »

Et Isa me remit le couteau en pleurant. Mes yeux étaient humides de larmes. Pauvre Morgan ! si jeune et si brave ! Pauvre maître, perdre un tel serviteur, un tel ami !

« Eh bien ! raconte-moi la fin, Isa ! » murmurai-je.

« Il avait soif; je lui soulevai la tête et je lui présentai de l'eau ; il finissait à peine de boire qu'il rendit le dernier soupir. »

Je ne pouvais m'abandonner à la tristesse. Dans l'après-midi, je fis fortifier la zeriba et creuser des tranchées à l'intérieur. Les tambours battirent aux champs, les trompettes sonnèrent, quelques coups de canon furent tirés pour faire comprendre aux fuyards ou à ceux d'entre eux qui légèrement blessés ne pouvaient être bien loin que j'établissais là mon camp. Dans la journée, un grand nombre de mes hommes rentrèrent et au coucher du soleil je disposais encore de 900 hommes, fantassins réguliers et Basingers, tristes débris d'une armée de 8500 hommes. C'était encore une force respectable. Des cavaliers arabes et de la cavalerie régulière, il ne restait plus que 30 hommes.

Très probablement un grand nombre était prisonnier des rebelles ; une bonne part aussi avait réussi à s'échapper et était sans doute retournée soit à Dara, soit dans ses villages. Il nous restait toutefois des munitions et des armes en abondance.

Après le coucher du soleil, les Risegat reparurent et furent fort étonnés de nous trouver abrités par un rempart et prêts à livrer bataille. Madibbo nous fit attaquer par ses Basingers ; mais ils furent repoussés après un engagement très court. La nuit arriva et nous pûmes prendre un peu de repos. J'étais assis, m'entretenant avec mes officiers, quand les sheikhs Abder Rasoul, Moslim woled Kabachi, et le sultan Bégou vinrent nous proposer de mettre à profit l'obscurité pour abandonner notre position, où nous n'avions que fort peu de chances, après la défaite et les pertes que nous avions essuyées de résister à l'ennemi.

« Vous voulez fuir, leur dis-je. Et que ferez-vous de vos camarades, de vos frères blessés ? Les abandonnerez-vous à l'ennemi ? »

Honteux, ils restèrent silencieux.

« Eh bien non, votre proposition est irréfléchie ; j'en ai parlé avec mes officiers ; nous resterons quelques jours ici. Nous n'avons à redouter que la famine et nous pouvons nous en garantir pendant longtemps encore pendant quelques jours nous mangerons la chair des chameaux tués et blessés. Nous serons sans doute attaqués de loin en loin, mais chaque fois nous repousserons l'ennemi, et nos hommes regagneront la confiance que la défaite d'aujourd'hui leur a fait perdre. Je connais les Risegat, ils ne s'éterniseront pas ici à nous surveiller et nous aurons facilement raison des Basingers de Madibbo et de ceux du sheikh Jango du Bahr el Ghazal qui ont fui jusqu'ici. Les blessés auront le temps de se remettre. Et si, quand ceux qui sont gravement atteints, auront pris le chemin où doivent passer tous les mortels, ceux qui n'ont que de légères blessures auront certainement repris assez de force pour regagner avec nous la patrie. Ma proposition est, je le crois, meilleure que la vôtre. »

Tandis que je parlais, le sultan Abaker approuvait de la tête et tous résolurent de rester.

« Savez-vous quelle est la cause de notre défaite d'aujourd'hui? continuai-je. Ce soir, j'ai rencontré parmi les blessés, l'adjudant de Hasan woled Satarat, commandant l'arrière-garde. Je l'ai questionné : " Sharaf ed Din, me répondit-il, n'a pas suivi tes instructions et a négligé de relever l'arrière-garde comme on l'avait fait les jours précédents. L'infanterie harassée, épuisée par les fatigues de la veille rejoignit de sa propre autorité sa place dans la colonne sans avoir été relevée par des troupes fraîches. " »

« Les porteurs de lances, eux aussi, avaient pris place sans autorisation sur le flanc droit, en sorte que la brusque attaque de l'ennemi ne rencontra aucune résistance sérieuse; Hasan woled Satarat avait à peine à sa disposition plus de 250 Basingers armés seulement de fusils à percussion. Sharaf ed Din a payé de sa vie sa négligence, mais nous avons eu tous à en supporter les conséquences.

Il est tard, retournez auprès de vos hommes, encouragez-les, dormez tous pour être en état de supporter les épreuves que la journée de demain nous apportera. Mais toi, Saïd Agha Fouli, dis-je à un capitaine, tu es blessé, à ce que je vois et tu ne pourrais probablement pas dormir ; va te placer à la porte de la zeriba et loge une balle dans la tête du premier qui cherchera à sortir sans permission. »

Quand je fus seul, je réfléchis au danger de notre position. Nous pouvions, c'était probable, arriver heureusement à Dara, mais j'avais à déplorer la mort de mes meilleurs officiers et de mes plus sages conseillers et, je craignais aussi que les nouvelles de notre déroute ne parvinssent à Dara avant l'arrivée de mon rapport.

Ces nouvelles pouvaient avoir une influence désastreuse sur le moral de la garnison et l'esprit des habitants. J'éveillai mon secrétaire et je lui fis écrire deux courtes lettres, une à Zogal bey, l'autre au Saghcolaghassi Mohammed Farag, commandant de la garnison, les informant que, malgré les pertes que j'avais subies, l'état général de mes troupes était satisfaisant et que nous arriverions dans une quinzaine à Dara. Si des fugitifs, continuai-je, arrivaient et répandaient des nouvelles alarmantes et sans fondement, il fallait les jeter en prison et les garder à vue jusqu'à mon arrivée.

J'écrivis aussi de ma main quelques lignes à Gottfried Rott le renseignant en peu de mots sur notre position et l'assurant que sous peu j'arriverais à Dara avec le reste de ma troupe. Je l'exhortai à ne pas perdre courage et à relever l'esprit abattu des timides et des poltrons ; à cette lettre en était jointe une autre destinée à ma mère et dans laquelle je faisais aux miens mes adieux et leur envoyais ma dernière pensée. Je priais Rott de faire parvenir cette lettre à ma famille au cas où je serais tué dans le combat.

Ces lettres à la main, je me rendis chez Abdullahi Omdramo, sheikh des Arabes Messeria, qui résident dans les environs de Dara; je le réveillai et lui demandai où était son frère Salama.

« Le voici », dit-il, montrant du doigt un homme couché près de lui ; je l'éveillai aussi. « Salama, lui dis-je, tu peux me rendre un grand service, et t'en rendre un à toi-même. Tu vois ces lettres, il s'agit de les porter à Dara et de les remettre à l'Européen Rott, que tu as rencontré souvent avec moi. Tu prendras mon cheval que tu connais et qui est une excellente bête. Va, pars tout de suite, traverse au galop le camp des Risegat qui sont pour le moment endormis. Avant que leurs chevaux ne soient sellés, tu auras disparu dans les ténèbres ; en deux jours tu peux être à Dara. En récompense de ce service, je te fais présent de la jument noire qui est dans mon écurie. » Je parlais encore que Salama avait déjà fait ses préparatifs.

« Donne-moi les papiers, dit-il brièvement, étendant la main pour les prendre. Avec le secours du Tout-Puissant, je porterai ces lettres à leur destination ; mais je préfère monter mon propre cheval. Il ne va peut-être pas aussi vite que le tien, mais il est assez fort pour me porter jusque chez moi. Je connais mon cheval et mon cheval me connait, et une connaissance réciproque est un grand avantage dans de pareilles expéditions. »

Il sella son cheval. J'écrivis encore quelques mots à Rott pour lui dire de donner au porteur ma jument noire.

Il me remercia, enveloppa les lettres dans son mouchoir de coton et, tenant son cheval en bride, il m'accompagna jusqu'à la porte de la zeriba. Nous arrivâmes auprès de Saïd Agha Fouli ; il était à son poste, mais la douleur lui arrachait de temps en temps des gémissements. Sa cuisse droite et son bras gauche le faisaient atrocement souffrir. Dès qu'il me reconnut, il ordonna à ses hommes d'ouvrir la porte. Salama enfourcha son cheval ; il brandissait sa grande lance de la main droite ; de sa gauche, il tenait les rênes et quelques javelots.

« A la garde de Dieu, Salama, » lui criai-je.

« Je me confie en Dieu », répondit-il, et il s'éloigna lentement.

Bientôt nous pûmes entendre le bruit rapide des sabots de son cheval. Quelques minutes après, un ou deux coups de fusils retentirent dans le silence de la nuit, puis tout redevint tranquille.

« Que Dieu le protège ! » nous écriâmes nous tous. Nous rentrâmes prendre un peu de repos. La nature reprit bien vite ses droits ; accablé de fatigue je m'endormis profondément. A l'aube, mes hommes étaient déjà à l'ouvrage, consolidant les fortifications. Le soleil venait de se lever ; comme je m'y étais attendu, l'ennemi renouvela son attaque, et pendant quelque temps, un feu violent fut échangé. Grâce à notre position plus élevée, les Arabes durent bientôt se retirer après des pertes considérables. De notre côté, nous eûmes quelques morts et quelques blessés. Parmi les premiers, était malheureusement Ali woled Hedjas, chef de mes Basingers, un Djaliin d'origine, regardé comme un des plus braves de sa tribu. Nous comptions demeurer là plusieurs jours encore et mes hommes s'empressèrent de réparer la zeriba, non sans avoir rendu les derniers devoirs aux cadavres de mes hommes et à ceux de nos ennemis; ces cadavres, tombés seulement la veille, empestaient déjà l'air.

J'avais parmi mes hommes deux Basingers que j'avais déjà, en certaines occasions, employés pour porter différents messages à mon ami Lupton, le successeur de Gessi dans le poste de gouverneur général du Bahr el Ghazal. Je crus prudent d'avertir cette fois encore Lupton de la situation du Darfour et de l'engager à entreprendre une expédition contre les Arabes Risegat et Habania qui, pendant la saison des pluies menaient paître leurs troupeaux dans sa province. J'avais appris par un Risegat, fait prisonnier la veille et qui n'avait quitté que tout récemment le Bahr el Ghazal que des troubles avaient éclaté dans la contrée qu'il habitait.

Il m'avait raconté que la tribu de Djanghé avait d'abord tenté un soulèvement; mais que, facilement elle était rentrée dans l'obéissance.

Le sheikh Jango avait attaqué Delgaouna et l'avait pillé; mais après une défaite à son tour, il avait rejoint Madibbo et avait assisté à notre combat de la veille avec un contingent de 200 hommes.

Lupton se trouvait dans une meilleure situation que moi. Si ses employés et ses soldats lui restaient fidèles, il n'avait rien à craindre, car la diversité des tribus de sa province ne leur permettrait pas de s'unir dans une action commune contre le Gouvernement. L'élément religieux, le trait d'union entre les tribus du Soudan du Nord n'avait aucune influence sur ses nègres qui tous étaient païens. Les provinces du Bahr el Ghazal sont habitées par les tribus nègres les plus diverses, telles que: les Kara, Ranga, Fertit, Kretsh, Baya, Tiga, Banda, Niam-Niam, Bongo, Monbouttou etc.; obéissant chacune à un roi particulier et sans cesse en lutte l'une contre l'autre. Ces inimitiés perpétuelles avaient rendu facile aux habitants du Nil la conquête de ces provinces. C'est ce qu'avait bien compris autrefois Zobeïr. Il était en effet très aisé, de rassembler un certain nombre d'habitants, de les exercer au maniement des armes et d'utiliser leurs forces pour envahir une tribu voisine.

Les chefs sauvages étaient trop ignorants pour comprendre qu'en s'unissant pour s'opposer à l'invasion étrangère, ils conserveraient leur indépendance. On voit rarement des tribus nègres d'origine différente s'unir et marcher d'accord.

Ces tribus ne sauraient obéir qu'à leurs propres chefs, ou bien à des Arabes ou des Européens. C'est le manque d'union et de solidarité qui les a conduites à l'esclavage.

J'écrivis donc à Lupton et l'engageai à marcher contre les Arabes campés sur les frontières du Bahr el Ghazal pour les affaiblir et par suite, les empêcher de pénétrer dans le Darfour.

Je cachai la lettre dans une courge vidée et la fis porter par les deux Basingers.

Pendant les cinq jours que nous passâmes dans la zeriba, nous eûmes chaque jour à subir une ou deux attaques. Le troisième jour, au moment de l'engagement, Koren en Nar, commandant des hommes de Madibbo, un des chefs les plus audacieux des rebelles, fut tué. Dès lors les attaques furent moins violentes. Mais nous allions bientôt avoir à nous défendre contre un ennemi plus terrible...... la famine. Nous avions consommé presque tout ce qui était comestible, il ne nous restait plus un morceau de viande de chameau, il n'y avait plus un grain de blé. Nous dûmes, mes officiers et moi, nous contenter d'une bouillie douteuse faite avec des restes de vieilles croûtes sèches de pain de doura et des feuilles d'une plante nommée kawal. Nous ne pouvions espérer aucun secours. Nous ne pouvions donc rester plus longtemps, car si la famine se mettait de la partie, nous serions bientôt hors d'état de combattre. Je rassemblai mes hommes au nombre d'environ 900, tous armés de fusils à l'exception de quelques Arabes, qui ignoraient le maniement des armes à feu et ne se fiaient qu'à leurs lances ; je leur adressai quelques paroles, pour leur rappeler que nous avions à venger la mort de leurs camarades et, que leurs femmes et leurs enfants attendaient impatiemment leur retour. Je les exhortai à la persévérance, au courage, à l'intrépidité et terminai ainsi ma harangue : « Les poltrons nous ont lâchement abandonnés au jour du combat, mais vous, jusqu'à présent vous avez courageusement persévéré; soyez braves cette fois encore et Dieu vous donnera la victoire. » Ils applaudirent et brandirent leurs armes au-dessus de leurs têtes, en signe d'obéissance et de courage. Je fis démonter les armes que nous ne pouvions emporter et jeter les différentes pièces dans l'étang voisin. Quant au bois des armes, on le brûla. Il nous fallut aussi détruire les munitions des fusils à percussion pour qu'elles ne tombassent pas dans les mains de l'ennemi. J'en distribuai le plus possible aux hommes ; chacun devait porter 16 à 18 douzaines de cartouches à part, car, en fait de bêtes de somme nous n'avions plus que deux chameaux qui devaient porter notre canon. Je fis enlever le plomb des cartouches et noyer les culots ainsi que la poudre. Le plomb fut placé au fond des fosses et les cadavres placés au-dessus, devinrent les gardiens de notre précieux trésor.

Nous étions au samedi, sept jours déjà s'étaient écoulés depuis notre désastre. Au lever du soleil, nous quittâmes la zeriba et formant un carré, assuré par une arrière-garde et des flanqueurs, nous commençâmes notre retraite. Les deux chameaux qui nous restaient et qui portaient le canon furent placés au milieu du carré avec les 160 blessés. Quelques-uns de ces derniers pouvaient marcher; quand à ceux qui étaient dans l'impossibilité de nous suivre, on les fit monter sur les chevaux, chaque cheval portait 2 ou 3 hommes. Nous nous attendions tous à être attaqués dès que nous serions à quelque distance de la zeriba; je fis donc descendre et traîner sur son affût le canon chargé à mitraille.

D'après la tactique des Arabes, tactique que nous connaissions admirablement, si nous repoussions les deux premières attaques, nous n'avions plus rien à craindre.

Nous prîmes la direction du nord, parce que le terrain était plus découvert, mais nous ignorions où se trouvaient les étangs formés par les eaux; nous n'avions plus nos anciens guides qui étaient tombés sous les coups de l'ennemi ou avaient déserté. A peine avions-nous marché pendant une heure, que des cavaliers ennemis commencèrent à inquiéter l'arrière-garde. Le moment décisif était venu, je fis faire halte subitement, rassemblai les hommes des flancs, avec ceux du carré et à la tête de mon escorte particulière composée d'une cinquantaine d'hommes, m'élançai au secours de l'arrière-garde. Le canon prêt à tirer était placé en arrière du carré et des blessés qui n'avaient été que légèrement atteints nous passaient les munitions. Nous ne voyions pas encore l'ennemi, mais nous l'entendions approcher. Dès qu'il parut, une fusillade bien dirigée maintint les assiégeants quelques instants en respect ; mais, poussés par les bandes qui les suivaient, ils s'élancèrent en poussant des cris sauvages, agitant de la main droite leur longue lance et tenant dans la gauche de petits javelots. Ils arrivèrent si près de nous que quelques-uns de nos hommes furent blessés, mais nos balles tombant à bout portant dans leurs rangs serrés en firent un carnage effroyable. Peu à peu, repoussés par le canon, ils se retirèrent pour faire place aux Basingers de Madibbo et de Jango. J'avais eu le temps d'amener du renfort du carré ; aussi, après un engagement assez court l'ennemi dut-il se retirer. Dès le début du combat j'avais mis pied à terre et confié mon cheval à mon domestique ce qui, dans le Soudan, signifie qu'on renonce à la fuite en cas de revers et que le chef est résolu à vaincre ou à mourir avec sa troupe. A la fin de l'action, mes soldats s'approchèrent de moi tout joyeux ; on se serrait les mains et l'on se félicitait mutuellement de ce premier succès.

Pendant que l'arrière-garde repoussait l'attaque des rebelles, le flanc gauche engagé lui aussi avec l'ennemi l'avait également forcé à se retirer. On comprend facilement que notre victoire n'alla point sans quelques pertes et mon meilleur officier, Sedan Agha, se trouvait dangereusement blessé. C'était un Nubien qui avait

Combat entre les Risegat et les Troupes Égyptiennes.

donné, pendant la campagne du Darfour, une preuve de grand courage, en reprenant, à la tête de 12 hommes seulement, notre canon sur l'ennemi. Promu au grade d'officier, il s'était montré toujours l'un des plus braves et maintenant il était là couché, une balle dans le poumon droit. Je l'interrogeai sur son état. Il me tendit la main et me répondit : « Nous sommes victorieux, tout va bien ». Une demi-heure plus tard, il rendait le dernier soupir. Nous avions une vingtaine de morts et de blessés. Nous enterrâmes les premiers rapidement et le mieux qu'il nous fut possible et nous remîmes en marche dans le même ordre et, en prenant les mêmes précautions Les soldats avaient repris confiance.

A trois heures environ, une nouvelle bande de rebelles fut signalée par l'arrière-garde; plus faible que celle du matin, elle fut repoussée en quelques instants sans aucune perte pour nous. L'endroit où nous étions était bien pourvu d'eau ; nous y construisîmes une zeriba pour la nuit. A notre grande surprise, la suite de la journée et la nuit tout entière se passèrent sans que nous fûmes inquiétés ; au lever du soleil nous reprîmes notre route, mais pendant la marche nous eûmes une fois encore à repousser l'attaque de l'ennemi.

La colonne marcha toute la matinée sans rencontrer d'eau ; de temps en temps nous faisions halte à l'ombre des arbres. Fort heureusement nous découvrîmes quelques *fayo*, (racine très aqueuse semblable à notre raifort) ce qui nous permit d'étancher notre soif; cependant nous avions grande hâte de trouver de l'eau. Fatigués et abattus, mes hommes avançaient avec peine, quand, tout à coup, nous aperçûmes un Risegat qui poussait devant lui son troupeau de moutons. Mes soldats s'élancèrent sur le pauvre diable qui, surpris et effrayé, ne fit aucun effort pour leur échapper. On l'aurait tué sans aucun doute si je n'étais arrivé à temps.

Je fis conduire le troupeau, environ 200 têtes, au centre du carré, et là mes soldats affamés se le partagèrent; je fis donner un mouton par cinq hommes et gardai le reste pour moi et mes officiers. Cette aubaine inespérée était vraiment un envoi de la Providence. Mon domestique m'avait amené l'Arabe, les mains liées derrière le dos. Je promis au prisonnier la vie sauve et une bonne récompense s'il voulait nous conduire à un Foula (marais formé par les pluies) ajoutant que s'il refusait de nous servir de guide, on le ferait mourir dans les supplices. L'Arabe accepta, mais nous déclara qu'il n'y avait dans les environs que de petites mares; cependant si nous voulions camper à quelque distance du lieu où nous étions, il pourrait le lendemain matin nous conduire à un étang assez considérable. Je n'avais pas grande confiance dans le prisonnier et le fis garder à vue par deux officiers et huit hommes, près de mon cheval. Au coucher du soleil la zeriba fut élevée; nous ne manquions pas de racines de « fayo », cependant, durant toute la nuit nous fûmes tourmentés par la soif.

A l'aube on se remit en route et vers midi notre guide nous montra quelques arbres qui paraissaient à l'horizon affirmant qu'on trouverait de l'eau dans le voisinage.

Je fis halte et comme je redoutais toujours une attaque de l'ennemi près du Foula el Bada (l'étang blanc), je fis d'abord charger le canon et pris toutes mes mesures pour parer à un coup de main possible, exhortant mes hommes au sang-froid et à l'obéissance ; mais, à peine étions-nous arrivés à proximité de l'eau, que la pauvre troupe altérée ne pouvant plus se contenir s'élança pêle-mêle; je réussis cependant à retenir auprès de moi quarante des hommes de réserve et quarante autres restèrent groupés auprès de Mohammed Soliman, le commandant de l'arrière-garde. Comme je l'avais prévu, l'ennemi se tenait caché derrière les arbres à une assez grande distance heureusement.

Profitant de notre désordre, il nous attaqua de tous les côtés à la fois. Je m'élançai en avant, pendant que Mohammed Soliman couvrait l'arrière-garde. Nos hommes comprenant la gravité de la situation, accoururent au premier signal d'alarme, saisirent leurs armes et après une fusillade de peu de durée mais vigoureuse, l'ennemi fut repoussé ! Nos pertes étaient nulles. N'ayant plus rien à craindre, nous élevâmes la zeriba, les moutons furent égorgés et une heure après nous nous régalions du premier repas sérieux que nous ayons eu devant nous depuis bien longtemps. Nous restâmes deux jours en cet endroit et ce ne fut pas trop pour nous reposer de nos fatigues.

Vers le soir on m'annonça qu'un Arabe agitant un mouchoir blanc demandait à entrer dans la zeriba et à me parler. Jugeant prudent de lui cacher le nombre de nos blessés, je me portai moi-même à sa rencontre : c'était un des esclaves de Madibbo, porteur d'une lettre de son maître, me sommant de me rendre et de mettre bas les armes. La missive ajoutait que le Mahdi était déjà sous les murs d'El Obeïd dont il s'emparerait avant peu. Madibbo s'engageait à me traiter avec tous les honneurs possibles et à m'envoyer sous escorte au Kordofan auprès du Mahdi. Je fis part de la missive à mes hommes, qui ne purent retenir leurs éclats de rire ironiques. Je demandai alors à l'esclave si son maître était fou ? Le pauvre diable était tellement interdit qu'il répondit n'en rien savoir.

Alors à haute voix, afin que mes hommes puissent l'entendre, je repris : « Dis à Madibbo que, si Dieu nous a fait subir quelques pertes, nous ne sommes cependant pas vaincus. Nous resterons ici ; et n'en partirons que quand cela nous conviendra, car Madibbo n'a ni la force, ni le courage de nous en empêcher. S'il croit vraiment à son Mahdi et qu'il veuille goûter prochainement les joies célestes, il n'a qu'à venir demain avec ses hommes, ici même nous l'attendrons de pied ferme. »

Mes soldats s'étaient rassemblés autour de moi et m'écoutaient en riant. Je renvoyai l'esclave, et un loustic le chargea de saluer de sa part Madibbo et de lui dire que nous aurions vraiment un grand plaisir à faire sa connaissance. Mes hommes, au reste, étaient dans les meilleures dispositions et souhaitaient de se rencontrer avec Madibbo pour venger et effacer, si possible, leur défaite d'Omm Waragat.

Le soir même je fis présent à notre guide dont j'avais eu tort de me méfier, d'un morceau de drap rouge, de deux bracelets en argent et de quelques écus. Il remercia avec effusion. Je le fis reconduire hors de la zeriba, lui rendis la liberté, et lui promis de lui rembourser la valeur de son troupeau s'il venait jamais à Dara. Le lendemain, nous sûmes que Madibbo s'était encore rapproché de nous. Après les paroles orgueilleuses de la veille, nous devions être prêts à toute éventualité. Nous ne fûmes pas attaqués cependant. Mes hommes s'amusaient en dehors de la zeriba, à tresser avec les feuilles sèches de palmier de petits bonnets semblables à ceux que portaient quelques-uns des Arabes tués la veille. Trompé par ces apparences paisibles, un cavalier Risegat qui s'était égaré dans notre voisinage s'avança au galop vers notre camp et demanda à être conduit devant son maître. On lui fit mettre pied à terre; sa lance lui fut enlevée et on le conduisit auprès de moi. Alors seulement il s'aperçut de son erreur et, au comble de la terreur il s'écria : « Allahu akbar ana kateltu nefsi ! » (Dieu est le plus grand, je me suis tué!) Je le consolai de mon mieux et le remis à la garde de Mohammed Soliman. Je donnai son cheval à Mohammed bey Khalil dont la monture avait été tuée dans la dernière escarmouche. Vers minuit je fis partir pour Dara un piéton chargé de lettres à l'adresse de Zogal bey et de Gottfried Rott. Je leur écrivais que ma santé était excellente et leur annonçai mon arrivée prochaine.

Au matin, je donnai l'ordre du départ et fis dire à Soliman de m'envoyer le prisonnier Risegat. Il m'avoua alors que quelques-uns des soldats, exaspérés de la mort de leurs frères, avaient cherché querelle à l'Arabe et lui avaient brisé la tête à coups de hache. Je voulus savoir les noms des coupables mais Soliman me répondit qu'il lui était impossible de les nommer. Connaissant la situation d'esprit de mes hommes, je crus prudent de ne pas insister.

Dans le commencement de notre marche nous fûmes encore attaqués, mais l'ennemi nous trouvant sur nos gardes se retira après un court échange de balles;

nous réussîmes à nous emparer d'un Arabe blessé qui nous apprit que Mohammed Abou Salama et plusieurs sheikhs Habania se trouvaient encore près de Madibbo; le sheikh Jango l'avait encore une fois abandonné, parce qu'un grand nombre de ses parents avait été tué dans le combat d'Omm Waragat. Il voulait, paraît-il, se retirer dans le Bahr el Ghazal. Nous campâmes le soir au sud-est de Deen et atteignîmes le jour suivant Bir Deloua, d'où nous continuâmes sans interruption notre marche jusqu'à Dara. Une lettre de Dara reçue en route m'annonça l'heureuse arrivée de Salama et l'attitude hostile des Mima. Gottfried Rott, en quelques lignes presque illisibles, m'apprenait que le mardi précédent il était tombé malade et désirait ardemment me revoir. Une lettre de Omer woled Dorho affirmait qu'El Obeïd n'était point assiégée; et que, selon l'avis de l'auteur de la lettre, les Arabes Hamer n'oseraient jamais, après les défaites constantes qu'ils avaient essuyées, attaquer de nouveau Omm Shanger.

Les rapports du moudir d'El Fascher étaient satisfaisants, à l'exception des renseignements concernant les Arabes Mima. Les nouvelles de Kabkabia et de Kolkol étaient bonnes aussi. Notre entrée à Dara ne fut certes pas joyeuse. Les parents de mes hommes qui étaient restés dans la ville étaient heureux de revoir leurs maris, leurs frères, leurs pères. Mais combien parmi ceux que l'on attendait étaient restés couchés là-bas et l'on se lamentait et, au chagrin que causait leur perte s'ajoutait la douleur de les savoir ensevelis dans la terre étrangère.

J'avais été blessé trois fois et j'avais grand besoin de repos. Une balle m'avait fracassé l'annulaire de la main droite ; on dût couper le doigt à sa racine. J'avais reçu dans la cuisse droite une balle qu'on ne pouvait extraire et un javelot m'avait légèrement égratigné le genou droit. J'avais surmonté toutes les fatigues de la campagne, mais je me sentais affaibli et surmené, aussi les quelques jours de repos que je pus prendre me firent le plus grand bien. Le pauvre Rott qui était gravement malade, voulait changer d'air et se rendre à Fascher.

Saïd bey Djouma n'avait pu encore réunir les chameaux nécessaires au transport des munitions que j'avais réclamées, et je dûs louer tous ceux que je pus trouver à Dara chez les officiers, les fonctionnaires et les marchands. J'en rassemblai ainsi une cinquantaine et les envoyai à Fascher sous la garde de cent hommes d'infanterie ; Saïd bey avait pour instructions de charger les munitions et de me renvoyer immédiatement la caravane avec toutes les bêtes de somme qu'il pourrait se procurer.

Je demandai en même temps à Adam Aamir un renfort de cent hommes de l'infanterie régulière et de cent Basingers, qu'il devait m'expédier directement de Kabkabia à Dara. Un officier en qui j'avais pleine confiance et qui se rendait à Fascher fut chargé d'accompagner Rott et de l'installer dans ma maison. Enfin je priai un marchand grec, Dimitri Zigada, de donner au malade les soins.les plus attentifs.

Les nouvelles qui nous parvenaient du Kordofan étaient des plus contradictoires ; et désirant obtenir des informations plus exactes j'envoyai dans cette province Khalid woled Imam et Mohammed woled Asi, qui étaient l'un et l'autre à ma dévotion. Khalid woled Imam avait été élevé avec Zogal Bey, et quoiqu'ils ne fussent aucunement parents, ils s'aimaient comme deux frères et on les considérait comme tels. C'est pour cette raison que je l'adjoignis à Asi qu'il devait couvrir de sa protection à El Obeïd et qui devait d'autant mieux s'acquitter de sa mission qu'en répondait Zogal, resté près de moi à Dara. Je recommandai à Asi de rester dans les meilleurs termes possibles avec Khalid et de chercher à découvrir si Zogal était en correspondance avec le Mahdi ; dans tous les cas, il devait revenir le plus vite possible.

Dès mon arrivée à Dara j'avais fait repartir immédiatement pour Fascher Omer woled Dorho avec ses cavaliers ; il ne m'avait laissé qu'un de ses officiers, Adn woled Melik Ousoul, un Sheikhieh de sang royal, auquel je confiai le commandement du nouveau corps de cavalerie levé à Omm Shanger. J'avais été informé que Abo bey el Bartaoui, juge de district à Taouescha, était en relations avec les Mima et tout disposé à la révolte. Ce n'avait d'abord été qu'un soupçon mais il fut bientôt confirmé par les raisons ridicules qu'invoqua el Bertaoui pour refuser de venir à Dara.

La caravane de 50 chameaux que j'avais envoyée à Fascher rentra à Dara douze jours après en être partie ; elle ne m'apportait que 100 caisses de cartouches pour les Remington et 10 quintaux de plomb. Saïd bey Djouma jurait, selon son habitude, qu'il n'avait pu se procurer un seul chameau supplémentaire et m'envoyait une lettre d'Adam Aamir. Celui-ci disait qu'il lui était impossible de m'envoyer le renfort demandé, le mouvement insurrectionnel étant près d'éclater dans sa province.

Je compris parfaitement la signification de ces refus. Les officiers m'étaient hostiles, et répandaient partout le bruit, que Ahmed Pacha Arabi avait chassé le Khédive, son maître, trop favorable aux crétiens qu'il admettait trop facilement à son service. Arabi, disait-on, s'était déclaré maître de l'Egypte, avait licencié tout ce qui n'était pas Egyptien (les Turcs et les Circassiens), expulsé les crétiens et confisqué leurs biens au profit du Gouvernement ; moi-même j'étais destitué ; l'interruption des communications postales était la seule raison pour laquelle le nouveau Gouvernement ne m'avait pas encore signifié ma révocation.

Ceux qui avaient un peu de bon sens doutaient un peu de ces étonnantes nouvelles ; cependant mon autorité en souffrait considérablement.

On ne refusait pas encore de m'obéir, mais on employait tous les prétextes pour retarder l'exécution de mes ordres. La position devenait de plus en plus difficile, pourtant je n'y attachais pas trop d'importance me souvenant du proverbe arabe « El kelb embah ul gamal maschi » (Le chien aboie, mais le chameau avance sans y prendre garde). Bichari bey woled Baker, grand chef des Arabes Beni Halba, que j'avais mandé à Dara, se déclara malade et ne répondit pas à mon appel, mais comme il ne voulait pas encore rompre ouvertement avec moi, il m'envoya deux chevaux et une trentaine de bœufs en me priant de les accepter comme un gage de sa fidélité et de son dévouement, et me promettant de venir aussitôt que sa santé le lui permettrait. Je gardai les animaux et les partageai entre mes hommes. Sur ces entrefaites je reçus à la fois la nouvelle de l'arrivée de Omer woled Dorho à Fascher, et de la mort de Gottfried Rott, qui malgré les soins les plus assidus, n'avait pu se rétablir. Il avait été enterré à Fascher à côté du Dr. Pfund et de Frédéric Rosset morts quelques années auparavant.

Les Mima étaient en révolte ouverte; ils avaient tué un des courriers du Gouvernement et chassé leur propre sultan Daoud qui voulait rester en paix avec nous. Je donnai l'ordre à Omer woled Dorho d'attaquer les Mima avec 300 cavaliers et 200 hommes de troupes régulières; moi-même, j'allai opérer contre les Khauabir qui voulaient se joindre aux Mima. Omer battit les Mima à Fafa et à Woda. Je me mis en route avec 150 fantassins et 50 cavaliers, passai à Sheria et arrivai à Bir Omm Lawai où les Arabes Khauabir, informés de mon arrivée, m'attendaient pour me tenir tête. Après un combat fort court, ils furent complètement défaits et nous capturâmes un nombre considérable de bœufs et de moutons. Je prescrivis à Omer woled Dorho, de laisser une garnison assez forte à Fafa et de me rejoindre avec le reste de ses troupes. A son arrivée il m'apporta des nouvelles assez inquiétantes de Fascher et d'Omm Shanger et me fit part de celles qu'il avait reçues d'El Obeid. Abo bey avait embrassé le parti des rebelles et, d'après le rapport d'Omer, avait prêté son concours aux Mima dans le dernier combat; je décidai donc d'envoyer Omer à Taouescha (à 130 kilomètres environ de la résidence de Abo bey) avec des forces suffisantes pour détruire la ville. Je fis poursuivre sans grand résultat par les cavaliers d'Omer les Khauabir réfugiés dans leurs collines sablonneuses. Les Khauabir, dans leur territoire aride, entre Taouescha et Dar Mima, n'ont d'autre puits que le Bir Omm Lawai. Pendant la saison des pluies ils boivent l'eau retenue dans les dépressions du sol ; quand cette eau est épuisée, ils se contentent du jus aigrelet mais agréable de la pastèque.

Le soir qui précéda le départ de Omer, Abd er Rahman woled Chérif, marchand de Dara qui depuis fort longtemps avait été s'établir à Khartoum demanda à me voir. Comme je l'avais toujours traité avec bonté, disait-il, il se croyait obligé, de m'avertir qu'El Obeïd avait capitulé ; il me donnait cette nouvelle, que je devais ignorer sans doute, seulement pour me mettre à même de prendre les mesures nécessaires. Quoique je dusse m'y attendre, ce fut un coup terrible pour moi. Il me fit le récit détaillé de la prise de la ville ; car il y avait assisté et n'était parti que trois jours après l'occupation d'El Obeïd par les troupes du Mahdi, afin que la catastrophe me fut du moins annoncée par une bouche amie. La chute d'El Obeïd ne pouvait pas être tenue longtemps secrète ; je fis appeler Omer et le saghcolaghassi Soliman Bassiouni et leur communiquai la nouvelle que je venais d'apprendre. Nous tinmes conseil : ma présence à Dara semblait nécessaire ; le châtiment infligé aux Mima et aux Khauabir nous laissait, de ce côté là, un peu de tranquillité ; nous résolûmes donc de renoncer pour le moment à l'expédition contre Taouescha.

Je chargeai Saïd bey Djouma de l'exécution des mesures nécessaires ; il devait faire évacuer Omm Shanger et envoyer la garnison et les marchands à El Fascher. Très vraisemblablement après la chute d'El Obeïd, les tribus arabes du voisinage se porteraient contre Omm Shanger, qu'en raison de sa dangereuse position il nous était impossible de secourir avec les faibles ressources dont nous disposions. Le plus pressé était de concentrer nos forces à Fascher. Je fis renforcer les garnisons de Fascher et de Woda, dans le pays des Mima, pour maintenir libres les communications entre Dara et Fascher. Omer reçut l'ordre de revenir à El Fascher avec ses hommes. Je leur abandonnai ainsi qu'à l'infanterie de Fascher, le butin pris sur les Mima; les animaux enlevés aux Khauabir furent distribués aux soldats de Dara. Le lendemain Omer se rendit à Fascher et je retournai à Dara. En peu de jours, les effets de la nouvelle de nos désastres se firent sentir chez les différentes tribus arabes qui croyaient déjà le moment venu de prendre l'offensive contre le Gouvernement. Le jour même de mon arrivée à Dara, j'avais pris mes mesures pour faire opérer de nombreuses acquisitions de blé; la provision que nous avions déjà pouvait suffire en temps ordinaire, mais dans les circonstances présentes il était sage de prendre des précautions pour l'avenir menaçant qui s'annonçait. Le sheikh Arifi m'envoya un exprès chargé de m'apprendre que sa tribu s'était révoltée et s'était jointe aux Risegat, mais pour lui, fidèle à sa parole, il quittait son pays avec sa famille et ses parents les plus proches pour venir me rejoindre par la route de Dar Beni Halba. Son frère était déjà auprès du grand sheikh de Beni Halba, Bichari bey woled Baker qui s'était engagé par serment à lui assurer le passage jusqu'à Dara. Je m'attendais donc chaque jour à le voir paraître, quand brusquement on m'apporta la douloureuse nouvelle de sa mort; en lui je perdais le plus dévoué de mes alliés parmi les sheikhs arabes. Les Beni Halba qui s'étaient engagés à lui livrer passage voulurent, au moment où Arifi pénétra sur leur territoire, s'emparer de ses nombreux troupeaux de bœufs et de moutons, qui avaient excité leur cupidité. Comme de raison, Arifi n'y pouvait consentir; un combat s'engagea et malgré ses prouesses, le vieux sheikh, emporté par son intrépidité, tomba sous les coups des javelines que lui lançaient les ennemis dissimulés derrière les arbres, pendant qu'il était lancé à la poursuite des cavaliers arabes.

Mohammed woled Asi que j'avais envoyé avec Khalid woled Imam à El Obeïd revint et m'apporta des nouvelles précises du Kordofan. J'appris avec joie que le Gouvernement concentrait à Khartoum une armée considérable pour reconquérir le Kordofan, mais il fallait sans doute attendre bien longtemps encore avant que le corps expéditionnaire fut prêt à entrer en campagne. Je chargeai Asi de répandre partout la nouvelle. Quant au but principal de sa mission secrète, woled Asi, en dépit de ses recherches les plus minutieuses, n'avait pu être renseigné avec précision sur la correspondance établie entre Zogal et le Mahdi; mais il était plus que probable que Zogal recevait du Mahdi des messages et des instructions verbales par l'intermédiaire des marchands. Zogal que l'importance de sa situation et son instruction suffisante mettaient à même de se rendre compte des véritables causes de l'insurrection, devait à tout prix se garder de tenter un coup de main imprudent. En tous cas la capitulation d'El Obeïd rendait notre position très difficile; tout le Kordofan était au pouvoir de l'ennemi et nous étions tenus à beaucoup de prudence et de circonspection.

En apprenant ~~'une expédition se préparait à Khartoum le Mah... devait sans aucun doute retenir auprès de lui ses troupes pour faire face au danger qui le menaçait; par conséquent, nous n'avions pour le moment rien à craindre de lui, mais il n'en était pas de même des tribus arabes que ses circulaires avaient surexcitées. Quoiqu'il dut arriver, notre devoir était de tenir jusqu'à l'hiver; je savais par expérience qu'il faut un temps considérable pour organiser de semblables expéditions et nous ne pouvions compter sur aucun secours.

Malgré le poste que j'avais établi à Fafa, les Khauabir s'étaient de nouveau rassemblés à Omm Lawai; une foule de Mima, auxquels la retraite avait été coupée par les nouveaux postes militaires s'était jointe à eux. Enhardis par la chute d'El Obeïd, ils inquiétaient Sheria et la route postale qui conduisait de Dara à Fascher. La garnison de Fafa était trop faible pour attaquer les rebelles; je dus me décider à entreprendre une seconde expédition contre les Khauabir et les Mima pour les forcer à se disperser et leur faire comprendre que la perte du Kordofan n'avait pas abattu notre courage. Je choisis 250 hommes de la garnison; la plupart d'anciens soldats à toute épreuve. Je tins secret le but de l'expédition et avant de partir, je fis faire à mes hommes l'exercice à la baïonnette pendant quelques jours. J'emmenais tous les chevaux disponibles, environ 70, et, en deux jours j'arrivais à Bir Omm Lawai où était campés les Mima et les Khauabir. Nous n'avions avec nous ni bagages, ni impedimenta quelconques, et n'avions ainsi à nous occuper que de nous-mêmes. Nous nous formâmes en colonne d'attaque et l'ennemi bien qu'il fut admirablement pourvu d'armes et soutenu par les Basingers et les gens d'Abo bey de Taouescha, se replia après une légère escarmouche. Quelques Mima, armés seulement de lances et d'épées ayant voulu enfoncer notre front de bataille, furent tués à la baïonnette. Dès que l'ennemi nous tourna les talons, je donnai l'ordre à mes cavaliers de prendre chacun un fantassin en croupe, de se lancer à la poursuite des Arabes, et de venir ensuite nous rejoindre à un endroit que je leur désignai et où l'ennemi avait entassé ses pastèques, dont je voulais m'emparer pour enlever à mes adversaires la possibilité d'étancher leur soif. Cet ordre fut strictement exécuté. Nous fîmes prisonniers un grand nombre de femmes et d'enfants qui se trouvait précisément à l'endroit indiqué ; quant aux hommes dispersés dans le désert à la recherche de quelques puits, ils périrent pour la plupart de soif. Je fis conduire les femmes et les enfants a Bir Omm Lawai, et les pastèques furent brûlées. Ces fruits qui peuvent se conserver des mois entiers à la fraicheur s'altèrent aussitôt que leur écorce est en contact avec la chaleur. Un simple feu de paille suffit à les consumer. Dans l'affaire de Bir Omm Lawai, nous eûmes 16 morts et 20 blessés. Je constatai avec douleur que chaque jour, le nombre de mes hommes diminuait. Si petites que fussent les pertes, elles étaient irréparables. L'ennemi au contraire, qu'il fut vainqueur ou vaincu, voyait constamment ses forces s'accroître. Je fis mener les femmes et les enfants à Sheria et de là dans leur pays à Woda et à Fafa, puis les arbres Heglig qui se trouvaient près de Bir Omm Lawai furent abattus et jetés dans les puits que l'on combla de terre ; cela fait, je rentrai à Dara.

Seul Européen dans le pays, au milieu de circonstances aussi périlleuses, chargé d'une responsabilité doublement grave, il me fallait imaginer toutes sortes de compromis que ma conscience d'Européen réprouvait, pour découvrir les projets et les complots de mon entourage.

J'avais par l'intermédiaire de mes domestiques enrôlé dans ma police plusieurs filles publiques qui, selon la coutume du pays, préparaient la bière pour leurs hôtes, des soldats pour la plupart. Ceux-ci à qui le jeu et la boisson faisaient perdre toute retenue ne se gênaient pas devant elles. Dans la conversation on malmenait le Gouvernement, qui donnait les hauts emplois aux chrétiens et qui bientôt serait anéanti par le Mahdi.

Et passant du général au particulier, les soldats émettaient l'opinion que moi aussi, bien qu'ils ne me voulussent aucun mal, j'avais le tort d'être chrétien. Ils voyaient là l'unique raison des pertes graves que nous avions subies dans les derniers engagements.

De pareilles idées ne pouvaient germer dans la tête de soldats nègres ignorants, qui jusqu'alors ne s'étaient pas le moins du monde souciés de religion et qui pratiquaient avec une remarquable tiédeur les devoirs prescrits par la loi du Prophète.

Ils n'étaient que l'écho d'autres personnes désireuses de diminuer mon autorité et de m'enlever la confiance de mes hommes. A mon retour de Bir Omm Lawai, je trouvai que ces bavardages s'étaient considérablement propagés et avaient pris un caractère plus sérieux. Mes domestiques m'apprirent que chez l'une de ces dames se tenaient chaque jour des réunions, où l'on engageait mes hommes à déserter. Ces réunions se composaient toujours de sous-officiers et de soldats de la tribu des For qui, fatigués par une guerre interminable et convaincus que c'en était fait de la domination des Turcs, avaient formé le projet d'aller rejoindre le sultan Abdullahi Doud Benga, successeur du sultan Haroun. Les For constituant la majorité des hommes du bataillon de Dara, la nouvelle était des plus graves. J'envoyai chercher immédiatement l'adjudant-major Mohammed effendi Farag auquel je fis part de ce que j'avais appris; il manifesta un profond étonnement et affirma n'avoir aucune connaissance de ces faits. Je lui recommandai le silence pour ne pas éveiller les soupçons. Je fis comparaître en sa présence un des domestiques qui servait d'intermédiaire entre moi et mes espions et, lui donnai une certaine somme d'argent avec ordre de la remettre à l'une des femmes en question pour que, le lendemain, elle pût régaler à ses propres frais les meneurs du complot. Elle devait amener la conversation sur les arrangements du complot et tenir Mohammed Farag caché dans sa maison pendant la fête, de façon qu'il pût tout entendre.

Bientôt le domestique revint nous annoncer que le lendemain mes ordres seraient exécutés. Le surlendemain je livrais au saghcolaghassi les noms des six principaux meneurs que mon domestique m'avait donnés, avec ordre de les arrêter sur le champ. Il était temps; l'entreprise était si avancée que le jour de l'exécution était déjà fixé. Une demi-heure après Mohammed effendi Farag revint avec les six coupables, les mains liées derrière le dos ; il y avait un shauish (sergent), trois imbachi (caporaux) et deux sous-officiers adjoints, tous de la tribu des For. Ils commencèrent par nier tout et protester de leur innocence.

« Je sais depuis longtemps, leur dis-je, que vous vous réunissez chez votre compatriote Khadiga, mais je voulais vous laisser le temps de revenir à de meilleurs sentiments ; bien inutilement, certes. Hier soir encore vous étiez là et au milieu des pots de bière, vous avez décidé de mettre votre plan à exécution après-demain. Vous vouliez, avec vos camarades de la troisième, quatrième et cinquième compagnies, vous rendre maîtres cette nuit de la porte de l'ouest, massacrer ceux qui résisteraient et aller rejoindre le sultan Abdullahi. Toi, sergent Mohammed, tu t'es vanté de disposer de 200 hommes ! Vous voyez que je sais tout ; vos dénégations ne servent à rien. »

Ils m'écoutaient en silence et tout tremblants ; enfin, voyant que tout était découvert, ils implorèrent leur grâce.

« Allez avec votre commandant, dites devant vos juges ce que vous avez à dire, la loi décidera ».

Dès qu'ils furent sortis, je donnai l'ordre au saghcolaghassi de réunir un conseil de guerre, de convoquer tous les officiers de la garnison pour assister à l'interrogatoire, en même temps je faisais ramener tous ceux qui étaient impliqués dans l'affaire, car je craignais que les hommes redoutant la punition qu'ils méritaient ne se missent à déserter ; je ne tenais pour responsables que les sous-officiers. Vers midi on m'apporta l'interrogatoire ; le jugement n'était pas encore rendu. Je renvoyai le protocole avec l'ordre de prononcer immédiatement le verdict. Le commandant me fit porter un moment après la nouvelle que le tribunal avait condamné les coupables à mort, mais que cependant il me suppliait de leur accorder leur grâce. Mais un exemple était nécessaire et, à mon grand regret, je me vis contraint de confirmer la sentence du tribunal. Elle fut immédiatement exécutée. Le commandant fit sortir les troupes, régulières et irrégulières, hors de la zeriba. Six fosses furent creusées ; les condamnés ne montraient aucun signe de terreur ; après deux courtes prières, ils furent conduits au bord des fosses, fusillés par les six détachements et enterrés. M'adressant alors aux officiers et aux soldats, je déclarai que quiconque se rendrait coupable de trahison subirait le même sort ; j'exprimai l'espoir que ce premier complot serait aussi le dernier ; et que, unis comme des amis fidèles, nous verrions de meilleurs jours. Puis je les fis rentrer dans le fort.

J'étais triste et soucieux d'avoir à recourir à de pareils moyens pour maintenir la discipline ; moi qui avais déjà perdu un si grand nombre de mes meilleurs soldats. Le soir, je demandai à Mohammed effendi Farag quelle impression l'exécution avait produite sur la troupe.

« Ils comprennent très bien, me répondit-il, que les sous-officiers avaient mérité la mort et qu'ils ont été justement punis ; ils reconnaissent aussi que tu t'es montré clément en ne poursuivant pas les hommes impliqués dans le complot. »

« Sois sincère, lui dis-je, et dis-moi toute la vérité. Tu es pour moi un ami, et mieux encore un honnête homme, c'est pourquoi j'ai désiré te parler, seul à seul. Je connais à présent ce que pensent de moi les sous-officiers. Mais quelle est l'opinion des hommes à mon égard? Dis-le moi franchement. »

« Les hommes ont de l'affection pour toi, bien qu'ils te trouvent plus sévère que les chefs auxquels ils ont obéi jusqu'à présent. Ils t'aiment cependant parce que tu veilles à ce que leur solde soit régulièrement payée, parce que tu es généreux, parce que tu partages entre eux le butin, ce qui ne se faisait pas auparavant. Mais la campagne de cette année a été rude et nous a coûté des pertes sérieuses; les hommes sont fatigués de ces combats perpétuels. »

« Nous n'y pouvons rien, repris-je; si nous nous battons, ce n'est pas par le plaisir de faire des conquêtes nouvelles, ni par amour de la gloire, j'aimerais bien mieux, moi aussi, me reposer. Les hommes devraient le comprendre. »

« Nous le comprenons parfaitement, répliqua Mohammed Farag, mais les pertes que nous avons faites et qui auraient pu être évitées, ont terriblement affecté nos soldats. L'un a perdu son père, l'autre son frère, un troisième des amis, des parents; cela les épouvante et leur fait prendre les combats en horreur. »

« Je n'ai pas, il est vrai, à déplorer la perte de parents mais combien d'amis ont disparu; ma vie est exposée tout autant que celle des autres soldats; je suis toujours avec eux et les lances et les balles ne m'épargnent pas plus que les autres. »

« Nous le savons aussi, me répondit-il, et tu dois leur rendre justice. Ils t'obéissent ponctuellement à toi, un étranger. Ils te suivent partout et toujours ils sont prêts à donner leur vie pour toi. »

« Ah! je suis un étranger, bien! est ce là tout ce que l'on me reproche? Parle franchement. »

Mohammed Farag appartenait à la catégorie des officiers instruits. Il avait fait ses études au Caire dans différentes écoles et n'était entré que par contrainte dans l'armée. C'était un de ces rares hommes qui reconnaissent le mérite des autres, et qui apprennent volontiers de ceux qu'ils croient plus instruits qu'eux-mêmes. Ce n'était ni un fanatique, ni un impie, mais c'était un joueur passionné et de tempérament irritable. Aussi, à la suite de certaines aventures, il fut banni du Caire et exilé au Soudan. Comme j'en appelais de nouveau à sa sincérité, il releva la tête et me regardant dans les yeux : « Tu exiges la franchise, tu veux la vérité, soit! On ne te reproche pas ta nationalité, mais ta croyance. Maintenant tu sais tout! »

« Pourquoi ce reproche? lui demandai-je encore; depuis les longues années que je suis au Darfour, tout le monde sait que je suis chrétien, et je n'ai jamais remarqué un signe de méfiance ou d'antipathie. »

« Sans doute; mais autrefois ce n'était pas la même chose; le pays était tranquille, mais aujourd'hui ce misérable coquin de Dongolais, ajouta-t-il en s'échauffant, s'il fait un étendard de la religion, il a partout ses émissaires qui intriguent pour son compte. On a fini par persuader aux soldats (qui l'a fait, je n'ai pu l'apprendre) que comme chrétien tu ne gagnerais jamais une victoire dans cette guerre religieuse; que dans chaque combat, tu subirais des pertes énormes et que, le jour où tu finirais tu serais tué toi-même. Un soldat ignorant, cela se comprend trop bien, croit facilement à toutes ces insinuations et attribuera ta défaite à la religion que tu professes. Nos hommes sont malheureusement trop stupides pour comprendre que nos pertes sont dues à la supériorité des forces des rebelles et que si nous ne recevons pas de renfort de l'extérieur, la catastrophe finale deviendra de jour en jour plus probable. »

« Et si je me faisais musulman, demandai-je, mes soldats croiraient-ils à ma conversion et auraient-ils plus de confiance en moi, leur espérance de vaincre aurait-elle quelque chance de renaître? »

« Certes ils croiraient à ta sincérité, car depuis ton arrivée dans le pays, tu as toujours montré de l'estime pour notre religion et même tu l'as fait estimer par d'autres. Leur confiance en toi deviendrait plus grande et leur courage se relèverait. Mais changerais-tu de foi par conviction? » me dit-il en riant.

« Tu es un homme raisonnable et instruit, Mohammed Farag; laissons la conviction de côté; les événements sont souvent plus forts que nous et nous obligent parfois à agir contre nos propres pensées. Je tiens à ce que les soldats abandonnent leurs stupides préjugés qui me mettent dans l'impossibilité d'accomplir les devoirs qui m'incombent. Peu m'importe que d'autres me croient ou ne me croient pas sincère. Je te suis reconnaissant de ta franchise et demande de garder pour toi notre conversation. Bonne nuit! »

Longtemps je réfléchis à ce que je venais d'entendre, et après une nuit d'insomnie je résolus de me donner comme musulman à mes soldats. Je n'ignorais pas que j'allais me placer dans une position très fausse, mais c'était le seul moyen d'écarter les intrigues qui menaçaient de paralyser mon activité ; je regardais comme de mon devoir de ne rien négliger pour conserver intact, autant que cela me serait possible, le territoire que le Gouvernement m'avait confié. Bien que je n'eusse guère de préjugés en matière de religion j'avais toujours été, cependant, par éducation et par conviction, un bon chrétien.

Au lever du soleil, le lendemain matin je fis venir Mohammed effendi Farag et lui donnai l'ordre de rassembler les troupes de la garnison et de m'attendre ; puis je mandai auprès de moi Zogal bey, le Kadhi Ahmed woled el Bechir et le Serr et Toudjar (chef des marchands) Mohammed Ahmed. Avec eux je me rendis à cheval à l'endroit où étaient rangées les troupes, et pénétrant avec les officiers au milieu du carré :

« Soldats, leur dis-je, nous avons à traverser des temps difficiles ; c'est dans le danger que l'homme montre ce qu'il vaut. Jusqu'à présent vous vous êtes fidèlement et bravement comportés et je suis convaincu que vous continuerez à faire de même. Nous combattons pour notre maître, le Khédive, souverain de ce pays, nous combattons aussi pour notre propre existence. J'ai toujours partagé vos joies et vos peines, je ne vous ai pas abandonnés dans le danger, j'y ai fait face avec vous et j'y ferai face encore à l'avenir, ma vie n'a pas plus de valeur que la vôtre ! »

« Allah jetawwil umrak, Allah jechallik. (Que Dieu prolonge tes jours, que Dieu te garde, » s'écrièrent les soldats.

« J'ai appris à mon grand étonnement, continuai-je, que plusieurs d'entre vous me regardent comme un étranger et un infidèle. Vous-même appartenez vous tous à la même tribu ? Cependant si je suis né bien loin d'ici, je ne suis pas un étranger, ni un infidèle, je suis moi aussi, un « croyant » comme vous ! »

« Eschhado an lâ ilaha ill Allah, wa Mohammed rasoul Allah! » s'écrièrent les soldats brandissant leurs armes et me félicitant. Zogal et les officiers s'approchèrent et serrèrent la main que je leur tendis. Quand l'ordre fut rétabli, je leur promis que chaque vendredi, à partir de ce jour, j'assisterais publiquement avec eux à la prière. Je fis rompre le carré, les hommes retournèrent à leur chambrée. J'invitai Zogal bey et les officiers à venir chez moi et leur offris des rafraîchissements. Tous manifestèrent leur joie et m'assurèrent de leur fidélité et de leur obéissance ; ils eurent l'air de ne mettre nullement en doute la sincérité de ma conversion ; de mon côté je fis semblant de croire à la sincérité de leurs sentiments. Lorsqu'ils se furent retirés, je donnai l'ordre à Mohammed Farag de choisir 20 des meilleurs bœufs de notre provision et de les distribuer aux hommes comme « karama » (repas de sacrifice), et de donner un bœuf à chaque officier, le tout à mes frais.

Ma décision parut avoir une bonne influence sur les soldats ; ils ne marchaient plus à contre-cœur contre l'ennemi qui augmentait de jour en jour.

J'avais autrefois envoyé Gebr Allah Agha à Sirga et à Arabo, district habité par les sauvages For et désolé par la guerre, avec mission de porter secours à ses compatriotes. Au lieu de leur venir en aide, il les avait vendus aux Gellaba et s'était pour ce trafic servi d'une méthode tout à fait nouvelle et qu'il avait lui-même inventée. Il avait obligé les femmes à épouser des Gellaba, qu'il avait fait venir pour cette affaire, par trois ou quatre femmes pour un mari ; et il fit partir ces malheureuses avec leurs maris, et en compagnie de leurs sœurs et de leurs frères. Gebr Allah avait reçu des marchands d'esclaves une petite somme d'argent par tête.

Instruit de ces faits, je fis surveiller la route où devait passer la caravane et arrêter un convoi composé de ces nouvelles mariées et de leurs parents. Gebr Allah fut conduit à Dara et mis aux fers. Après un emprisonnement de vingt mois environ, on le mit en liberté sous caution, mais il disparut aussitôt avec ses répondants et alla se joindre aux Beni Halba qui depuis le meurtre du sheikh Arifi étaient en pleine insurrection. Les Arabes Beni Halba formaient la tribu la plus puissante du Darfour, après celle des Risegat ; ils commencèrent les hostilités en attaquant d'abord par petits groupes les tribus des Tadjo et des Messeria, qui habitaient les environs de Dara et étaient restées fidèles au Gouvernement. Désirant éviter tout d'abord les moyens violents, j'envoyai des messagers à Bichari bey woled Baker, et lui enjoignis de cesser ses incursions ; il laissa ma lettre sans réponse, mais parut cependant tenir compte de mes menaces, car les tribus du voisinage furent laissées quelque temps tranquilles.

Des marchands du Kordofan, qui moyennant une forte redevance avaient consenti à me servir d'espions m'informèrent que presque chaque jour des renforts arrivaient du Caire à Khartoum et que le Gouvernement était disposé à envoyer une armée plus importante encore, pour reconquérir le Kordofan. Cette armée, à ce que l'on racontait, était commandée par des officiers européens. Mais tous les habitants de la contrée, sans aucune exception, avaient fait cause commune avec le Mahdi et étaient résolus à résister jusqu'au bout au Gouvernement.

Dans le Darfour, toutes les tribus du Sud étaient en pleine révolte, mais grâce à nos postes militaires, les tribus du Nord n'avaient du moins jusqu'alors fait aucune démonstration hostile. Depuis longtemps déjà, on ne payait plus ni les impôts, ni les redevances et la solde de l'armée était prélevée sur nos réserves.

De jour en jour le pouvoir croissant du Mahdi amenait un changement dans les dispositions de Zogal bey, qui m'assurait invariablement de sa fidélité et de son dévouement; mais je comprenais très bien que son plus cher désir était de voir enfin le triomphe de son cousin le Mahdi. Il était moins entrainé par le fanatisme que par la vanité, et se sentait flatté dans son amour-propre d'être le plus proche parent de celui qui devait être un jour le maitre du pays; ajoutez à cela l'espoir bien naturel d'arriver par l'intermédiaire du Mahdi à une position prédominante, et sa tendance révolutionnaire est parfaitement expliquée. Il était vraiment aimé de ses fonctionnaires et de ses soldats; de plus, quoique Soudanais, il avait reçu une assez bonne éducation et on le trouvait toujours prêt à rendre service; quand son intérêt n'était pas en jeu, il ne manquait pas d'une certaine générosité. Fort riche avec cela, il menait grand train et tenait toujours table ouverte. Mais ce qui lui gagnait surtout le cœur de ses subordonnés c'est que, tout en étant vice-gouverneur, il pardonnait largement les injures et fermait un œil et même les deux, laissant aux fonctionnaires toute liberté de s'enrichir par les moyens qu'ils trouvaient les plus commodes, ces moyens fussent-ils illicites !

Grâce à son influence, presque tous ses parents avaient été pourvus d'excellentes places. C'était, comme on le voit, un homme avec lequel je devais compter. Je devais surtout m'attacher à le mettre hors d'état de nuire, au moins pendant la période critique que nous traversions ; il n'eut pas été prudent de recourir à la force ; c'eût été jeter la division dans les faibles forces dont je disposais, ce qui aurait pu avoir pour moi les conséquences les plus graves. Les Arabes disent : « Ebad en nar min el cotton ou ente tertach » (tiens le feu éloigné du coton et tu trouveras le repos).

Je convoquai un jour Mohammed effendi Farag, Mohammed woled Asi et Kadhi el Bechir qui tous étaient restés fidèles au Gouvernement désirant sincèrement son triomphe ; je leur soumis le plan que je me proposais d'exécuter et leur demandai le secret le plus absolu. Ils approuvèrent mes projets et en réclamèrent instamment l'exécution. Dès qu'ils furent sortis, je fis appeler Zogal bey et seul avec lui, nous eûmes une entretien sur la situation.

« Zogal, lui dis-je, nous sommes seuls et Dieu seul est notre témoin. Pendant des années nous avons partagé le pain et le sel et, quoique dès mon arrivée ici je me sois trouvé ton supérieur, nos rapports, comme tu le sais, ont toujours été plutôt amicaux que officiels. Je demande de toi deux choses ; la franchise d'abord et un service ensuite. »

« Ya Moudir Umum ! (O, gouverneur-général ! ce qui est la formule ordinaire,) tu es, comme tu le dis, mon supérieur et mon ami, ordonne et j'obéirai. »

« Ton cousin, le Mahdi, a conquis le Kordofan. El Obeïd est tombée, la population entière s'est jointe à lui ; la contrée qui s'étend d'ici au Nil est entre ses mains. Ces succès extraordinaires ont fait incliner ton cœur vers lui. Tu oublies les bienfaits dont le Gouvernement t'a comblé, tu oublies les marques de distinction et les décorations que t'a conférées le Khédive, tu oublies les devoirs qui incombent à tes fonctions que tu t'es engagé à accomplir. Parle, n'en est-il pas ainsi ? »

« C'est vrai, répondit tranquillement Zogal, le Mahdi est mon cousin et les liens du sang m'unissent à lui. Cependant jusqu'à présent, j'ai fidèlement accompli mon devoir et je continuerai toujours à l'accomplir. »

« Tu es, certes, habile à sauvegarder les apparences ; tu ne t'es pas rendu coupable de manquement public à tes devoirs ; cependant j'ai appris que tu es en correspondance avec le Mahdi, pourquoi me l'avoir caché ? »

« Je ne suis pas en correspondance directe avec lui, répondit vivement Zogal, j'ai reçu, il est vrai, de loin en loin des messages que m'apportaient verbalement des marchands du Kordofan. Mais j'avais juré d'abord de tenir secrets ces messages et c'est pourquoi je ne t'en ai pas instruit. Les nouvelles qu'on m'apportait ainsi ne concernaient que le Kordofan, et n'avaient nullement pour but de me gagner à la cause du Mahdi. »

« Soit, lui répondis-je, je ne te demande pas de justification. As-tu entendu parler de l'expédition que le Gouvernement prépare pour reconquérir le Kordofan ? »

« J'ai entendu dire, affirma-t-il, que de nombreuses troupes sont arrivées à Khartoum et qu'on va tenter de reconquérir le pays. »

« On ne tentera pas seulement de le reprendre, mais on le reprendra. Ecoute, tu es un homme sensé et intelligent, tu dois bien comprendre que si j'y suis obligé, je puis encore te mettre hors d'état de nuire, mais je n'ai aucun intérêt à le faire et n'en ai pas non plus l'intention. — Je serais désolé d'avoir à sévir contre toi, qui pendant de longues années as loyalement servi le Gouvernement et qui as été mon ami. Je veux faire autre chose. Je vais à présent même te retirer les fonctions de vice-gouverneur. Avec mon consentement tu vas partir pour le Kordofan, où tu verras de tes propres yeux l'importance du mouvement religieux dans cette province. De loin les succès des rebelles auxquels viennent se mêler des faits plus ou moins miraculeux font une certaine impression et rendent peut-être la rébellion sympathique, tandis qu'examinés de près, ils ne sont plus ni aussi séduisants, ni aussi alarmants. Je te remettrai des lettres pour le Gouvernement ; tu les enverras secrètement du Kordofan à Khartoum afin qu'on soit là-bas renseigné sur la nature de ta mission. Comme les troupes concentrées à Khartoum se mettront probablement en marche le mois prochain pour le Kordofan, emploie toute ton influence sur ton cousin et empêche-le d'entreprendre quoi que ce soit contre le Darfour et d'envoyer aux tribus arabes des proclamations qui les poussent à la révolte. Ce sera un avantage pour lui et pour toi.

« Si l'expédition réussit, je prends la responsabilité de ta conduite et tu n'as rien à craindre ; si, Dieu nous en préserve, si le Mahdi reste vainqueur, nous n'aurons plus à compter sur aucun secours et serons forcés de nous rendre. Dans ce cas, il sera également avantageux pour tous de reprendre le pays sans qu'il ait été auparavant livré au pillage. Comme caution de la mission dont je te charge, je garde ici dans la forteresse tes femmes, tes enfants et tes parents ; le Mahdi aura, je pense, quelque égard pour eux et, par amour pour toi, il ne voudra pas mettre leur vie en danger. »

« J'exécuterai tes instructions, et te prouverai ma loyauté, dit Zogal. Me donneras-tu une lettre pour le Mahdi ? »

« Non, lui répliquai-je, je ne veux rien avoir à faire avec lui. Tu lui feras part, je le sais, de toute notre conversation et ton cousin est assez rusé pour reconnaître à part lui que j'ai raison. Penses-y, il cherchera à tirer profit pour lui-même et de toi et de ta mission, mais sois ferme! Aussi longtemps que tu tiendras fidèlement ta promesse, je prendrai soin de ta famille et bien que destitué aux yeux du monde, je continuerai à te payer ta solde entière ; mais si tu viens à manquer à nos conventions, je serai complètement dégagé et les otages supporteront le châtiment de ta trahison.

Tu partiras d'ici le plus tôt possible; je te donne trois jours pour faire tes préparatifs et te procurer des provisions, cela est suffisant. »

« J'aurais préféré rester avec les miens ; cependant puisque tu exiges de moi cette mission qui te prouvera ma loyauté, je partirai quoiqu'il m'en coûte. »

Je fis appeler Mohammed Farag, Mohammed woled Asi et le cadi et, en présence de Zogal, je leur fis part de l'arrangement que nous venions de prendre. Ils en témoignèrent une grande surprise et exigèrent de Zogal qu'il prêtât solennellement serment de fidélité. Celui-ci jura sur le Coran et par le serment sacré du divorce de n'agir qu'en vue de la mission à lui confiée. J'écrivis alors les lettres au Gouvernement, relatant en peu de mots la situation du Darfour et les remis à Zogal. Trois jours après, Zogal quittait Dara accompagné d'un de ses parents et de trois serviteurs. Il se rendit par Taouescha à El Obeïd.

Les tribus le connaissaient bien comme un parent du Mahdi ; il n'avait donc rien à craindre pour sa sécurité ; il devait, au contraire, être reçu partout à bras ouverts.

Je fis établir à la hâte de nouvelles batteries dans les angles du fort, et emmagasiner tout le blé que je pus trouver.

Nous ne fûmes pas longtemps tranquilles ; Bichari bey woled Baker, grand sheikh des Beni Halba, à l'instigation de son beau-père, le sheikh Tahir el Tigani s'apprêta à envahir les environs de la ville. Il surprit les Tadjo et une partie des Arabes de Messeria, en tua un certain nombre, et enleva les femmes et les enfants. A cette nouvelle, je plaçai sous le commandement de Matter, un des parents de Zogal, 250 fantassins, 100 Basingers et plusieurs des Basingers armés de Zogal, et nous quittâmes Dara le jour suivant. Une maladie avait décimé mes chevaux, et je ne pus en prendre que 25. Le troisième jour j'atteignis Amake; là les Beni Halba, commandés par Bichari bey m'attaquèrent; ils étaient très nombreux, mais bien peu d'entre eux étaient armés. Ils ne purent soutenir longtemps notre feu et se retirèrent. Le jour suivant, après un nouveau combat, très court, ils furent encore une fois dispersés. Nos pertes étaient insignifiantes.

Les soldats attribuèrent ce résultat non pas au petit nombre d'armes de l'ennemi, ni au manque de courage de l'adversaire, mais à l'efficacité des prières que je faisais en commun avec eux, chaque vendredi.

Nous marchâmes directement sur Hachaba, où était le camp du grand sheikh, nous l'en délogeâmes, et enfin conclûmes la paix avec lui.

Entre autres conditions, j'exigeai 20 chevaux et 2000 bœufs.

Fakîh Nuren, un parent de Bichari bey remplit les fonctions de parlementaire, et m'assura que le sheikh ne demandait pas mieux que de signer la paix; cependant mes conditions lui parurent un peu exagérées. Voulant en finir au plus vite, je consentis à accepter la moitié de ce que j'avais d'abord exigé, à la condition qu'à l'avenir les Beni Halba s'abstiendraient de toute agression.

Je consentis aussi à renvoyer les femmes et les enfants qui avaient été faits prisonniers et retournai à Dara. Deux jours après Fakîh Nuren arrivait à son tour et, à son grand regret, disait-il, m'annonçait que mes dernières propositions de paix avaient été repoussées par les Arabes, bien que Bichari les eut acceptées. Les Arabes étaient poussés par le sheikh **Tahir el Tigani**, d'autre part Bichari bey, sur sa proposition pacifique avait été traité de lâche par sa jeune femme. Blessé dans son honneur, il se voyait malheureusement contraint de continuer les hostilités. Fakîh Nuren m'apportait les salutations du grand sheikh et me priait de lui faire parvenir au moins quelques gâteaux de farine d'orge saupoudrés de sucre, comme je lui en avais envoyé souvent à Dara.

J'en avais encore par hasard une corbeille que les femmes de Zogal m'avaient donnée la veille de mon départ ; je n'y avais pas encore touché et je les remis à Fakîh Nuren pour Bichari. Fakîh Nuren me quitta le cœur navré, persuadé qu'il était du désastre qu'amènerait la prochaine rencontre. De Hachaba je partis pour Djourou. En route, les cavaliers de l'avant-garde, une douzaine environ, furent tout à coup attaqués par Bichari bey lui-même qui franchit leur ligne en blessant légèrement un cavalier et, lançant son cheval entre l'avant-garde et le gros de mes troupes, il alla se poster sur la gauche de notre colonne à 800 pas de la lisière de la forêt. Je le reconnus à temps, car il était passé à 300 pas de moi et je défendis de tirer sur lui. Le voyant immobile, je lui envoyai un de mes nègres sans armes.

« Isa, dis-je à celui-ci, va saluer de ma part le sheikh Bichari, et recommande lui de montrer sa bravoure à sa femme d'une autre manière car il se fera tuer s'il s'approche encore de nous comme il l'a fait. »

Nous continuâmes notre marche, mon domestique qui s'était arrêté quelques instants auprès de Bichari revint avec ce court message : « Bichari t'envoie ses meilleures salutations, et te fait dire qu'il ne désire pas vivre plus longtemps, il cherche la mort. » Il la trouva en effet.

Arrivés à Djourou nous nous mîmes à construire notre zeriba. Le propriétaire du village voisin vint nous demander aide et protection, ce que nous lui accordâmes volontiers. C'était un Gellaba nommé Ahmed woled Seroug établi là depuis des années. Il m'apprit que depuis la veille Rahmet Allah, neveu de Bichari, attendait chez lui, l'occasion de me demander son pardon ; mais, qu'à mon approche, il avait pris peur et s'était réfugié dans la forêt. Je lui envoyai par Ahmed Seroug le pardon demandé ainsi que les assurances de paix et lui fis dire de venir me trouver. Après le coucher du soleil, il arriva pieds-nus, tête-nue, me jura fidélité, et promit d'empêcher sa tribu de prendre les armes ; il m'avoua que la plupart de ses compatriotes ne continuaient la guerre que d'après les instigations du sheikh Tahir. Le lendemain se passa tranquillement. Vers le soir Rahmet Allah revint amenant deux autres Arabes qui m'informèrent que Bichari bey avait rassemblé toutes ses forces pour m'attaquer le lendemain.

La veille, Mohammed bey Khalil et le sultan Abaker el Bagaoui de Dara m'avaient rejoint avec une quarantaine d'hommes à cheval. Je disposais donc de près de 70 cavaliers. La zeriba était établie à proximité des puits, découverte et permettait de surveiller l'horizon dans toutes les directions. Au lever du soleil, le jour suivant, j'aperçus l'ennemi au bord de la forêt. Persuadé que même la bravoure de Bichari n'amènerait pas les Beni Halba à m'attaquer dans la zeriba, je fis avancer les troupes à 300 pas en dehors de l'enceinte. Je postai la cavalerie sur le flanc, et expédiai 20 cavaliers chargés d'attirer l'ennemi hors de la forêt. Ils avaient à peine commencé à se mettre en route, que nous vîmes deux cavaliers ennemis s'élancer sur eux à toute bride la lance en l'air. C'était Bichari et un de ses domestiques. Avant qu'ils eussent atteint mes hommes, le cheval de Bichari trébucha et tomba; pendant que son compagnon l'aidait à se relever, mes hommes se lancèrent sur eux. Bichari eut l'œil gauche crevé d'un coup de lance, et la tête traversée du même coup, il tomba mortellement blessé. Son compagnon fut tué d'un coup de lance dans le dos. Je courus au galop jusqu'à la place où Bichari rendait l'âme. Son fils Abo, accouru au secours de son père, fut grièvement blessé, mais il réussit à s'échapper. Je fis avancer l'infanterie et, ordonnant à chaque cavalier de prendre en croupe un homme de l'infanterie, je les lançai à la poursuite de l'ennemi. Comme toujours, les Arabes privés de leur chef cherchèrent leur salut dans la fuite. Lorsque nous atteignîmes ceux qui couraient à pied à 3000 pas environ, ils étaient déjà absolument épuisés par la course. Mes fantassins mirent pied à terre et tuèrent comme des lièvres les rebelles déjà à demi morts, tandis que nous poursuivions les cavaliers. Il ne fut fait aucun quartier, mes hommes voulant venger la mort du sheikh Arifi.

Dans l'après-midi, nous rentrâmes à la zeriba dont nous nous étions fort éloignés, le chemin était semé des cadavres des Arabes. A l'entrée de la zeriba, près du cadavre de Bichari, son neveu affligé, pleurait sa mort. Les officiers demandèrent la permission de couper la tête à Bichari et de l'envoyer à Dara. Par égard pour Rahmet Allah qui déjà avant la bataille avait demandé la paix, je refusai et remis le corps à Rahmet; je lui donnai même un morceau de toile pour en faire un linceul à son oncle. J'assistai à l'ensevelissement de Bichari, de cet ancien ami qui avait combattu contre ses convictions, et qui avait enfin trouvé la mort qu'il cherchait désespérément. Vers le soir seulement, mes cavaliers rentrèrent de leur poursuite. Nous avions deux morts et plusieurs blessés. Notre butin consistait en 50 chevaux et quelques centaines de vaches ; celles-ci et la moitié des chevaux furent partagées entre les hommes ; les 25 chevaux restant étaient destinés à renforcer ma modeste troupe de cavaliers.

Le lendemain des espions se rendirent au village de Roro où le sheikh Tahir el Tigani s'était installé et me firent savoir qu'il s'y trouvait en effet. Je résolus donc d'aller le surprendre dans son nid, sans nul délai, cette nuit même. Mais à mon arrivée, le nid était vide ; Tahir avait dû être avisé de mon arrivée. Mes soldats emportèrent tout ce qui pouvait s'emporter et incendièrent le village.

Je retournai à Djourou. Le « ver de Guinée » me faisait éprouver aux cuisses et aux pieds des douleurs intolérables et je pouvais à peine me tenir à cheval. Les Beni Halba étant écrasés, je n'avais pas besoin de rester plus longtemps ; je remis donc le commandement à Mohammed bey Khalil, l'invitant à continuer à harceler les Beni Halba, mais à ne pénétrer, en aucun cas, dans le district des Taasha. Ces derniers m'avaient écrit pour m'assurer de leur fidélité envers le Gouvernement et effectivement, cette tribu fut du petit nombre de celles qui pendant la longue durée des troubles du Soudan ne prirent jamais les armes contre le Gouvernement, et restèrent constamment neutres. Je les engageai, par écrit, à regarder comme leur propriété, les troupeaux de leurs ennemis d'autrefois, les Beni Halba, si ceux-ci venaient à se réfugier chez eux, leur déclarant que je n'éleverais jamais de prétention sur ces troupeaux. Avec une escorte de 10 hommes je rentrai à Dara.

Les nouvelles de Fascher étaient encore satisfaisantes, les tribus du voisinage ne s'étaient pas montrées hostiles contre le Gouvernement. Mais, le chef du poste d'Omm Shanger, Saïd bey Djouma avait refusé d'obéir à l'ordre que je lui avais donné de retourner à Dara ; les prières et les présents des marchands de la ville l'avaient séduit et il s'était décidé à rester ; attaqué par les Arabes, il réussit à les repousser, bien que les routes fussent encore coupées et qu'un de mes fidèles sheikhs, Hassan bey Omkadok, eût passé à l'ennemi.

Une quinzaine de jours plus tard, Mohammed bey Khalil rentra à Dara avec un riche butin qui fut laissé aux soldats. Il amenait en outre avec lui plus de 2000 bœufs dont un tiers fût de même distribué aux hommes et aux partisans fidèles du Gouvernement ; le second tiers fut remis en dépôt à Mohammed effendi Farag et le reste échangé contre du blé et des étoffes de coton. Cependant, en dépit de nos succès sur les Beni Halba, notre situation était loin d'être satisfaisante. Tous les yeux étaient tournés vers le Kordofan où régnait le Mahdi et d'où il envoyait dans toutes les directions ses émissaires pour appeler les habitants à la révolte. Dans la province de Dara, outre les Taasha, il n'y avait de tranquilles que les Messeria, les Tadjo, les districts de Bringel et de Sheria ; et encore ces derniers, placés dans le voisinage de notre forteresse n'étaient-ils maintenus que par la crainte du danger où les entraînerait la révolte.

CHAPITRE VIII.

L'expédition de Hicks Pacha.

Exécution de Saïd Pacha et de ses compagnons. — Propagation de la croyance en la sainteté du Mahdi. — Le sheikh Senoussi. — L'administration du Mahdi. — Critique des procédés gouvernementaux. — Ambassade d'Osman Digna. — Hicks Pacha. — Commencement de l'expédition. — Le colonel Farquhar. — Le déserteur Gustave Kloss. — Les Mahdistes attaquent. — Défaite de l'armée. — Événements survenus après la bataille. — Passages du Journal de O'Donovan. — Entrée du Mahdi à El Obeïd.

Le Mahdi, toujours exactement renseigné par ses partisans des bords du Nil, savait que, sur la demande d'Abd el Kadir, des renforts arrivaient peu à peu à Khartoum. Il ne doutait pas que le Gouvernement allait tout mettre en action pour reconquérir les provinces perdues; aussi se mit-il à prêcher de tous côtés la Djihad (guerre sainte) qui devait lui apporter la victoire, à lui et à ses partisans. En novembre 1882. Giegler Pacha avait remporté quelque succès sur les rebelles, et, de son côté, en janvier 1883, Abd el Kadir Pacha les avait battus à Maatouk. Ce qui inquiétait surtout le Mahdi, ce n'était pas ces victoires, mais la concentration des troupes à Khartoum qui, il en avait été informé, devaient, sous la conduite d'officiers européens, reconquérir le Kordofan. Mohammed Pacha Saïd, d'accord avec tous les officiers, avait résolu d'envoyer à Khartoum un rapport expliquant la reddition d'El Obeïd. Ce rapport établissait que la garnison avait tenu aussi longtemps que possible et ne s'était rendue à l'ennemi que pressée par la famine et décimée par la maladie, après avoir enduré les plus terribles souffrances et perdu tout espoir de secours. Dans ce document, les officiers protestaient encore de leur fidélité et de leur dévouement et, faisaient des vœux pour que le Gouvernement eut en fin de compte la victoire.

Ce rapport signé et scellé par tous les officiers, Mohammed Pacha Saïd et Ali bey Chérif en tête, et par Ahmed bey Dheifallah et Mohammed woled Yasin fut remis à un Arabe qu'ils connaissaient et qui moyennant une bonne récompense devait le porter à Khartoum. Parmi les officiers qui avaient signé cet écrit, se trouvait également un Egyptien, Youssouf effendi Mansour, qui, autrefois officier de police à El Obeïd, avait été destitué par Gordon Pacha et envoyé à Kartoum. Plus tard, il avait reçu l'autorisation de retourner à El Obeïd et s'y était établi. Craignant que le document ne fût découvert et que sa vie se trouvât ainsi menacée, ou peut-être désireux de donner au Mahdi une preuve de sa fidélité, Mansour effendi alla trouver le calife Abdullahi, se jeta à ses pieds, lui révéla l'existence et le contenu du rapport et à force de prières obtint pour lui-même grâce complète. Comme il quittait le calife, il rencontra par hasard Mohammed bey Iscander à qui il raconta tout; il l'engagea s'il voulait éviter la mort à faire aussi des aveux au calife et à demander son pardon. Mohammed Iscander fut indigné de la lâcheté de son ami, mais, voyant que tout était perdu, suivit ses conseils et fut, comme lui, gracié. Le messager porteur du rapport fut arrêté et jeté aux fers. Aussitôt le bruit se répandit que le Prophète était apparu au Mahdi et lui avait révélé l'existence du document et l'endroit où il se trouvait.

C'était pour le Mahdi un excellent prétexte pour se défaire de ses ennemis. Tous ceux qui avaient signé le rapport furent arrêtés et, envoyés en exil après un conseil tenu par le Mahdi et son calife.

Mohammed Pacha Saïd fut relégué à Alloba et confié aux gens d'Ismaïn Delendook, tandis qu'Ali Chérif était livré au sheikh des Arabes Hauasma. Ahmed bey Dheifallah et Mohammed woled Yasin furent conduits à Shakka auprès de Madibbo. Les autres officiers furent bannis ; une partie en fut envoyée dans les montagnes de Nuba ; on emmena le reste à Dar Hamr. Youssouf el Mansour et Mohammed bey Iscander eurent seuls l'autorisation de rester à El Obeïd ; le premier fut même, en récompense de sa fidélité, nommé commandant en chef de l'artillerie du Mahdi.

Quelque temps après, Mohammed Pacha Saïd fut massacré à coups de hache et Ali bey Chérif décapité, sur l'ordre du Mahdi. Le calife Abdullahi, qui, aussitôt l'envoi en exil d'Ahmed bey Dheifallah, avait pris la femme de ce dernier comme concubine, envoya à Shakka son parent Younis woled Dikem avec mission d'exécuter Dheifallah et Mohammed Yasin, ce qui fut fait en présence de Madibbo. Ainsi finirent quatre des plus braves défenseurs d'El Obeïd qui, par leur fidélité et leur énergie, avaient vraiment mérité un meilleur sort.

Ce fut à cette époque que Fakîh Mani, émir de la puissante tribu arabe des Djauama, à la suite d'une violente altercation avec le calife Abdullahi, rompit avec celui-ci et avec le Mahdi et se sépara d'eux complètement, se croyant assez puissant pour conserver une complète indépendance.

Le Mahdi parfaitement conscient du danger que présentait une semblable scission, envoya immédiatement à Dar Djauama, Abou Anga, Abdullahi woled Nur et Abd er Rahman woled Negoumi avec des forces imposantes. Fakîh Mani, qui ne s'attendait pas à une attaque aussi soudaine, fut surpris, fait prisonnier et exécuté. Le Mahdi obligea la tribu tout entière à quitter son territoire et à venir se joindre à lui. Il prêchait, comme toujours, le renoncement et affirmait qu'il était « venu pour anéantir ce monde et peupler l'autre. » (Nehrab ed dounja una'mer el uhra).

A ceux qui suivaient ses préceptes, il promettait, au nom du Prophète, les joies éternelles ; il menaçait par contre les insoumis de châtiment et d'infamie sur la terre et de la damnation éternelle. Ces maximes et bien d'autres encore étaient envoyées et distribuées dans les différentes parties du pays.

Des hommes, des femmes, des enfants accouraient par centaines de mille à El Obeïd pour voir le saint homme et avoir le bonheur d'entendre un mot de sa bouche. La foule ignorante ne voyait en lui que ce pour quoi il se donnait : l'homme envoyé de Dieu. Il savait conserver l'apparence extérieure qui contribuait aux yeux de ces masses crédules à sa réputation de sainteté. Vêtu seulement d'une *gioubbe* (sorte de chemise) et d'un libas (pantalon de toile), retenu par une cordelette ou une ceinture de coton nouée autour des hanches; sur la tête la takia (bonnet), entouré d'un simple mouchoir de laine faisait l'office de turban, ainsi il se montrait devant ses partisans, dans une attitude modeste, les regards humblement baissés, la bouche pleine de paroles d'amour pour Dieu et les croyants, et ne parlant que de renoncement.

Mais, chez lui, depuis bien longtemps il se laissait aller aux jouissances de la vie. A l'abri des regards des fidèles il se livrait aux péchés mignons des Soudanais, les femmes et la bonne chère. Les plus belles jeunes filles étaient choisies pour lui parmi les captives et mises à part pour son harem; les servantes, qu'il avait enlevées aux hauts fonctionnaires et aux gens riches, prenaient soin de sa table, et veillaient à l'entretien de sa maison.

Après la victoire d'El Obeïd, pensant que le moment était venu de nommer un quatrième calife, il envoya par Tahir woled Isaac, de la tribu des Zagawa, une lettre flatteuse au sheikh Mohammed es Senoussi, le chef religieux le plus influent de l'Afrique centrale. Mais celui-ci plein de mépris, laissa la lettre sans réponse.

Le Mahdi avait arrangé son administration aussi simplement que possible. Il avait institué tout d'abord une caisse d'état, le Bet el Mal, dont il avait nommé directeur son fidèle ami Ahmed woled Soliman.

Dans le Bet el Mal entraient les dîmes que la population devait payer d'après la loi religieuse, la partie du butin à prélever sur les prises et les richesses confisquées sur ceux qui s'étaient rendus coupable du crime de haute trahison, ou de vol, ou qui se livraient à l'usage interdit des boissons spiritueuses ou du tabac. Comme les recettes étaient variables, on ne pouvait non plus établir un budget de dépenses très précis et Ahmed woled Soliman agissait entièrement à sa guise, tout contrôle faisant défaut.

La surveillance de la doctrine religieuse était dévolue à un cadi, nommé « cadi el Islam » et auquel furent adjoints quelques aides. Ahmed woled Ali, qui autrefois avait rempli auprès de moi les fonctions de cadi à Shakka et s'était joint au Mahdi dès le début du mouvement insurrectionnel, remplissait cette fonction. C'est de lui et de ses employés que relevaient tous les crimes graves, et particulièrement celui de haute trahison : c'est ainsi qu'était qualifié le moindre doute sur la mission du Mahdi. Ce crime était puni ordinairement de la confiscation des biens ou de la mort.

Mais comme de tels jugements étaient en désaccord avec la Sheria Mohammedijja, « la loi religieuse musulmane », le Mahdi interdit l'étude de la théologie et fit brûler tous les livres qui traitaient des sciences religieuses. Il prescrivit la simple lecture du Coran, sans en permettre l'interprétation publique. La lecture de quelques sentences du Prophète était aussi autorisée.

En février 1883, le Mahdi apprit par ses espions qu'Abd el Kadir Pacha avait quitté Kaua avec des troupes nombreuses pour marcher sur Sennaar qu'assiégeait Ahmed el Moukachef. Celui-ci battu par Abd el Kadir Pacha à Mechra ed Daï fut contraint de lever le siège. Salih bey poursuivit les rebelles et les dispersa dans la plaine aride qui s'étend entre Sekkadi et Kaua et où la plupart périrent de soif. Cette plaine est encore aujourd'hui nommée par le peuple « tebki-tuskut » (tu pleures en silence). La victoire des troupes du Gouvernement ne pouvait cependant guère amoindrir la sympathie du peuple pour le Mahdi. La situation des troupes et des fonctionnaires dans la capitale fut momentanément ameliorée par ces succès, mais il ne leur était plus possible d'arrêter la marche des événements douloureux qui se préparaient.

Si l'on avait suivi le conseil d'Abd el Kadir Pacha, les choses auraient pris dans le Soudan une tournure toute différente. Ce général n'était pas d'avis d'envoyer à El Obeïd une armée chargée de reconquérir le Kordofan; mais il préconisait l'emploi des renforts envoyés d'Egypte à Khartoum pour établir une ligne de défense sur les rives du Nil Blanc abandonnant momentanément l'ennemi à lui-même.

Les forces militaires dont on disposait auraient été suffisantes pour réprimer les tendances à la révolte qui se manifestaient dans le Ghezireh, entre le Nil Blanc et le Nil Bleu, et même pour opposer une résistance victorieuse à une marche offensive des Mahdistes. Si l'on avait abandonné l'ennemi à lui-même, l'absence de gouvernement régulier aurait fatalement amené des dissensions qui auraient plus tard permis au Gouvernement de reconquérir peu à peu le pays. — Dans ces conditions il m'aurait été évidemment impossible de conserver le Darfour aussi longtemps; mais la perte passagère de cette province eut été un mal beaucoup moindre que les calamités qui nous menaçaient.

Malheureusement les hommes placés à la tête du Gouvernement ne pensaient pas ainsi. Pour eux il fallait avant tout et à tout prix relever le prestige du Gouvernement. Pour atteindre ce but, on envoya une armée sous le commandement du général anglais Hicks, ayant sous ses ordres quelques officiers européens. Abd el Kadir Pacha était rappelé et remplacé par Alâ ed Din Pacha, ancien gouverneur de Souakim et de Massaouah.

Tous ces changements furent rapportés au Mahdi qui trouva ainsi le temps de faire face aux événements qui se préparaient. Zogal bey était arrivé dans l'intervalle à El Obeïd et avait été reçu à bras ouverts par son cousin, le Mahdi. Ce dernier fit même tirer en son honneur 100 coups de canon et répandit la nouvelle que le Darfour s'était soumis. Il crut pouvoir s'abstenir momentanément d'envoyer des émissaires dans ma province et tourna toute son attention vers le danger dont le menaçait le Gouvernement.

Le général Hicks s'était rendu avec une partie de ses troupes à Kaua et, le 29 avril 1883, avait battu à Marabia les Arabes rebelles; Ahmed el Moukachef avait péri dans l'action.

Parmi les émissaires dont le Mahdi se servait pour soulever les masses, se trouvait un ancien marchand d'esclaves, de Souakim, Osman Digna qui avait pour mission de gagner à la cause de l'insurrection les tribus de la côte de la Mer Rouge. En choisissant cet homme qui conquit plus tard une si grande célébrité, le Mahdi fit preuve d'une perspicacité remarquable et montra qu'il comprenait fort bien que le soulèvement du Soudan oriental mettrait le Gouvernement de Khartoum dans un sérieux embarras dont le résultat probable serait le retard ou même l'abandon complet de l'expédition du

Kordofan. Les détails des combats engagés entre le redoutable émir et les troupes du Gouvernement sont suffisamment connus. Malgré les succès des Mahdistes dans l'est, succès qui causèrent de sérieuses difficultés au Gouvernement, la marche sur le Kordofan ne fut pas abandonnée et, au commencement de septembre 1883 le malheureux Hicks quittait Khartoum, pour se rendre à Douem sur le Nil Blanc. Alâ ed Din Pacha, qui avait reçu l'ordre d'accompagner l'expédition, se joignit à lui.

La situation du Kordofan n'était pas exactement connue au Caire et les fonctionnaires compétents jugeaient très mal l'état des choses, en pensant arriver, au moyen de cette expédition, à anéantir le Mahdi, à un moment où celui-ci était devenu déjà le maître unique et absolu de l'ouest presque entier. On ne réfléchit pas que la défaite de Rachid, de Youssouf Shellali, d'Ali bey Lutfi, que la chute de Bara, d'El Obeïd et d'autres villes, avaient mis le Mahdi en possession d'un nombre de fusils bien plus grand que celui dont disposait le corps d'armée de 10,000 hommes de Hicks! Ne savait-on pas que ces fusils étaient maintenant entre les mains d'individus qui en connaissaient le maniement. Les marchands d'esclaves, les Basingers, les chasseurs d'éléphants et d'autruches formaient un contingent avec lequel on devait compter! En outre, n'y avait-il pas maintenant au service du Mahdi des milliers de soldats réguliers et irréguliers, qui avaient combattu autrefois pour le Gouvernement? On avait oublié que dans tout le Soudan, particulièrement chez les nègres, on croit à ce proverbe arabe : *Elli bjakhud ommak hua abouk* (celui qui épouse ta mère est ton père). Le Mahdi avait conquis leur pays, par conséquent il était leur maître et leur père; qu'importaient aujourd'hui aux masses les bons rapports antérieurs et des bienfaits si vite oubliés! Il n'était pas possible de compter sur la désertion des soldats du Mahdi passant dans les rangs de l'armée de Hicks.

Les 10,000 hommes de Hicks formaient un carré dont le centre était occupé par les 6000 chameaux chargés des bagages et des munitions. L'armée, qui traînait des canons Krupp avec elle, avait à traverser un territoire couvert le plus souvent de forêts épaisses ou de hautes herbes. On voyait à peine à 300 pas devant soi et l'on devait s'attendre à chaque instant à une attaque de la part d'un ennemi bien supérieur en nombre, connaissant admirablement le terrain et, qui toujours avait dû ses succès à la rapidité de ses mouvements et à son audace.

Les sources étaient rares et la plupart des hommes en était réduite à boire l'eau croupie des étangs et des mares. Et si cette eau même ne suffisait pas? On eut pu prendre la route du nord, celle qui passe par Gebra et va jusqu'à Bara, là au moins on avait l'avantage d'un terrain découvert et où les sources ne manquaient pas. Là, on pouvait aussi de ce côté compter sur les secours des Kababish, non soumis alors au Mahdi, et il aurait été possible de réduire considérablement l'énorme train dont l'armée était empêtrée. Les 6000 chameaux pressés dans le carré formaient une masse de cous et de têtes où chaque balle ennemie devait porter.

A ces fautes, à ces désavantages venaient encore s'ajouter de graves dissensions intestines. Hicks et les officiers européens formaient un parti auquel faisait face un parti contraire composé de Alâ ed Din Pacha, des fonctionnaires et des officiers égyptiens. Enfin la grande masse de l'armée provenait des troupes licenciées d'Arabi Pacha, troupes que les Anglais venaient de battre.

Le général Hicks était tout à fait éclairé sur sa situation. A Douem un de ses amis lui ayant demandé ce qu'il comptait faire, il répondit tranquillement: « Eh bien, je marche en avant, comme Jésus Christ au milieu des juifs ». Ce fut contre son avis que la campagne fut entreprise, mais il croyait de son honneur de ne plus reculer une fois l'expédition commencée.

La colonne n'avançait que lentement dans ces contrées désertes. Les quelques habitants qui peuplaient autrefois ce pays s'étaient enfuis depuis longtemps. Çà et là on apercevait vaguement dans le lointain entre les arbres, des Arabes guettant la marche de l'armée et qui disparaissaient rapidement. Un jour, le général Hicks ayant, avec sa lunette, découvert quelques espions à cheval, fit faire halte et envoya un détachement de cavaliers attaquer les vedettes ennemies. Les cavaliers revinrent bientôt fuyant à toute bride ; un grand nombre était blessé et ils déclarèrent que les forces des rebelles étaient si nombreuses qu'ils avaient dû abandonner leurs morts. Hicks envoya alors le colonel Farquhar sur le lieu du combat avec un demi-bataillon d'infanterie. Le colonel revint et annonça qu'il avait vu les cadavres des cavaliers envoyés, tous frappés par derrière et complètement déshabillés. Il n'avait aperçu aucune trace du soi-disant ennemi si nombreux cependant et n'avait relevé sur le sol que les empreintes d'une dizaine de chevaux tout au plus, lesquels avaient sans doute mis en fuite tout le détachement de cavalerie.

Quand le lendemain trois cavaliers ennemis reparurent à l'horizon, le colonel Farquhar, accompagné seulement d'un domestique s'élança vers eux, les poursuivit, en tua deux et ramena le troisième, prisonnier, avec les trois chevaux. Ces histoires et d'autres semblables me furent racontées plus tard par les quelques survivants, qui tous s'accordaient parfaitement dans leurs récits. L'expédition avançait avec une lenteur désespérante. Toutes ces circonstances furent cause que les chameaux ne purent jamais être lâchés dans un pâturage, il leur fallait se contenter de la maigre pitance qui leur était servie dans le carré; mais la ration était trop faible et la plupart périrent d'inanition. La faim les avait poussés à dévorer les coussins de paille de leurs selles, en sorte que le bois portait directement sur leur dos, les blessait et les rendait bientôt impropres à tout service, et c'est à ce moment là qu'on ajoutait à leur charge, celle des chameaux tombés en route.

En route le colonel Farquhar, le baron Seckendorff, le lieutenant-colonel Herlt et quelques officiers supérieurs égyptiens firent, on doit le reconnaître, tous leurs efforts pour venir en aide à Hicks Pacha dans sa tâche difficile; mais la masse de l'armée restait apathique et semblait déjà prévoir la débâcle prochaine. Cependant, le pauvre Bizitelly faisait ses croquis, O'Donovan prenait ses notes: Qui donc enverrait notes et croquis dans leur pays où ils étaient si impatiemment attendus?

Le Mahdi, instruit de la mise en marche de l'armée, quitta El Obeïd, établit son camp sous les palmiers qui avoisinaient la ville, et attendit l'ennemi. Le calife et les autres commandants suivirent son exemple, en sorte que très rapidement un gigantesque amas de huttes de paille s'éleva auprès de la ville. Le Mahdi passait chaque jour la revue de ses troupes, faisait battre le tambour et tirer le canon, afin de préparer hommes et chevaux à l'action prochaine. Il envoya à Douem les émirs Haggi Mohammed Abou Gerger, Omer woled Elias Pacha et Abd el Halim Mus'id, pour observer l'ennemi et lui couper la retraite, mais en leur interdisant absolument de s'attaquer au gros de l'armée. Ces émirs, avant même de connaître l'importance réelle du corps expéditionnaire avaient demandé au Mahdi l'autorisation de prendre l'offensive; le Mahdi avait refusé!

Pendant la marche de la colonne sur Rahat un ancien sous-officier prussien, Gustave Kloss, de Berlin, domestique d'O'Donovan, prévoyant la catastrophe, déserta. Ne connaissant pas le pays, il erra longtemps à l'aventure, jusqu'à ce qu'au lever du jour il tombât par hasard sur quelques Mahdistes qui d'abord voulurent le tuer; Kloss, dans son mauvais arabe, arriva à leur faire comprendre qu'il voulait se rendre auprès du Mahdi: les esclaves arabes le dépouillèrent de tout ce qu'il possédait et l'envoyèrent à El Obeïd. Malgré son costume de domestique, les Arabes l'entourèrent bientôt par milliers, pour voir «le général anglais» qui venait, disait-on, traiter des conditions de la paix. Kloss amené devant le Mahdi et interrogé en présence des autres Européens prisonniers des rebelles sur les conditions où se trouvait l'expédition, n'hésita pas à révéler la triste situation de l'armée et à déclarer que ni le courage ni l'entente ne régnaient dans ses rangs.

Cette nouvelle fut la bienvenue auprès du Mahdi ; Kloss ajoutait cependant que l'armée ne se rendrait pas sans combattre bien que, selon toute probabilité, elle serait à son avis complètement anéantie. Le Mahdi, pour prouver sa reconnaissance à Kloss, se chargea lui-même de le convertir à l'islamisme et le remit à la garde d'Osman woled el Haggi Khalid. Assuré désormais de la victoire, grâce aux révélations de Kloss, il fit sommer Hicks de se rendre avec son armée ; Hicks ne répondit pas.

Avant son départ le général anglais avait reçu du Gouvernement, l'assurance qu'il enverrait comme renfort des troupes du Tekele, sous les ordres de Mek Adam, et comptant environ 6000 hommes, et un effectif plus considérable encore d'Arabes Habania ; il attendait donc, comptant sur ces troupes nouvelles pour relever le courage abattu de ses soldats. Son attente fut vaine ! Personne ne parut, pas le moindre soldat, pas le moindre porteur de nouvelles !

La colonne avait quitté Rahat et marchait sur Alloba, où on espérait trouver enfin de l'eau en quantité suffisante ; car les troupes souffraient déjà beaucoup de la soif. Le 3 novembre, Hicks campait à environ 60 kilomètres au sud-est d'El Obeïd.

Le Mahdi avait rassemblé toutes ses forces autour de la ville et avait par ses discours exaspéré leur fanatisme. Le Prophète, disait-il, lui était apparu, l'avait assuré de la victoire et lui avait promis de lui envoyer pour le soutenir contre les infidèles une armée de 20,000 anges invisibles.

Le 1ᵉʳ novembre, il quittait El Obeïd et marchait sur Birket, où son armée devait rejoindre les postes d'éclaireurs établis en avant depuis quelques jours ; dès que la jonction fut opérée, l'armée des rebelles se mit à harceler sans relâche, les Egyptiens fatigués, et affaiblis par la faim et la soif.

L'attaque sérieuse commença le 3 novembre. Protégé par les arbres et les replis du sol, Hamdan Abou Anga, commandant des Djihadia, ouvrit le feu contre l'armée occupée à dresser son camp à la hâte. Les balles des rebelles faisaient des ravages terribles dans les rangs du corps expéditionnaire. Cette masse compacte parquée dans le camp, offrait aux projectiles des buts immanquables. Les hommes, les chevaux, les chameaux et les mulets tombaient en foule et les soldats apercevaient à peine l'ennemi dissimulé derrière ses abris. Les Mahdistes, qui n'avaient subi que des pertes insignifiantes, ne se retirèrent que dans l'après-midi et établirent leur camp à une portée de canon, en face de l'armée égyptienne.

Quatre émirs étaient tombés en essayant, au plus fort du combat, de pénétrer dans le camp. Quels durent être les sentiments du pauvre Hicks, qui assistait impuissant à ce désastre! Ses hommes, tourmentés par la soif, suçaient le plomb des balles afin de rafraîchir leur palais desséché! Et cependant un étang rempli d'eau était là dans le voisinage, à une heure à peine du camp ; Hicks et ses guides l'ignoraient, et l'eurent-ils connu, ils ne pouvaient plus l'atteindre.

Toute la nuit les Egyptiens furent harcelés par les tirailleurs d'Abou Anga, qui sans être aperçus s'étaient glissés jusque dans le voisinage du camp et s'étaient établis dans une position bien abritée.

Le lendemain matin (4 novembre), Hicks leva le camp, et continua la marche en avant. Il avait dû laisser derrière lui un grand nombre de morts et de mourants, ainsi que quelques canons dont les attelages avaient été anéantis. Il n'avait pas fait une lieue, que 100,000 fanatiques sortant des buissons où ils s'étaient embusqués se précipitèrent sur son armée.

Le carré fut forcé. Une véritable boucherie commença. Seuls les officiers européens et quelques cavaliers turcs réunis sous un gigantesque palmier se défendirent héroïquement. Attaqués furieusement de tous côtés par des forces infiniment supérieures, ils ne tardèrent pas à succomber.

La tête du baron Seckendorff, encadrée de sa longue barbe blonde fut coupée et présentée au Mahdi et à ses califes comme celle du général Hicks. Gustave Kloss, qui se nommait maintenant Moustapha, fut appelé; mais craignant d'être forcé d'aller lui-même à la recherche de Hicks, il les laissa dans leur erreur. L'armée entière fut anéantie; quelques hommes à peine réussirent à s'échapper, cachés sous des monceaux de cadavres.

On promit la vie sauve à un grand nombre de soldats mais, dès qu'ils eurent mis bas les armes, ils furent impitoyablement massacrés. Ahmed Dalia, le bourreau me racontait plus tard que, en compagnie de Yacoub frère du calife Abdullahi et de quelques autres cavaliers, il avait rencontré une poignée de soldats décidés à vendre chèrement leur vie. Yacoub leur expédia Dalia avec la promesse d'une grâce complète, s'ils voulaient mettre bas les armes et se rendre. Ils se fièrent à sa parole et, jetant leurs armes, accoururent à lui : Mais les voyant sans défense, il fit égorger ces « chiens d'infidèles », comme il les appelait, en s'applaudissant de sa ruse !

Un Egyptien dut son salut à sa présence d'esprit. Poursuivi par quelques Gellaba et sur le point d'être atteint, il leur cria : « Ne me tuez pas, vous, amis du Mahdi ! Je sais quelque chose qui vous rendra riches. »

Ils lui promirent la vie sauve, s'il leur révélait ce moyen : « Je le ferai, leur dit-il, mais pour le moment je suis épuisé; conduisez-moi auprès du Mahdi, en qui je crois déjà depuis longtemps et laissez-moi lui demander mon pardon; il m'accordera, je l'espère, le repos dont j'ai besoin pour pouvoir vous servir. » Les Gellaba mirent leur prisonnier au milieu d'eux et le protégeant contre les autres Arabes, le conduisirent auprès du Mahdi auquel ils le présentèrent comme un fidèle entraîné malgré lui à la guerre, mais convaincu depuis longtemps de la mission du Mahdi. Ce dernier lui accorda son pardon et lui fit prêter selon l'usage le serment qui le liait au Mahdi. En sortant de la présence du Mahdi, l'Egyptien fut aussitôt assailli par ceux qui l'avaient sauvé et pressé de leur livrer le secret, qui devait les rendre riches. Il leur répondit tranquillement: « J'étais autrefois cuisinier et sais faire des saucisses. » Les Gellaba trompés dans leurs espérances se prirent à l'injurier et le menacèrent de mort. Mais lui retourna aussitôt auprès du Mahdi et lui raconta toute l'histoire, en implorant sa protection. Le Mahdi ne put s'empêcher de rire et fit venir quelques-uns des compatriotes du rusé compère, depuis longtemps ses partisans, et leur ordonna de le traiter en frère.

L'armée de Hicks était anéantie et le Mahdi et ses califes retournèrent à Birket avec leurs troupes ivres de joie. Quelques émirs furent laissés avec leurs hommes sur le champ de bataille, afin de rassembler le butin et de le porter au Bet el Mal. Les cadavres amoncelés par milliers les uns sur les autres furent dépouillés de leurs vêtements. Quel spectacle horrible que de voir tous ces corps entièrement nus, à demi décomposés, déjà couverts de blessures béantes, entassés pêle-mêle !

J'ai eu plus tard entre les mains les carnets de notes du colonel Farquhar et d'O'Donovan trouvés sur le champ de bataille. Triste lecture ! Tous deux se plaignaient de l'antagonisme du général Hicks et du gouverneur général Alâ ed Din Pacha. Farquhar refusait complètement à son chef, le général Hicks, le coup d'œil militaire indispensable. Il avait depuis longtemps prévu ce qui était arrivé et reprochait amèrement à Hicks d'avoir osé, par fausse ambition, commencer les opérations avec une armée, dont il devait connaître la mauvaise composition. Parmi les quelques officiers égyptiens qui firent leur devoir, il mentionnait spécialement Abbas bey.

Voici un passage du journal de Farquhar : « J'ai causé aujourd'hui avec O'Donovan de notre situation et lui ai demandé où nous pourrions bien être dans huit jours. Il m'a répondu : « Dans l'autre monde ».

O'Donovan s'exprimait d'une façon analogue. Il était très irrité de la désertion de Kloss et y voyait un signe de la démoralisation de l'armée : « Un Européen, écrit-il, un simple domestique, il est vrai, déserte et passe à l'ennemi ! » A un autre endroit : « J'écris mes mémoires, mais il n'y aura personne pour les porter dans mon pays. »

Ce ne fut que quinze jours plus tard, après que le butin eut été porté au Bet el Mal, que le Mahdi retourna à El Obeïd. On avait trouvé, outre les canons, les mitrailleuses et les fusils, des sommes d'argent importantes. Malgré la sévérité barbare avec laquelle Ahmed woled Soliman avait fait couper les m... à quelques individus accusés de vol et de malversation, beaucoup d'argent fut dérobé. Les rusés habitants des montagnes de Nuba emportèrent chez eux une quantité d'armes et de munitions, qui leur furent plus tard d'une grande utilité dans la lutte qu'ils soutinrent contre leurs oppresseurs.

Rien ne peut dépasser la pompe grandiose avec laquelle le Mahdi victorieux fit son entrée à El Obeïd. Ce fut une véritable marche triomphale et, partout où il passait, les gens se jetaient à terre et lui rendaient hommage comme à un être surnaturel. Sa victoire avait mis tout le Soudan à sa discrétion, depuis les bords du Nil jusqu'à la Mer Rouge, depuis le Kordofan jusqu'aux frontières des Wadaï. Tous les regards se tournaient vers l'homme qui avait accompli des actions si merveilleuses et on attendait avec impatience ses prochaines entreprises. Presque tous ceux qui avaient auparavant douté de lui se rallièrent avec enthousiasme au nouveau régime.

Un petit nombre cependant comprenait que la religion n'était qu'un prétexte pour le Mahdi et attendait toujours que le Gouvernement eût réuni les forces nécessaires pour rétablir son autorité et écraser la révolution, au moins résolu cependant, si le Gouvernement échouait, à céder à la force et à se soumettre comme les autres non par conviction mais pour échapper à la persécution inévitable.

Les Européens et les Egyptiens établis dans les grandes villes comprirent alors la gravité de la situation; quelques-uns retournèrent dans leur pays, d'autres expédièrent vers le nord tout leur avoir et se tinrent prêts à partir. Tous savaient qu'il était impossible de rester plus longtemps au Soudan. Le Mahdi, sûr maintenant de son succès allait étendre sa puissance vers l'orient et vers l'occident.

CHAPITRE IX.

La chute du Darfour.

Le camp de Madibbo est surpris. — Défaite de Dorho. — Koukou Agha. — Façon singulière de cacher les lettres. — Armistice. — Lettre de Zogal. — Réflexions. — Je me décide à me rendre. — Entrevue avec Zogal, à Sheria. — Entrée des Mahdistes à Dara. — Madibbo et ses tambours de guerre. — Siège et prise de Fascher. — Lettres d'Egypte. — Sort cruel réservé au major Hamada. — Prise du Bahr-el-Ghazal. — Je me rends à El Obeïd.

Je me guéris à peu près complètement du ver de Guinée, et me sentis assez de forces pour supporter les prochaines exigences du service. Ma petite troupe de fidèles avait diminué considérablement et nous n'avions plus que très peu de balles pour les Remington. Saïd bey Djouma prétendait toujours ne pas pouvoir laisser partir le convoi. D'après les dernières nouvelles de Fascher, les tribus des Saiadia et des Mahria avaient aussi commencé les hostilités en enlevant aux habitants de la capitale leurs troupeaux qu'ils refusaient de rendre.

Toute mon espérance était placée en l'armée du général Hicks, armée dont je ne connaissais pas alors la faiblesse, l'expédition malheureuse, le fâcheux esprit de corps.

Depuis plus d'un an, j'étais sans aucune nouvelle directe de Khartoum; dans les derniers temps, je me vis forcé, pour relever le courage des soldats, de feindre d'avoir reçu des ordres et des nouvelles victorieuses de la capitale, d'en donner connaissance et même de faire tirer le canon en signe de réjouissance.

Et voici, qu'en effet, je reçus un jour un indigène qui apportait une lettre ou plutôt un chiffon de papier d'Alâ ed Din Pacha m'informant officiellement que S. A. le Khédive me nommait extraordinairement Hokoumdar el Asakir (commandant en chef) du Darfour. La missive contenait en outre la nouvelle que le Gouvernement allait envoyer de Khartoum une armée suffisamment forte pour réprimer l'insurrection des rebelles. Cette nouvelle fut colportée à Fascher et à Kabkabia; partout, on la salua par des salves d'artillerie. Nous hébergeâmes le messager et nous lui fîmes des présents.

Il nous raconta alors qu'à son départ de Khartoum, il avait laissé l'armée prête à se mettre en marche, une armée invincible, disait-il, ce que les gens expérimentés ne crurent pas précisément à la lettre. N'importe, chacun s'en réjouit et se reprit à espérer. Quelques jours plus tard, Khalid woled Imam, que j'avais envoyé autrefois à El Obeïd, arriva et m'apporta des nouvelles verbales parce que, d'après son dire, Zogal ne jugeait pas nécessaire de m'écrire. Zogal, me dit-il, me faisait saluer. Il me confirma les nouvelles précédentes, savoir: que le Gouvernement allait envoyer une armée contre le Mahdi.

Tout à fait entre nous, il me confia que les pèlerins revenant de Khartoum en nombre considérable, racontaient avoir vu, pendant les manœuvres des troupes de l'expédition projetée, des vautours planer continuellement au-dessus des soldats ; c'était là assurément un mauvais présage ! Il me parla longuement du Mahdi, de ses propos, de ses faits et gestes ; quoique très prudent dans ses paroles, je pus en déduire qu'il appartenait déjà aux Mahdistes, du moins dans son for intérieur. Je ne lui en fis aucune remarque et le remerciai pour sa fidélité et sa soumission, mais donnai ordre de l'observer davantage.

Mes gens réussirent un jour à s'emparer d'un messager qui allait justement quitter la ville pour se rendre à Shakka. On le fouilla ; il était porteur d'une lettre de Khalid woled Imam à Madibbo l'avertissant de se tenir prêt ; car, le cas échéant, il était possible qu'il eût besoin de lui et cela même sous peu.

Je venais justement d'apprendre par mes domestiques, en rapport avec ceux de la maison de Zogal, que Khalid en qui il avait pleine confiance et qui avait ses coudées franches chez lui, que Khalid, dis-je, avait ordonné aux femmes de Zogal de quitter secrètement leurs habitations dans la forteresse et de fuir, les habitants de Dara ayant à traverser incessamment une période critique pour eux. Les femmes qui étaient en désaccord refusèrent de suivre son conseil.

On s'empara de Khalid aussitôt ; il fut conduit devant moi et me déclara que Zogal lui avait ordonné de faire sortir ses femmes de la forteresse, de les soustraire à mon pouvoir et d'envoyer deux de celles-ci au Kordofan.

Il était clair que Zogal s'était laissé séduire par son cousin, le Mahdi, et cherchait à rompre nos conventions.

Je fis appeler Takîh Nur, frère de Zogal, et ses plus proches parents. En présence du cadi et des officiers, je leur donnai connaissance des faits, ajoutant que, puisque Zogal abandonnait le Gouvernement et ne tenait pas ses engagements, je ne saurais plus avoir aucune confiance en eux, étant persuadé, du reste, qu'ils connaissaient les desseins de Khalid et le protégeaient.

Malgré leurs dénégations, je les fis transporter en lieu sûr et mettre Khalid aux fers.

Les biens de Zogal et de Khalid furent confisqués au profit de la caisse du Gouvernement, ceux de leurs gens furent mis sous séquestre. J'engageai à mon service les Basingers de Zogal, dont le chef Matter était mort à Dar Beni Halba.

Au nombre des gens de Zogal que nous retînmes prisonniers se trouvait son gendre qui n'appartenait pas à la même tribu. C'est pourquoi je voulus lui permettre de regagner ses pénates; mais il me déclara qu'il préférait rester avec ses parents. Devant la geôle il me fit demander la permission de s'entretenir seul avec moi. J'y acquiesçai. Il m'expliqua que, d'après les us et coutumes du pays, on aurait pris fort mal le fait de ne pas suivre ses parents, en prison; par suite des égards que j'avais témoignés en sa faveur, il désirait me donner une preuve de sa fidélité, en me nommant trois officiers qui avaient juré à Zogal bey, avant son départ, de se joindre à lui, si le Mahdi était réellement l'homme envoyé par le Prophète, le Mahdi el Monteser!

Je le remerciai; sa communication était de toute importance; je ne doutai pas un instant de sa véracité et le laissai conduire en prison, puisque tel était son désir.

Les difficultés s'accroissaient de jour en jour dans le pays. L'infidélité de Zogal me préoccupait, en somme, moins que le fait qui en découlait, savoir qu'on mettait absolument en doute la victoire de l'armée de Khartoum.

Zogal était avant tout un homme très rusé. Si les nouvelles parvenues de Khartoum à El Obeïd étaient de nature à inquiéter le Mahdi, Zogal, probablement comme nous en étions convenus, aurait attendu ; ces nouvelles ne paraissant pas émouvoir le Mahdi, Zogal se serait décidé à se rallier aux rebelles et à rompre avec moi ? Ou bien encore se serait-il laissé séduire par son cousin, entortiller par les discours de celui-ci, pour avoir confié à la chance l'action inconséquente qu'il venait de tenter contre moi ?

Je n'osais presque pas espérer en cette dernière alternative.

Madibbo avait rassemblé la plus grande partie de ses cavaliers et des Basingers composant ses troupes guerrières. Il avait pénétré dans le Sud, ravageant tout le pays depuis Dara jusqu'aux environs de Kerchou. Sans aucun souci, il croyait absolument ne courir aucun danger et se moquait de la peur des Beni Halba. Il avait établi son camp à un jour de marche de Dara. Connaissant sa situation, je résolus de quitter la ville, à la tombée de la nuit. Accompagné de 150 soldats réguliers et de cinquante chevaux, nous surprîmes, au lever du soleil, après une marche forcée, le rebelle qui ne s'y attendait guère. Lui-même parvint à fuir sur un cheval qu'il n'avait même pas pris le temps de seller.

Nous nous emparâmes du butin et..... de ses fameux tambours de guerre (nahas) ! Quelques-uns de ses Basingers, cachés derrière des arbres, protégèrent la fuite de leur maître; grâce à eux, j'eus malheureusement à déplorer la perte de Mohammed bey Khalil; dans la vaillance qu'il déploya lors de la poursuite de l'ennemi, il fut atteint d'une balle, en pleine poitrine.

La victoire que nous venions de remporter contribua à remonter le moral de mes soldats, mais ce fut un succès de courte durée.

Quelques jours après mon retour à Dara, j'appris que les Mima avaient tué jusqu'au dernier, les soldats des postes militaires établis chez eux, postes que Saïd bey Djouma, sans mon consentement, avait réduits à 30 hommes. Saïd me fit savoir qu'il avait envoyé aussitôt 350 hommes d'infanterie régulière, 400 cavaliers et un canon à Dar Mima, sous le commandement de Omer woled Dorho, afin de châtier les rebelles et de reconquérir le pays.

Le messager qui n'avait pu arriver jusqu'à moi que par des chemins ignorés ou détournés porta à ma connaissance, en même temps, que l'ennemi s'était rassemblé et s'attendait à être attaqué par nos soldats.

Quelques jours s'écoulèrent ; puis, Moslim woled Kabachi, le fidèle sheikh des Sheria, vint lui-même à Dara m'apporter la fatale nouvelle de la défaite complète de Omer woled Dorho.

Ce dernier avait fait charger toute sa cavalerie contre les Mima qui avaient pris position à Woda et auxquels s'étaient joints, outre les Khauabir, les Birket et les Manasera.

Elle fut repoussée ; dans sa fuite désordonnée, elle arriva à proximité de l'infanterie en même temps que l'ennemi qui la poursuivait ; les fantassins ne voulurent pas tirer, de crainte de tuer les cavaliers ; il s'ensuivit une mêlée générale. De minute en minute s'accroissait le nombre des porteurs de lances...... Les hommes de Omer succombèrent à la force. Douze fusiliers et cent quatre vingts cavaliers purent seuls se sauver. Le canon, les armes, les munitions furent perdus. Les voies de communication entre Fascher et Dara étant cernées, ce ne fut qu'en allouant de fortes indemnités que je trouvai des gens disposés à porter à travers le territoire ennemi mes instructions à Saïd bey Djouma. Je lui ordonnai de nouveau d'améliorer sans retard les moyens de défense, si ce n'était pas encore fait, d'amasser la plus grande quantité de blé possible, et, dans le cas où il le pourrait, d'envoyer à Fascher la garnison d'Omm Shanger, ainsi que je l'avais ordonné précédemment.

Plus d'un mois auparavant mes officiers et moi, nous avions examiné le plan d'abandonner Dara et de réunir sa garnison à celle de Fascher. Je m'étais alors heurté à une résistance directe.

Les uns étaient pour, les autres contre cette idée. Comme nous avions mis toutes nos espérances en l'expédition de Hicks, j'avais finalement abandonné le projet ; car Hicks étant vainqueur, le Darfour et moi-même étions sauvés ; s'il était vaincu, nos forces réduites, quoique concentrées à Fascher, ne pourraient rien entreprendre contre tout le Soudan.

L'état de mes munitions laissait à désirer ; et comment en aurait-il pu être autrement après tant de combats ? Il me fallut songer à y remédier. Nous avions assez de poudre et de douilles ; mais le plomb nous faisait défaut.

Les munitions des fusils à percussion étant encore en abondance et nous servant très peu, on les fondit pour en faire des balles de Remington, tandis que pour les autres armes on en fit avec le cuivre emmagasiné en grande quantité. Quand toute la provision fut épuisée, je fis même acheter les bracelets en cuivre dont se parent les nègres.

Moslim woled Kabachi nous annonça, un jour, que Abo bey campait à Sheria avec une troupe de Mima et de Khauabir.

La fièvre ne m'aurait pas permis de me tenir à cheval. Ne pouvant donc pas tenter moi-même une expédition, je résolus, de concert avec mes officiers d'envoyer Koukou Agha, un vaillant officier soudanais, avec quatre vingts hommes, pour surprendre Abo bey qui se trouvait à environ huit lieues de là.

Il ne nous parut pas prudent de confier à Koukou Agha une force plus considérable; Moslim woled Kabachi s'offrit d'accompagner les soldats, à titre de guide. Ils quittèrent Dara, le soir même, accompagnés de nos meilleurs vœux. Le lendemain déjà, Moslim rentra avec dix hommes ; il était grièvement blessé.

« Où est Koukou Agha; où sont les soldats? » lui criai-je.

« Dispersés ou morts, répondit-il avec calme; mais tranquillise-toi; beaucoup reviendront ; d'un trait je suis rentré t'apporter moi-même la nouvelle. »

« Comment cela s'est-il passé, voyons, raconte donc? » répliquai-je avec impatience. Epuisé, il s'assit tout au bord du tapis, pour ne point répandre dessus le sang qui coulait encore de ses blessures.

« Nous marchâmes toute la nuit, commença-t-il, et ne prîmes qu'un court repos. Abo bey, qui avait reçu des renforts la veille, c'est-à-dire hier, fut averti de notre présence par ses espions. Il laissa brûler les feux de son bivouac et se posta en embuscade sur le chemin que nous devions parcourir. Avant l'aube, nous parvînmes à proximité de son camp et comme nous nous disposions à le surprendre, soudain nous fûmes attaqués, en pleine obscurité, par Abo bey et ses gens. Je fus séparé de Koukou Agha qui, tout en combattant, se retira sur une petite colline à proximité. Je gardai plutôt la direction du Sud et avec quelques soldats je battis en retraite jusqu'ici. Dix sont revenus avec moi ; il est à espérer que Agha et le reste du détachement arriveront aussi. »

Nous attendîmes deux jours, mais en vain. Excepté quatre hommes, personne ne revint. Il était certain maintenant que Koukou Agha et les autres hommes avaient succombé. La défaite de Omer woled Dorho par les Mima et sa perte près de Sheria eurent naturellement pour conséquence l'extension de la révolte : celui qui ne le faisait pas par conviction, se joignait par crainte aux rebelles. Moslim woled Kabachi amena sa famille dans notre forteresse et jura solennellement de vaincre ou de mourir avec nous.

Je fis appel aussi à Hasan woled Saad en Nour, que j'avais conduit dans le temps de Khartoum dans sa patrie ; je le mandai à Dara et lui ordonnai de rester auprès de moi. Je lui assignai une maison en dehors de la forteresse ; il y amena une de ses femmes, afin de me convaincre ainsi qu'il était bien décidé à rester auprès de moi. Comme il avait récemment perdu son cheval, je lui en fis cadeau d'un provenant de mon écurie, espérant me l'attacher ainsi davantage et obtenir de lui, à cause de sa connaissance exacte du pays et de ses relations, des renseignements utiles à mon but. Mais je me trompais sur son compte. Oubliant tout ce que j'avais fait pour lui à Khartoum, il me quitta sous le prétexte d'aller rendre visite à un parent qui se trouvait dans le voisinage et s'en alla, sur le cheval que je lui avais donné, directement à El Obeïd, pour se présenter au Mahdi comme un de ses fidèles adhérents.

Madibbo, profondément blessé dans sa fierté, de la perte de ses gros tambours de guerre, ce qui est considéré au Soudan comme une grande honte, rassembla toutes ses forces et fit appel à toutes les tribus pour qu'elles se joignissent à lui afin de m'assiéger et de me contraindre à me rendre.

Il ne m'était plus possible depuis longtemps d'envoyer à Khartoum des nouvelles de ma situation qui devenait de jour en jour plus critique, car les Mahdistes fouillaient avec le plus grand soin tous ceux qui leur étaient suspects et avaient toujours la chance de découvrir mes lettres. J'avais expédié un rapport sur notre situation pendant la bataille avec les Beni Halba; je l'avais envoyé à Kobbé, où il fut remis à une caravane partant pour Siout par le Darb el Arbaïn. Coudre des lettres dans des semelles de souliers, les enfermer dans le fond des cruches employées aux ablutions ou les cacher dans des bois de lances creux, c'était là des moyens usés depuis longtemps.

Un matin, en faisant ma ronde dans la forteresse, j'observai des soldats qui soignaient un âne paralysé. Ils couchèrent à terre et attachèrent l'animal qui souffrait des jambes de devant; ensuite ils lui firent une incision à l'omoplate droite et lui introduisirent entre chair et peau un bâton de la grosseur du doigt à la profondeur de quelques centimètres environ. Après avoir ainsi agrandi la blessure, ils ressortirent le bâton et répandirent de la soude en poudre dans la fente qui en résultait.

J'avais depuis quelques jours déjà trouvé un Fellata qui était prêt à porter des nouvelles au gouverneur général à Khartoum. Mais je ne savais pas jusqu'à présent dans quoi je pourrais bien cacher le billet chiffré déjà tout préparé, de la grandeur environ d'une feuille de papier à cigarette. Or, ces soldats venaient de me donner une idée. J'achetai un âne vigoureux et entrepris sur lui la même opération. Je roulai le billet dans un petit morceau de vessie desséchée provenant d'un jeune bouc. Avec l'enveloppe, il avait à peine la grandeur d'un timbre-poste; je l'introduisis entre la chair et la peau de l'âne par la fente pratiquée sur l'omoplate et recousis la petite blessure avec un fil de soie. De l'extérieur on ne pouvait remarquer que la blessure fraîche et superficielle, large d'un doigt à peine, et l'âne restait absolument propre à la marche. C'est ainsi que j'expédiai ma lettre ! Le messager que je revis longtemps après, m'assura avoir indiqué la cachette et remis la lettre à Alá ed Din Pacha, qu'il avait rencontré dans l'armée déjà en marche. Il m'affirma qu'Alá ed Din lui avait dit que, comme les troupes marchaient directement sur El Obeïd, il ne jugeait pas nécessaire de répondre. Et, comme l'homme refusait de marcher avec l'armée, le gouverneur l'avait expédié vers moi à El Obeïd pour m'accuser réception de mes nouvelles.

La plupart des tribus avaient répondu à l'appel de Madibbo et s'étaient réunies à une journée de marche de Dara pour avancer en commun. Le sheikh des Messeria, Abdullahi Omdramo, qui, par crainte pour ses biens, s'était joint pour la forme aux rebelles, m'apporta secrètement cette nouvelle. Ismaïn woled Bernou était arrivé à Dara avec sa famille, ainsi que Abaker el Begaoui avec la plus grande partie de sa tribu; celle-ci éleva, à une distance d'environ 600 mètres de la forteresse, un camp fortifié et le renforça d'un parapet.

Les rebelles étaient arrivés tout près de Dara et tentèrent de nuit une surprise sur le camp du sultan Abaker, mais ils furent repoussés par ses Basingers avec l'aide de mes gens.

Mon plus grand souci était l'obligation d'économiser soigneusement les munitions; il me restait en tout à peine 12 douzaines de cartouches par fusil. C'était trop peu pour m'engager dans un combat sérieux qui aurait pu me coûter la moitié de mes munitions; l'heure de la délivrance que nous attendions étant encore lointaine, je devais songer à me délivrer de mes ennemis si possible d'une manière paisible et à gagner du temps. Je fis avertir secrètement Abdullahi Omdramo, le sheikh des Messeria, qui m'était fidèle et dévoué, qu'il devait engager les chefs des tribus unies à me faire des propositions de paix; la chose devait toutefois leur être présentée comme si cette proposition émanait de lui seul. Il fit ce que je lui demandais et fut lui-même chargé par les assiégeants de me sommer de me rendre.

Dans notre entretien, il me communiqua confidentiellement que mes ennemis étaient en très grand nombre et qu'ils étaient de nouveau enflammés pour le combat par les derniers écrits du Mahdi.

Je lui dis être disposé à capituler. Mais je ne voulais pas remettre ma vie et celle de mes hommes entre les mains de tribus avec lesquelles j'étais en guerre depuis une année. Je ne pouvais et ne voulais traiter qu'avec un envoyé spécial du Mahdi, muni des pouvoirs nécessaires pour discuter les conditions à fixer. Il promit de faire son possible pour que mon offre fut acceptée et nous convînmes de désigner un palmier se trouvant à quelques centaines de pas de la forteresse, sur une place tout à fait libre, comme lieu de conférences. Quelques heures après, Abdullahi Omdramo revint vers moi et m'annonça joyeusement que tous les chefs, maintenant appelés émirs, étaient d'accord sur ma proposition et prêts à traiter; seul Madibbo y était opposé, maintenant la continuation du siège et la reddition par la force.

Je fixai notre entrevue pour le lendemain, au lever du soleil, sous l'arbre en question et fis le serment comme Abdullahi Omdramo m'en exprima le désir de la part des émirs, que ceux-ci, dans le cas où les négociations échoueraient, pourraient retourner auprès des leurs sans danger.

Je fixai par contre la condition que seuls les émirs, sans aucune suite, devraient se rendre au lieu du rendez-vous.

Après le lever du soleil, mon fidèle intermédiaire arriva; les émirs étant déjà sur la place et seuls, je m'y rendis accompagné de deux serviteurs bien armés.

Mohammed effendi Farag et le cadi voulaient m'accompagner avec une escorte; mais, je leur expliquai que les Arabes auraient plus de confiance en moi seul, et que peut-être aussi pourraient-ils craindre une trahison à l'aspect de mon escorte et s'en retourner sans autre forme. Je les priai en conséquence de m'attendre dans la « batterie », éloignée de l'arbre de 400 pas environ.

Le sheikh Abdullahi Omdramo était parti pour chercher ses compagnons et apparut au bout de quelques minutes avec eux. Je reconnus Abo bey, de la tribu des Bertis, Mohammed Abou Salama de la tribu de Maalia, Helou woled Djona de la tribu des Beni Halba et Hamed Noer de la tribu des Habania. Ils me saluèrent d'une façon très cordiale et nous nous assimes, comme si jamais rien ne s'était passé entre nous. Je fis apporter des dattes par mon jeune domestique non seulement pour leur témoigner une bonne hospitalité, mais avant tout pour leur prouver que, malgré de longs combats et le siège actuel, je disposais encore d'un tel mets de luxe.

Je m'informai de Madibbo; on me répondit qu'il refusait absolument d'entrer dans les négociations; mais que, si celles-ci aboutissaient à un résultat entre nous, il donnait d'avance son adhésion à la majorité. Je leur exposai que j'étais prêt à me rendre au Mahdi, mais qu'on ne pouvait pas me demander de me livrer, moi et mes gens, aux tribus arabes, nos ennemies et qui jusqu'ici avaient été battues par nous.

« Lequel de vous est réellement le chef? A qui devrais-je remettre les armes, l'argent et toutes mes forces? » leur demandai-je, connaissant bien leur jalousie. Ils m'expliquèrent que, comme auparavant, chacun était encore chef de sa tribu; que seul le but de combattre pour le Mahdi et la religion les avait réunis, mais qu'en réalité aucun d'eux n'était placé au-dessus des autres. Après de longs discours, nous tombâmes enfin d'accord : j'enverrais un de mes hommes, un blanc et de plus un Egyptien, auquel deux des leurs seraient adjoints, porteurs d'une lettre adressée au Mahdi à El Obeïd, pour lui faire savoir que j'étais disposé à me soumettre. En même temps, Abo bey posa la condition qu'Omm Shanger devait cesser les hostilités.

Puis on se déclara d'accord sur ce point, que : toutes les tribus rentreraient chez elles sans retard et qu'un armistice serait conclu en attendant la réponse du Mahdi. En outre, la population du pays aurait droit de vendre comme auparavant, sur la place libre s'étendant devant la forteresse, ses produits, céréales, bétail, etc.

Les conditions posées des deux côtés furent acceptées et nous jurâmes sur le Coran de les observer strictement. Le porteur du message pour le Mahdi et désigné, sur leur demande, fut Ahmed el Kritli, que les sheikhs arabes connaissaient depuis longtemps. Il avait été autrefois au service du Gouvernement comme kawas et chef de 25 cavaliers. Comme il était blanc, qu'il avait de longues moustaches blondes et qu'il avait été désigné autrefois pour la perception des impôts, on crut avoir trouvé en lui l'homme qu'il fallait, représentant bien et expérimenté !

Nous nous séparâmes ; l'après-midi à la même place, une nouvelle entrevue devait avoir lieu pour entendre la lecture des lettres à expédier au Mahdi.

Mohammed effendi Farag et le cadi furent très satisfaits de cet accord. Nous gagnions ainsi du temps et avions l'occasion d'augmenter notre provision de fourrage. Je donnai l'ordre à Ahmed el Kritli de se tenir prêt à partir le soir même et fis ensuite rédiger les lettres pour le Mahdi ainsi que pour la garnison d'Omm Shanger.

A l'heure fixée, nous nous rencontrâmes de nouveau sous l'arbre. Madibbo de nouveau ne parut pas parmi les autres: il avait déclaré qu'en ce qui le concernait, il n'accepterait jamais ces conditions qui n'étaient de ma part que mensonge et tromperie. Mais les autres émirs déclarèrent vouloir s'en tenir à l'accord juré et abandonner Madibbo à lui-même s'il ne se décidait pas à se joindre à eux à la dernière heure. Je fis donner lecture de la lettre préparée pour le Mahdi; en voici à peu près la teneur:

« Au nom du Dieu de bonté et de miséricorde! De la part de l'esclave de son Dieu, Abd el Kadir Saladin (Slatin) à Sejjid Mohammed le Mahdi; Dieu le protège et confonde ses ennemis! Amen.

« Depuis longtemps je défends les biens à moi confiés par mon Gouvernement; mais contre la volonté de Dieu il n'y a pas à lutter. Je déclare par la présente me soumettre à lui et à toi, mais seulement à la condition que tu m'envoies un de tes parents, investi par toi d'une autorité suffisante, pour recevoir de moi le pays et le gouverner en paix. J'exige de toi la promesse de protéger dans leur liberté et leur vie tous les hommes, femmes et enfants qui se trouvent dans la place forte. Pour tout le reste, je m'en remets à ta générosité. »

Cette rédaction trouvée bonne, la lettre fut cachetée en leur présence et remise à Ahmed el Kritli.

Je m'exprimai d'autre part en ces termes à la garnison d'Omm Shanger:

« Au commandant de la garnison d'Omm Shanger!

« Contraint par les circonstances, j'ai écrit au Mahdi et lui ai offert la soumission du Darfour sous certaines conditions. Abo bey, qui vous fait parvenir cette lettre, s'est engagé à décider l'ennemi assiégeant Omm Shanger à la retraite et vous recevrez pour instructions de cesser les hostilités. Mais je vous interdis, en ma qualité de supérieur, de remettre à l'ennemi la ville, les armes ou le matériel de guerre sans que je sois moi-même présent. »

Abo bey souleva quelques objections contre cette lettre et, voulut supprimer complètement la dernière phrase. Mais, quand je lui eus exposé que la chose principale était que je me soumisse au Mahdi et qu'Omm Shanger cessât les hostilités, il se déclara satisfait.

Dans le cours de la journée, je donnai à Ahmed el Kritli des instructions précises pour qu'il expliquât au Mahdi particulièrement et qu'il fît connaître également à Zogal bey que la reddition du Darfour se heurterait à des difficultés avant la bataille décisive avec le corps expéditionnaire ; c'est pourquoi le résultat de cette rencontre imminente devait être attendu.

Abo bey et Mohammed Abou Salama me demandèrent encore de mettre en liberté les parents de Zogal ce que je refusai, jusqu'à l'arrivée de l'envoyé du Mahdi. Nos pourparlers étant clos à la satisfaction des deux parties, nous nous séparâmes.

Ahmed el Kritli se rendit aussitôt dans le camp des émirs et, au coucher du soleil, nous entendîmes les roulements sourds du tambour. On battait la retraite, et peu après les assiégeants avaient quitté Dara. J'envoyai des émissaires pour prendre des informations au sujet de

Madibbo. Ce dernier s'était aussi retiré : il s'était donc décidé à se joindre à ses camarades.

Les communications avec Fascher étant interrompues, je ne reçus que longtemps après, un rapport de Saïd bey Djouma, m'annonçant que les tribus de la province de Fascher s'étaient révoltées ; bien qu'elles n'eussent pas jusqu'ici attaqué la ville elle-même, elles avaient « coupé les vivres ».

Alors ce fut pour moi des jours d'angoisse. Je savais que l'armée de Hicks Pacha devait être arrivée en ce moment près d'El Obeïd et qu'on devait livrer un combat décisif, duquel dépendait notre sort.

Je fis moi-même des achats de céréales sur le marché et m'informai à cette occasion auprès des marchands des bruits répandus dans le pays. Tous savaient qu'une grande armée était en marche contre le Mahdi, mais on ignorait tout dénouement. Au milieu de novembre, le bruit de la victoire du corps expéditionnaire se répandit, mais ne fut accueilli par nous qu'avec prudence. Les bruits les plus divers, les nouvelles les plus contradictoires circulèrent ensuite chaque jour et nous passâmes des semaines entières dans l'angoisse et en proie à une anxiété énorme.

Ce ne fut qu'à la fin de novembre que nos doutes furent levés et nos espérances déçues : je reçus d'une source certaine la terrible nouvelle de la défaite complète du corps commandé par le général Hicks.

Le désespoir s'empara de nous tous. Nous étions livrés à l'ennemi, après avoir enduré tant de fatigues et de peines ! Aucun moyen d'échapper à notre sort ! Mais la nouvelle n'était-elle peut-être pas fausse ou exagérée ? Peut-être pouvions-nous encore nourrir quelque espoir ?...

Malheureusement la nouvelle était exacte. Les détails de l'anéantissement complet de l'armée nous arrivaient toujours plus précis. Nous reçumes en outre l'avis que Omm Shanger s'était rendue à Zogal bey, nommé par le Mahdi émir de l'ouest (Emir el Gherb).

Le 20 décembre, Ahmed el Kritli arriva lui-même, vêtu d'une gioubbe maculée de sang, aux portes de la forteresse. Amené devant moi, il confirma la triste nouvelle; il me dépeignit en couleurs vivantes et terribles l'affreuse débâcle de l'armée de Hicks, à laquelle il avait assisté lui-même. Il m'apportait un écrit de Zogal, dans lequel celui-ci me sommait de me rendre; en même temps il me faisait remettre, comme preuve de la défaite du corps égyptien, plusieurs commissions d'officiers supérieurs, des rapports et les journaux du colonel Farquhar et de O'Donovan.

Ahmed el Kritli me fit part également de la reddition d'Omm Shanger; Zogal se trouvait à Bringal, en compagnie d'Abd er Rahman woled Ahmed Cherfi, Saïd Abd es Samad, tous deux proches parents du Mahdi, des émirs Omer woled Elias Pacha, Djaber woled et Thajjib, Hasan woled en Negoumi et d'autres. Il était impossible, et dans quel but du reste, de tenir la chose cachée plus longtemps! Je convoquai donc tous les officiers, le cadi et le Serr et Toudjar (chef des marchands) et, en leur présence, j'ordonnai à Ahmed el Kritli de recommencer son récit. Lorsqu'il eut terminé, j'invitai les officiers à discuter entre eux et à prendre une résolution sans s'occuper de moi, me réservant d'examiner le résultat de leur décision, et de l'accepter ou de le repousser.

Le soir Mohammed effendi Farag et Ibrahim effendi et Toubki, commandant de la batterie, me communiquèrent que les officiers avaient voté à l'unanimité la reddition de la ville au Mahdi ou à Zogal bey. Les motifs sur lesquels ils se basaient étaient les suivants : chacun jusqu'au dernier homme savait que nous n'avions plus à compter sur une délivrance quelconque. L'effectif des troupes régulières à Dara était de 510 hommes, au nombre desquels beaucoup étaient incapables de combattre. En outre, l'esprit des troupes était devenu tel que l'on ne pouvait plus espérer une victoire, même avec un plus grand nombre de soldats. De plus, les munitions étaient insuffisantes pour repousser une attaque sérieuse, et à plus forte raison pour pouvoir prendre l'offensive en cas de succès.

Mohammed Farag et Ibrahim et Toubki me prièrent de bien peser ces motifs et de m'associer à leur décision ; d'après leur conviction, il n'y avait pas d'autre parti à prendre.

Je promis d'examiner la chose à fond et leur ordonnai de se présenter le lendemain au lever du soleil. Je passai la nuit sans dormir, on le comprend. Après tant d'efforts et tant de dangers surmontés, j'en étais donc arrivé à me rendre à l'ennemi ! Et quel sort m'attendait !

J'envisageai ma situation dans ces longues heures d'insomnie. Durant quatre années je m'étais efforcé loyalement de maintenir l'autorité du Gouvernement dans la province confiée à ma garde; d'abord, contre les révolutions locales, et plus tard contre le mouvement général du fanatisme, qui avait fait trembler mon pouvoir sur ses bases.

Ce nouveau fanatisme s'était emparé de mes officiers et de mes soldats et, les avait bientôt complètement dominés, bien qu'ils gardassent cachés devant le monde aussi longtemps que possible leurs véritables sentiments. Si l'expédition de Hicks réussissait, il y avait, pensaient-ils, de fortes raisons pour croire au relèvement de l'autorité déchue du Gouvernement et ils espéraient que des avantages seraient alors accordés à tous ceux qui lui seraient restés fidèles. J'avais mis en œuvre tous mes moyens moraux et physiques pour prouver aux officiers comme aux hommes que le Gouvernement serait victorieux. Aujourd'hui on savait que le secours ne viendrait jamais, et la défection se produisait. Combien j'eus à lutter contre l'intrigue au dedans et au dehors, et avec quel succès, le lecteur pourra en juger lui-même ! Avec le peu de munitions que j'avais en ma possession, je pouvais bien tenir encore quelques heures ou même quelques jours. Mais les officiers et les soldats obéiraient-ils à mes ordres ? Ils n'avaient ni le désir, ni le cœur de combattre plus longtemps ; car ils savaient aussi bien que moi que tout effort serait vain. Et pourquoi les aurais-je forcés à se sacrifier eux-mêmes, ainsi que leurs femmes et leurs enfants, pour une cause en laquelle ils n'avaient plus de confiance et qui ne pouvait plus être sauvée ?

En me plaçant à ces différents points de vue, je n'avais plus aucun doute que la capitulation, dans les circonstances présentes, était non seulement logique mais encore inévitable. Etant arrivé à cette conviction, je ne pus détourner mon attention des questions personnelles qui se posaient maintenant pour moi-même. m'était pénible de devoir me rendre à un tel ennemi. Je ne craignais certes pas pour ma vie, car pendant les quatre dernières années, je l'avais si souvent mise en jeu que je pouvais être certain que personne n'attribuerait ma résolution à la lâcheté. J'étais absolument certain de pouvoir justifier ma conduite, vis-à-vis de mes supérieurs et de chacun ; mais cette pensée en elle-même, de devoir me rendre, m'était désagréable et pénible au plus haut chef. Je devais aussi songer aux suites qu'aurait immédiatement pour moi la capitulation : Européen et chrétien, je me trouvais seul au milieu de milliers et de milliers de fanatiques révoltés, enivrés par la victoire et dont le plus infime se considérait toujours comme meilleur et plus haut placé que moi. J'avais bien adopté en apparence la religion du pays, afin de détruire l'idée qui avait cours parmi les officiers et les hommes, que le manque de succès de mes efforts était causé par mon absence de foi. Bien que ma tactique eût produit un résultat meilleur que je ne m'y attendais moi-même, les événements me furent en somme très contraires. La nécessité m'avait dicté la démarche que j'avais faite ; bien que je ne prétendisse pas être extraordinairement pieux, j'avais cependant le sentiment d'être aussi bon chrétien que la majorité de ceux qui blâmeraient peut-être mon acte. C'était justement pour cela qu'une vie de tromperie religieuse continuelle me paraissait peu séduisante, et difficile à super. D'autant plus que je savais que cet entourage me mettait complètement sous la domination de ce soi-disant saint réformateur religieux, que je devrais non-seulement me déclarer mahométan, mais encore remplir le rôle que la soumission m'imposerait et que je devrais me montrer, dans le sens le plus complet du mot, à l'avenir, un Mahdiste convaincu de cœur et d'âme.

Néanmoins, je dois avouer que les conséquences religieuses nécessaires de la démarche que j'allais faire, bien qu'elles pesassent lourdement dans la balance, n'occupèrent pas autant ma pensée que le sentiment de mon devoir. Je considérais comme mon devoir de me rendre, parce qu'il ne me semblait pas juste de sacrifier plus longtemps des vies humaines pour une cause qui en était maintenant arrivée à un point tel que le succès restait totalement impossible. D'un autre côté, je n'avais aucun motif et ne voyais pas dans quel but je me laisserais jeter volontairement dans l'esclavage indigne, qui suivrait infailliblement ma soumission. Je songeai plus d'une fois à m'ôter la vie et à mettre fin ainsi d'un seul coup à toutes mes anxiétés. Mais ma nature se révoltait contre cette pensée. J'étais encore jeune ; pendant les dernières années, ma vie avait été pleine d'une lourde responsabilité, mais riche aussi en aventures intéressantes ; le désir de vivre et d'attendre des jours meilleurs, après des temps difficiles l'emporta enfin. Dieu dans sa bonté infinie m'avait tant protégé dans mes combats continuels que cela touchait au merveilleux ; il remplissait mon cœur d'un espoir faible ; peut-être que Lui, le Dieu miséricordieux, me soutiendrait et me protégerait encore.

Telles furent les pensées qui m'assaillirent durant ces heures sombres et pleines d'angoisse jusqu'à ce que l'aube du jour, de ce jour probablement le plus gros de ma vie, en conséquences, arriva et me força à prendre une résolution. J'étais convaincu qu'il n'y avait pas d'autre issue que la soumission : devant, pour ainsi dire, devenir l'esclave de ceux auxquels j'avais commandé et obéir à ceux qui étaient placés bien au-dessous de moi, je devais avant tout m'armer de patience, de beaucoup de patience. Si je pouvais réussir à sauvegarder ma vie et à reconquérir ma liberté, je pourrais peut-être plus tard, par mon expérience et par ce que j'aurais appris dans ces circonstances, me rendre utile au Gouvernement, au service duquel je me trouvais encore. C'est avec cette résolution que je me levai et que je revêtis peut-être la dernière fois pour bien des années, afin que l'honneur restât intact, l'uniforme que je devrais échanger bientôt sans doute contre la blouse du Mahdiste; simple changement de vêtements, mais quel changement dans ma vie! J'étais décidé à aller jusqu'au bout et me donnai comme tâche nouvelle d'utiliser ma ruse contre mes nouveaux maitres. Qui resterait vainqueur...?

Mohammed Farag et Ibrahim et Toubki arrivèrent à l'heure fixée; je leur montrai la lettre de Zogal. Il m'invitait, si j'étais réellement disposé à conclure la paix et à me rendre, à me rencontrer avec lui le 23 décembre 1883 à Sheria; il me remettrait alors l'écrit du Mahdi qui m'était destiné. Il s'engageait, en cas de soumission, à épargner provisoirement ma vie, ainsi que celle des hommes, femmes et enfants se trouvant dans la forteresse et à les protéger. Pendant que nous parlions encore, le capitaine inspecteur entra, annonçant qu'Abd er Rasoul Agha avec tous ses Basingers, ainsi que le Serr et Toudjar et sa famille s'étaient enfuis pendant la nuit; ils s'étaient probablement joints à l'ennemi. Ma résolution étant prise, cette nouvelle me laissa indifférent. Ce n'était pour moi qu'une preuve de plus qu'il ne fallait pas songer à la résistance.

Je fis venir mon secrétaire et lui dictai une lettre pour Zogal, lettre dans laquelle je lui annonçai ma soumission et lui promettai de me rencontrer avec lui à Sheria, à la date fixée. J'appelais ensuite Ahmed el Kritli et lui ordonnai de remettre la lettre à Zogal, qui maintenant portait le nom de Sejjid Mohammed ibn Khalid. Le lendemain je réunis tous les officiers et leur communiquai que j'avais adhéré à leurs propositions ; que, considérant toute résistance désormais inutile, j'étais prêt à me rendre ; enfin, que je quitterais Dara pendant la nuit pour me rencontrer le lendemain avec Zogal à Sheria. J'étais décidé à n'être accompagné que du cadi.

Je leur donnai l'ordre à tous de veiller sur la forteresse pendant mon absence et d'attendre mon retour, puis je les remerciai, — j'avais la gorge serrée — du dévouement et de l'esprit de sacrifice dont ils avaient fait preuve pour le Gouvernement et pour l'attachement qu'ils m'avaient témoigné. Nous nous séparâmes après nous être serré la main. Je donnai aussi mes derniers ordres aux fonctionnaires civils et les saluai.

Après minuit, je quittai Dara avec mon kawas, accompagné du cadi Woled el Bechir, du sultan Abaker el Begaoui, d'Ismaïn woled Bornou et de Moslim woled Kabachi, qui, fidèle à sa promesse, resta avec moi jusqu'à la fin. J'avais passé, pendant mon séjour au Darfour, bien des heures mauvaises, mais ce voyage fut le plus pénible. Nous suivîmes notre route en silence, chacun songeait aux temps écoulés, envisageant l'avenir sous de sombres couleurs. Comme l'aube pâlissait, nous prîmes quelque repos. Le déjeuner apporté par un serviteur resta intact. Nous continuâmes notre route. Arrivés dans le voisinage de Sheria, j'envoyai un cavalier en avant pour qu'il s'informe si Zogal était déjà arrivé. Il revint bientôt, Zogal était là depuis la veille au soir, tout prêt à me recevoir.

Quelques minutes après, je descendis de cheval, et Zogal me serra contre sa poitrine après les formules de salutation d'usage, m'affirmant son amitié constante. Lorsque nous nous fûmes assis, il me remit la lettre du Mahdi.

Celui-ci m'annonçait la nomination de Sejjid Mohammed Khalid comme Emir el Gherb (émir de l'ouest) et m'accordait son pardon complet. Le Mahdi avait chargé son cousin de me traiter selon ma qualité ; il lui avait recommandé de n'agir qu'avec douceur et indulgence envers les anciens fonctionnaires du Gouvernement. Après que j'eus fini de lire la lettre, Zogal m'assura que je n'avais obtenu le pardon du Mahdi que grâce à son intervention et qu'il ferait certainement son possible pour rendre ma situation aussi agréable qu'il le pourrait. Puis les émirs venus avec Zogal me furent présentés : parmi eux je reconnus Omer woled Elias, Djaber woled Thajjib, ainsi que Hasan woled Negoumi. Après que nous eûmes mangé (la table était richement servie), Zogal ou plutôt Sejjid Mohammed Khalid donna ses ordres pour marcher sur Dara. Un peu avant notre départ, Mohammed Agha Soliman, un de mes officiers restés à Dara, sans s'occuper de moi, s'avança vers son nouveau chef, qui le salua très cordialement. C'était un de ces officiers que le gendre de Zogal m'avait nommé autrefois, pour avoir conclu alliance secrète avec lui. Mohammed Khalid, me prenant à part, s'informa de ses parents et de sa famille. Quand je lui eus affirmé que tous allaient très bien, mais que les premiers étaient en prison, il me remercia et me dit qu'il approuvait complètement la voie que j'avais suivie pour ma propre conservation et dans l'intérêt des deux parties.

Comme nous campions vers le soir dans le voisinage de Dara, beaucoup d'habitants de la ville ainsi que quelques fonctionnaires et officiers vinrent au-devant de nous pour saluer Zogal. Ils avaient déjà adopté comme vêtement la *gioubbe* des Mahdistes.

J'eus bientôt l'explication de cette rapide métamorphose ; pendant que je m'étais mis en route pour Sheria, le matin du 23 décembre, Mohammed Khalid avait fait avancer du côté de Dara ses gens qui se trouvaient à Bringal, sous les ordres de Sejjid Abd es Samad et qui avaient été largement renforcés par les habitants du pays. Il leur avait fait prendre position au sud de la ville à peu près à l'endroit où se trouvaient autrefois les maisons du vizir Ahmed Schetta. Aussitôt après son arrivée, Abd es Samad avait sommé la garnison et les habitants de Dara, en les assurant de la paix, de se mettre en relations avec lui. Là-dessus, beaucoup d'entre eux s'étaient aussitôt rendus et avaient reçu gratuitement les nouveaux vêtements dans lesquels ils venaient maintenant à notre rencontre pour saluer leur nouveau maître.

Je passai de nouveau une nuit triste et sans sommeil ; on était au moment de Noël! Noël, cette belle fête que célébraient dans la patrie lointaine les gens heureux, tandis que moi, vaincu, solitaire et perdu, je devais livrer à l'ennemi le reste des troupes qui m'avaient été confiées. Pendant cette nuit, mon âme fut remplie de tristesse ; je déplorais mon sort et me plaignis qu'il ne m'eût pas été accordé, comme à tant de mes camarades, de tomber au champ d'honneur. Cette journée au moins m'aurait été épargnée! Ces heures ont été certainement les plus pénibles de ma vie.

Le lendemain matin, Zogal fit son entrée dans la ville ; il reçut les honneurs des troupes et fit défiler devant lui mes soldats ainsi que les siens propres qui se trouvaient sous les ordres d'Abd es Samad. Puis il donna aussitôt l'ordre de délivrer ses parents qu'il salua et auxquels il promit une indemnité pour les souffrances qu'ils avaient endurées. Ensuite, il se rendit dans sa maison située hors de la forteresse, fit déposer les armes aux soldats, par compagnie, ce qui eut lieu en sa présence et sans retard ; puis il occupa la batterie avec ses gens. Maintenant seulement, il était rassuré! Maintenant il tenait dans ses mains, la ville et le pays! Il exigea, au nom du Mahdi, le serment de fidélité des gens qui accouraient en masse auprès de lui, et plus tard aussi, des officiers et des soldats rassemblés sous ses ordres.

Madibbo, qui s'était joint à Abd es Samad, à Bringal, et qui était arrivé avec lui à Dara, me suivit dans la maison qui me fut indiquée. Nous nous saluâmes et je l'invitai à s'asseoir.

« Tu parais irrité contre moi et me reproches de ne t'avoir pas été fidèle ; mais écoute mes paroles! J'ai été élevé par Emiliani au poste de grand cheikh de ma tribu ; plus tard, je suis allé au Bahr el Arab où l'appel du Mahdi m'est parvenu : je suis un mahométan croyant et je l'ai suivi. J'ai vu le Mahdi, j'ai entendu ses leçons, j'ai reconnu sa mission, j'étais présent lors de sa merveilleuse victoire sur Youssouf el Shellali, j'ai cru et je crois encore en lui. Je comprends que toi, appuyé par tes troupes, tu n'aies pas voulu te rendre ; nous avons combattu et chacun cherchait son avantage ; j'ai combattu le Gouvernement et non pas ta personne ; Dieu sait que je n'ai pas oublié ton affection pour moi; arrache l'épine de ton cœur et sois mon frère! »

« Je ne te garde pas rancune à cause de ta conduite, lui répondis-je, et si j'avais nourri quelque haine contre toi, tes paroles m'auraient reconcilié. »

« Je te remercie, dit Madibbo; que Dieu te donne la force et de même qu'il t'a protégé jusqu'à présent, il te protégera encore! »

« Certainement, lui répondis-je, j'ai confiance en Lui. Mais il me paraîtra difficile de me faire à ma nouvelle situation ; il le faudra bien pourtant. »

« Non pas, pourtant! Je ne suis qu'un Arabe, mais écoute mes paroles. Sois docile et patient; pratique avant tout cette vertu, car *Allah ma'a es sabirin* (Dieu est avec les patients). Mais je suis venu pour t'adresser une demande. Si tu es véritablement un frère pour moi, je te prie d'accepter de ma part, en signe d'amitié fidèle, mon propre cheval. Tu le connais de vieille date, c'est Sakr el Gidad (l'autour des poules).

Sans attendre de réponse il se leva et sortit. Quelques minutes après, il rentra tenant par la bride son étalon brun, un des plus beaux et des plus forts de sa race; il me l'offrit. Je le pris par le licou.

« Je ne t'offenserai pas, lui dis-je, en refusant ton présent ; mais, en ce moment, je n'ai guère besoin d'un cheval et, probablement, je n'aurai plus besoin de monter beaucoup à l'avenir. »

« Qui le sait! Nous avons coutume de dire: eli omro tawil bichouf ketir (qui vit longtemps, voit beaucoup) ! Tu es jeune; tu auras peut-être encore souvent besoin d'un cheval, de celui-ci ou d'un autre. »

« Tu peux avoir raison, Madibbo. Eh bien ! toi, maintenant, accepte celà en témoignage de mon amitié ! »

Je lui montrai les gros tambours de guerre que mon domestique, sur un signe, apporta près de moi. C'étaient les mêmes que je lui avais pris lors de la chute de Kerchou. Je dépendis encore une épée de la muraille et la posai sur les tambours.

« Aujourd'hui, ajoutai-je, ces choses m'appartiennent encore. Je puis te les donner. Demain, un autre peut-être pourrait en disposer. »

« Merci, dit le sheikh; c'est avec joie que j'accepte ton présent; il n'y a que peu de temps que j'ai perdu mes « nahas » (tambours); un proverbe arabe dit : « er rigal sherada ou radda » (chez les hommes, [il y a] la fuite et la défense). J'ai beaucoup combattu en ma vie, souvent j'ai dû prendre la fuite, mais souvent aussi j'ai été victorieux. »

Madibbo fit emporter les tambours et l'épée ; puis, nous nous séparâmes.

Cette conversation ne me laissa pas insensible et ces pensées revenaient continuellement à mon esprit : être soumis, être patient ! qui vit longtemps, voit beaucoup !

Mohammed Khalid me fit appeler; il avait écrit, me dit-il, après mon arrivée à Sheria et dans cet endroit même, à Saïd bey Djouma, le sommant de se rendre. Il lui avait envoyé pour le remplacer un certain Fakih Abd er Rahman.

Il désirait que je lui fisse part de la reddition de Dara en le sommant de se rendre lui aussi.

Je lui expliquai que je n'avais plus aucun secrétaire à mon service et qu'un tel écrit, après la reddition de Dara, ne pouvait revêtir qu'un caractère absolument privé ; je le priais en conséquence d'agir à son gré, ne refusant pas toutefois d'apposer ma signature.

Ainsi fut fait. Il remit la lettre à un ancien officier de la garnison de Fascher qui avait été présent lors de la reddition et lui donna l'ordre de partir sur le champ.

Le lendemain Mohammed Khalid commença à s'assurer du butin. Il ordonna à tous ceux qui, pendant le combat, étaient restés à Dara et qu'il considérait comme Ranima (¹) (butin de guerre) de quitter leurs maisons et de se rassembler sur la place du marché, devant le poste de police. Il ne leur permit d'emporter avec eux que le strict nécessaire. Seuls, les soldats non gradés étaient exceptés. On me laissa également tranquille dans ma demeure. Tout ce qu'on enleva dans les habitations alla grossir le *Bet el Mal* qu'on avait établi dans la *Moudirieh* (demeure du gouverneur). Comme on ne trouva que très peu d'argent et encore moins de bijoux, toutes les personnes qu'on supposa en posséder furent remises entre les mains des Emirs qui les forcèrent à déclarer où elles avaient caché leur trésor.

On se servit pour cette inquisition de toutes les cruautés imaginables. On flagella les malheureux jusqu'au sang, on les roua de coups, on les pendit par les pieds jusqu'à ce qu'ils devinssent fous. L'un des plus cruels fut Hasan woled Saad en Nour. En sa présence, je

---

(¹) D'après Mohammed Ibn Taher, on fait une distinction entre le « Faïd » c'est-à-dire le butin d'un pays qui s'est soumis sans résistance, et le « Ranima, » c'est-à-dire, le butin de guerre. Le Mahdi ne reconnaissait que le principe du « Ranima », c'est-à-dire le pillage absolu.

me plaignis à Mohammed Khalid, de ses procédés inhumains. Irrité, il se tourna vers moi, disant: « Tu te crois donc toujours le moudir umum du Darfour, pour te permettre de trouver mauvaises certaines choses ». Khalid le remit à sa place et lui rappela que c'était moi qui l'avais délivré de Khartoum, où il était prisonnier et qu'aujourd'hui même, il montait encore le cheval que je lui avais donné; il me répondit alors avec arrogance: « C'est Dieu seul et non pas toi qui m'a délivré et m'a donné le nécessaire ! » Khalid lui reprocha son manque d'éducation en des termes très sévères et lui ordonna de nous quitter. Lorsqu'il fut parti: « Ne prends pas à cœur ses paroles, me dit Khalid, son père Saad en Nour était un esclave du Sultan et le sang d'un esclave ne se renie jamais ».

Je ne pus m'empêcher de reprocher vivement à Khalid les mauvais traitements qu'avaient à subir mes anciens administrés et lui rappelai sa promesse par laquelle il m'avait affirmé que ni hommes, ni femmes, ni enfants n'auraient à souffrir.

« Dès maintenant, répliqua-t-il brièvement, je ne ratifierai aucune condamnation à mort. Mais toute fortune cachée, tous biens seront repris par la force, s'il est nécessaire. »

J'en avais assez vu et rentrai chez moi. Les malheureux, chassés de leurs demeures, en étaient réduits à tendre, en suppliants, sur mon passage ou dans mon habitation, ces mains qui jusqu'alors les avaient nourris. Je ne pouvais leur donner que du blé que j'avais amassé dans des temps meilleurs ; il ne me restait aucun argent, ayant dépensé depuis longtemps tout celui que je possédais.

Les domestiques des fonctionnaires furent répartis entre les Mahdistes. Les plus jeunes et les plus jolies filles furent envoyées au harem du Mahdi.

Sept jours s'étaient écoulés depuis la reddition de Dara. On vint prévenir Mohammed Khalid que Saïd bey Djouma avait envoyé les plus notables des siens pour annoncer sa soumission. La députation attendait ses ordres aux portes de la ville. Khalid rassembla toutes ses forces et alla à leur rencontre. L'ambassade se composait de Omer woled Dorho accompagné de quelques-uns de ses officiers, ainsi que de Ali effendi Shirmi, président du tribunal, Hanafi el Kourechi, cadi-umum à Fascher, Ali bey Khabir etc. Après des salutations très amicales, un scribe remit le document signé par Saïd bey Djouma, confirmant la reddition de la ville à Fakîh Abd er Rahman, auquel on avait donné, en outre, le relevé des fournitures se trouvant dans les magasins, ainsi que la désignation des bouches à feu, des fusils et des munitions.

Mohammed Khalid, enchanté de la reddition de la capitale du pays, conduisit ses hôtes dans la ville, les hébergea du mieux qu'il lui fut possible et s'engagea non seulement à protéger et à épargner la vie des habitants de Fascher, mais encore à leur abandonner la moitié de leur fortune, de manière à restreindre ainsi la confiscation à l'autre moitié seulement.

Mais dès le lendemain, le bruit se répandit que la garnison regrettait d'avoir promis de se rendre; le soir même Fakih Abd er Rahman envoya la nouvelle qu'on l'avait sommé de quitter Fascher, qu'il avait obtempéré à cet ordre et que la garnison se préparait à la défense.

Mohammed Khalid et la députation de Fascher s'enquirent auprès du porteur de cette nouvelle, de la cause qui avait pu décider Djouma à changer aussi subitement de résolution. Il leur fut répondu que ce revirement était dû surtout à l'influence d'une partie des officiers qui avaient appris les mauvais traitements subis par leurs camarades de Dara et qui, craignant semblable sort, avaient décidé de défendre la ville jusqu'au bout.

Khalid alors fit savoir à toutes les troupes disponibles qu'elles eussent à se tenir prêtes, en vue d'une expédition. Toute la garnison de Dara, excepté les officiers qu'on gardait à vue devait y prendre part.

Il attendit deux jours encore. Lorsque la nouvelle lui fut confirmée par des soldats d'Omer woled Dorho et quelques serviteurs d'Ali bey Khabir arrivant de Fascher, il se mit en marche le 3 janvier 1884.

Je dus aussi l'accompagner.

Les habitants du pays se joignirent en masse à l'expédition.

Khalid, ses Emirs et les soldats précédemment à Dara, placés sous le commandement de Mohammed Agha Soliman, atteignirent le 7 janvier Woad Berag, distant de trois kilomètres de Fascher et il établit son camp en cet endroit.

Le lendemain il me fit signer une lettre qu'il avait écrite en mon nom, rappelant à Djouma et à ses officiers leur promesse et les sommant de capituler. Ma lettre, ou plutôt la sienne, resta sans réponse ; on comprit que, soumis à Khalid, je devais faire ce que bon lui semblait. Un messager toutefois vint annoncer, qu'après les cruautés commises à l'égard de leurs camarades, à

Dara, tous étaient décidés à se défendre et qu'il en adviendrait ce qu'il pourrait.

Les habitants de Fascher eurent connaissance de cette décision. Tous quittèrent la ville; ceux qui étaient valides se joignirent à Mohammed Khalid, et cet exemple fut suivi aussi par les soldats de Dorho habitant hors des fortifications.

Khalid ordonna le siège de Fascher et remit à Omer woled Dorho le commandement en chef.

Je me rendis auprès de Mohammed Khalid et demandai à lui parler seul. Entre nous je lui déclarai que la lutte de la garnison n'avait été provoquée que par les mesures qu'il avait prises contre les employés du Gouvernement qui étaient maltraités avec son consentement tacite, d'une manière honteuse par ses gens. J'ajoutai qu'en aucun cas je n'étais disposé à prendre part à un combat contre mes anciens administrés et lui demandai la permission de retourner à Dara, car, comme il le savait, j'étais encore souffrant. Il m'assura que, grâce à l'affection qu'il me portait et parce qu'autrefois j'avais été son supérieur, il ne tiendrait pas compte de mes paroles trop vives; puis, il finit par me permettre de rentrer à Dara, après toutefois que je lui eus promis de m'abstenir de toute intrigue et de toute action perfide à son égard.

A cette occasion, il me montra quelques lettres qui m'avaient été adressées, mais qu'il avait ouvertes. Elles contenaient les réponses à mes rapports envoyés autrefois de Dar Beni Halba au Caire, via Siout. On avait chargé des Arabes de me les apporter au Darfour, contre bonne récompense.

Dès leur entrée dans le pays, ces messagers avaient été faits prisonniers par les Arabes Seïadia et remis à

Khalid, lors de son arrivée près de Fascher. Il me permit de prendre connaissance de ces missives qui toutes étaient de dates très anciennes.

Le premier message était signé par S. A. le Khédive Mohammed Tewfik. Il m'exprimait sa satisfaction de mes services, me conseillait de ne pas me relâcher dans l'accomplissement de mes devoirs et m'annonçait qu'il allait envoyer une armée au Kordofan sous les ordres du général Hicks, lequel assurément rétablirait sous peu la paix dans le pays.

La seconde lettre venait du président du Conseil des Ministres, Nubar Pacha. Il m'exprimait aussi sa satisfaction à mon égard et me faisait part également de l'expédition conduite par Hicks.

Quelques lignes de Zobeïr Pacha me priaient de lui donner des nouvelles de la famille de son fils Soliman, dont j'ai raconté la mort. Zobeïr m'envoyait ses meilleures salutations. Soliman n'avait eu, à ma connaissance, qu'un fils ; j'avais remis ce dernier, ainsi que sa mère, aux soins d'Omer woled Dorho qui devait, à la première occasion, les faire conduire chez les parents de Zobeïr, habitant les bords du Nil. La mère toutefois s'était remariée avec un des parents d'Omer et l'enfant lui avait été laissé.

On se figurera aisément avec quel bonheur je parcourais ces lettres. Quelles espérances n'avait-on pas fondées en l'expédition de Hicks ! Espoirs déçus ! Je surmontais l'émotion qui me gagnait et rendis les lettres à Mohammed Khalid.

« Ton Effendina (vice-roi), me dit-il d'un air méprisant, croyait vaincre le Mahdi ! Le maître attendu l'a

battu. Pour cet ébloui, il y aura encore de mauvais jours ! »
Je ne répondis rien. Madibbo ne m'avait-il pas conseillé
d'être soumis et patient ? Que de fois, pourtant, ce me
fut difficile d'obéir à ses conseils !

Je pris congé de Khalid qui commençait à me faire
sentir que, maintenant, il était devenu mon supérieur.

Je partis aussitôt pour Dara. Réellement souffrant,
je gardai la chambre, sans pouvoir jouir du repos, troublé
sans cesse par les plaintes amères des malheureux auxquels on avait enlevé tout moyen d'existence.

Sur ces entrefaites, les Mahdistes assiégèrent
Fascher.

La forteresse était sise sur la colline occidentale;
les rebelles prirent position sur l'autre située à l'orient. Ces
deux collines étant séparées entr'elles par le Rahat Tendelti,
ils gardèrent les puits qui se trouvent sur les versants
des collines et dans la vallée. Quoique Saïd Djouma fut
commandant en chef, Saïd Agha el Fouli et Ibrahim
Agha et Tekelsoui jouissaient d'une influence beaucoup
plus grande sur la garnison. Le premier, El Fouli, avait
combattu à mes côtés à Shakka; lorsqu'il avait été
blessé je l'avais envoyé se soigner au milieu des siens,
à Fascher; le second était renommé pour sa vaillance.
La garnison manquant d'eau, un combat ne tarda pas
à s'engager ayant pour but et pour endroit de la lutte
les puits situés au dehors. Djouma avait bien à sa disposition plus de cent Remington, mais il était loin d'en
posséder le même nombre que les Mahdistes. Néanmoins,
après un sérieux combat, la garnison réussit à chasser
l'ennemi des puits et à les garder en son pouvoir. Les
rebelles durent se retirer jusqu'à Woad Berag. Des secours

ne tardèrent pas à parvenir à Khalid de Kabkabia, par le major Adam Aamir qui s'était rendu, et qui envoya le commandant des Basingers, Babeker woled el Hadj, avec des soldats et des munitions. Il attaqua de nouveau Fascher, s'empara des puits et repoussa la vaillante garnison. Celle-ci tenta à plusieurs reprises, et d'une façon héroïque de chasser l'agresseur; ce fut en vain. Le 15 janvier, après sept jours d'une lutte passionnée, elle dut se rendre à merci. Mohammed Khalid, vainqueur, fit son entrée dans la capitale.

Les armes furent livrées et la forteresse occupée. De même qu'à Dara, les perquisitions commencèrent et les cruautés commises furent encore plus atroces. Saïd Djouma pour lui-même s'en tira, en somme, assez heureusement. La plus grande partie de sa fortune fut confisquée, il est vrai; mais, sans mauvais traitement aucun, il fut banni, lui et les siens. Envoyé provisoirement à Kobbe, on lui assigna une demeure où il fut au moins tranquille, tandis que ses camarades et tous ceux qui s'étaient rendus eurent beaucoup à souffrir. Le major Hamada effendi, ayant déclaré ne rien posséder, fut accusé par une de ses esclaves d'avoir caché de l'argent et de l'or. Conduit devant Khalid, celui-ci le traita de « chien d'infidèle ». Le major lui répliqua en l'appelant « misérable Dongolais ». Furieux, Khalid ordonna de le fouetter jusqu'à ce qu'il indiquât où était caché son trésor. Pendant trois jours, Hamada effendi subit la peine du fouet, à raison de 1000 coups journellement. Ce fut en vain; un morceau de bois se serait plutôt ému! Aucun aveu ne sortit de sa bouche. Quand on lui demandait de livrer son argent, il répliquait invariablement: « Eh!

oui, j'en ai de l'argent, j'en ai de l'or; mais mon trésor est enterré et il reposera avec moi, en paix, sous la terre! »

Mohammed Khalid fit cesser enfin cette torture et remit le blessé, à moitié mort, à la garde de ses ennemis, les Mima. Ceux-ci eux-mêmes ne purent qu'admirer la fermeté d'un tel homme qui était trop fier pour avouer, même au prix de sa délivrance!

Ibrahim el Tekelaoui, qu'un Emir avait traité d'esclave, après avoir tué sa femme et ses jeunes frères se donna la mort. Saïd Fouli préféra mourir plutôt que de subir plus longtemps pareilles humiliations. Ces derniers incidents décidèrent enfin Khalid à mettre un frein à tant de cruautés: il bannit en différents endroits, mais à proximité, le reste des officiers égyptiens.

Khalid me fit alors mander à Fascher. J'arrivai dans la capitale, au commencement de février. On m'assigna pour demeure la maison de Djouma, avec ordre d'y faire venir mes gens et mes chevaux qui étaient restés à Dara. On me fit entendre que, en signe de soumission, je devrais volontairement aliéner le reste de mes biens. Je remis, comme on me le demandait, même ce que je possédais à Fascher, à Djaber woled Thajjib, nommé administrateur (Amin) du Bet el Mal. Il ne me restait, en somme, que juste de quoi vivre.

Ayant appris les mauvais traitements qu'avait endurés Hamada, ainsi que sa fermeté extraordinaire, je cherchai aussitôt à le voir. Je le trouvai dans un état affreux. Les blessures dont tout son corps était couvert, suppuraient et, chose horrible à dire, ses ennemis les lavaient chaque jour avec de l'eau froide mêlée de sel et de poivre, espérant que la douleur lui arracherait enfin un aveu.

Ils ne purent rien en tirer!

Je courus chez Khalid, lui décrivis la situation de Hamada et le priai de vouloir bien confier à mes soins le major.

« Il est infidèle, répliqua-t-il; il tient cachée sa fortune; il m'a offensé publiquement; il doit expier ses fautes et mourir comme un misérable. »

Je le suppliai alors, au nom et en souvenir de notre ancienne amitié, de me remettre le malheureux.

« Bien, dit-il enfin d'un ton moqueur; mais à la seule condition que tu te prosternes devant moi, pour lui. »

Il n'y a pas au Soudan chose plus humiliante qu'une prosternation. Le sang me monta à la tête. Je crois que je ne l'aurais pas fait, même pour sauver ma propre vie; eh! bien, ce n'était pas trop pour sauver le malheureux dont l'image effrayante, terrible, était présente à mes yeux! Je me prosternai devant Mohammed Khalid et posai mes mains sur ses pieds nus; mais lui rapidement les retira et me releva; il paraissait avoir honte du sacrifice qu'il venait d'exiger de moi.

« Hamada est libre, me dit-il; je le remets entre tes mains. Mais, donne-moi ta parole: que si tu apprends en quel endroit sont enfouies ses richesses, tu m'avertiras sans retard. »

Je le lui promis. Il appela un de ses parents, afin qu'il m'accompagnât et qu'on me remît le malheureux. Mes domestiques transportèrent Hamada, sur un angareb, dans ma maison. Je lavai ses blessures et fis étendre dessus du beurre frais; cela le soulagerait au moins; car, il ne fallait pas espérer le sauver.

Il but un peu de bouillon; à voix basse, il prononçait parfois quelques mots, appelant la malédiction du ciel sur ses bourreaux. Le quatrième jour de son séjour dans ma demeure, il désira rester seul avec moi.

« Ami, murmura-t-il, je sens que mon heure dernière est venue. Que Dieu te récompense de ce que tu as fait pour moi. Je ne puis plus rien faire maintenant; pourtant je te donnerai un gage de ma gratitude; j'ai enfoui mon or.... »

« Arrête, lui criai-je; veux-tu m'indiquer l'endroit où ton trésor est caché? »

« Oui, tu dois l'avoir; qu'il puisse t'être utile! »

« Non, je ne veux et je ne peux pas le posséder. Pour te délivrer de tes persécuteurs, je me suis engagé à communiquer, le cas échéant, à Mohammed Khalid, ton ennemi, l'endroit où est caché ton or. Tu as assez souffert pour que ce trésor ne tombe pas entre les mains de ceux que tu hais; continue à garder le silence; emporte ton secret dans la tombe; elle ne te trahira pas. Que ce soit ta consolation et ta vengeance! »

Tandis que je parlais, Hamada avait saisi ma main.

« Merci, râla-t-il, sans mon argent, tu seras encore heureux un jour. Allah kerim! (Dieu est miséricordieux). » Il s'étendit essayant de lever un peu l'index de la main droite.

Doucement, très doucement, il put murmurer encore: « Lâ ilahi ill Allah, Mohammed rasoul Allah ».....
puis il ferma les yeux pour toujours. Il ne souffrait plus! Les yeux mouillés de larmes, je contemplai ce cadavre. Que m'était-il réservé, jusqu'à ce que, à mon tour, j'entre enfin aussi dans le repos éternel?

J'appelai mes domestiques et fis chercher quelques hommes dévoués. On lava le corps et on l'enveloppa dans un linceul que j'avais fait apporter.

Sur ces entrefaites, j'allai avertir Mohammed Khalid de la mort de Hamada.

« Est-ce qu'il ne t'a pas indiqué l'endroit où est caché son trésor ? » me demanda-t-il aussitôt.

« Non, lui répondis-je, cet homme avait trop de volonté pour livrer son secret ; je n'ai rien appris. »

« Que Dieu le maudisse! s'écria l'Emir. Puisqu'il est mort chez toi, enterre-le, quoiqu'il n'ait mérité que d'être jeté, comme un chien, sur un tas d'immondices. »

Je m'éloignai et fis ensevelir le corps près de ma maison, après qu'on eut récité les prières usuelles.

Mohammed Khalid était doué d'un esprit très rusé. Autant il se montra dur envers les fonctionnaires du Gouvernement, autant il agit avec douceur envers la population. Il n'en donna pas moins toutes les bonnes places à ses parents et chercha à tirer du pays tout ce qu'il put, mais, il évita soigneusement de semer la discorde, s'efforça de tranquilliser et de rassurer les gens en cherchant à les rallier au nouveau régime. Les impôts allèrent en majeure partie grossir sa caisse ; cependant, de temps à autre, il faisait parvenir au Mahdi et à ses califes de jolies jouvencelles, des chevaux, des chameaux bien gras. On remerciait le généreux donateur! Il mit sa maison sur un grand pied et épousa Miram Ija Basi, sœur aînée d'Ibrahim, Sultan du Darfour, bien qu'elle fut âgée de cinquante ans. Elle avait en sa possession plus de cent esclaves des deux sexes, intelligents et bien élevés, elle-même était capable du reste de conduire avec dignité la maison d'un riche sultan soudanais.

Khalid trouva tout à fait inutile même de feindre de mettre en pratique le « renoncement aux biens de ce monde »; tous les soirs il y avait chez lui de grands festins; et la nombreuse compagnie n'y manquait pas de célébrer le Mahdi, de féliciter et de louer l'amphitryon.

Une lettre, très vieille de date, me parvint à cette époque. Elle venait du Caire et m'avait été adressée par le moudir de Dongola. Il me recommandait de concentrer des troupes à Fascher, m'enjoignant de remettre le Darfour au descendant direct des rois de cette province, Abd esh Choukour ibn Abd er Rahman Chattout, de me rendre à Dongola avec tous mes soldats et le matériel de guerre. Ce fils de roi, qui se trouvait encore à Dongola, n'avait pu trouver ni le chemin, ni les moyens de parvenir jusqu'à moi et même si on l'avait écouté à temps, cela n'aurait rien pu changer à la face des choses.

Une concentration complète des troupes à Fascher aurait déjà été rendue impossible par l'opposition des officiers et des soldats. D'autre part, si l'effectif de mes hommes avait été suffisamment élevé pour me permettre de quitter le pays avec tout le matériel de guerre, à plus forte raison aurais-je pu y rester et, en tout cas, mieux servir le Gouvernement que le timide Abd esh Choukour.

Je demandai à Khalid qui m'avait remis la missive la permission d'envoyer quelques lignes à mes partisans et de les remettre à l'Arabe qui avait apporté le message et qui était assuré du retour. Khalid y consentit; mais, comme c'était à prévoir, ma lettre ne parvint jamais à son adresse.

Je passai mon temps très tranquille, chez moi, sans voir beaucoup de monde, attendant du Mahdi les ordres concernant ma personne.

Au milieu de mai, Mohammed Khalid m'apprit que le Mahdi, à cause soi-disant du manque d'eau, avait quitté El Obeïd et s'était retiré à Rahat. Il exprimait le désir de faire ma connaissance et m'ordonnait de faire mes préparatifs de voyage.

A cette époque survint la reddition de la province du Bahr el Ghazal par Lupton bey.

En même temps que Khalid, le Mahdi avait nommé Karam Allah, Emir du Bahr el Ghazal, et l'avait envoyé dans cette province. Karam Allah habitait autrefois chez son frère Korgosani, qui était commandant des Basingers de Lupton bey. Ayant appris la nouvelle de la rébellion du Mahdi, il quitta le pays avec le consentement de son frère et se dirigea sur El Obeïd où le Mahdi le reçut avec tous les honneurs possibles.

Nommé Emir, il rentra dans sa province. Son frère et les Basingers qu'il commandait, la plupart des fonctionnaires du Gouvernement et enfin le remplaçant de Lupton, Arbab Zobeïr, autrefois si fidèle, se joignirent à lui. Lupton bey abandonné dut capituler sans combat.

Si le soulèvement n'avait pas été fomenté par ses gens, mais bien par les tribus nègres de la province, Lupton aurait pu tenir pendant des années, en raison surtout du manque d'union des dites tribus. Trahi par les siens, il ne lui était resté, à lui qui était connu pour sa bravoure, qu'à se rendre à l'ennemi, sans même tirer un coup de fusil.

Mohammed Khalid manifesta le désir que je pris avec moi Saïd bey Djouma, alors encore à Kobbe; je me déclarai toujours prêt à le satisfaire, malgré les intrigues qu'autrefois ce dernier avait suscitées à mon égard. Dimitri Zigada, un marchand grec résidant depuis longtemps au Darfour et qui fournissait la viande aux garnisons de Fascher et de Kabkabia me demanda l'autorisation de se rendre avec moi au Kordofan. Mohammed Khalid auquel j'en référai donna son consentement.

Dimitri avait à réclamer du Gouvernement, pour ses livraisons 8,000 L. E. (207,000 francs environ). Il portait les bons que je lui avais signés avant la capitulation, toujours sur lui, cousus dans une ceinture et dans des chiffons de toile.

Je me procurai les chameaux nécessaires. A cette époque de l'année, on trouve très peu d'eau sur le chemin du Kordofan ; je dus donc limiter au strict nécessaire le nombre de ces animaux. Le prix des chevaux étant, d'autre part, très élevé au Kordofan, j'en pris quatre avec moi, avec l'intention de les vendre là-bas pour réduire les frais de voyage. J'avais fait don à Khalid, sur le désir qu'il m'en avait exprimé, de l'étalon que Gordon m'avait donné jadis à Dourrah el Khadra.

Said bey Djouma était arrivé de Kobbe ; la séparation de ses quatre femmes et de ses sept enfants lui avait été particulièrement pénible.

Vers le milieu de juin 1884, je partis de Fascher, en compagnie de Djouma et de Zigada. J'étais presque joyeux de pouvoir quitter ce pays où j'avais passé par tant de chagrins et de surprises amères.

Mohammed Khalid nous adjoignit une escorte de dix hommes commandée par le Fakîh Shahir de la race des Berti, pour nous protéger en route, prétendait-il, mais bien en réalité pour nous surveiller.

Nous prîmes congé de lui.

Je le remerciai des diverses bontés qu'il m'avait témoignées et lui recommandai ceux que nous laissions à ses soins ; puis nous prîmes le chemin de Woda et de Fafa, pour atteindre Taouescha. En route, nous fûmes exposés non seulement à la curiosité générale, mais encore nous dûmes subir de nombreux propos railleurs sur notre situation actuelle, situation qu'on trouvait, de l'avis de tous, encore beaucoup trop belle en raison de nos prétendus méfaits d'antan !

Cinq jours après, nous atteignimes Taouescha ; notre guide Fakih Shahir, natif de cet endroit, trouva bon d'y séjourner pendant plusieurs jours. Nous dûmes l'attendre. Quoiqu'il nous traitât en hôtes et nous hébergeât de son mieux, nous ne demandions qu'à continuer notre voyage ; il se décida enfin à quitter sa ville natale.

Pendant notre séjour, je fis cadeau à ses petites filles de bracelets en ivoire, très recherchés dans le Darfour et que j'avais emportés sur moi comme argent pour le voyage.

A lui-même, je donnai quelques-uns des rares écus que j'avais pu me procurer à Fascher ; je gagnai ainsi sa confiance. Il me communiqua alors en secret que Mohammed Khalid l'avait chargé d'épier toute notre conversation ; les remarques que nous pouvions faire sur le Mahdi ou sur son administration devaient être rapportées rigoureusement et consciencieusement au calife Abdullahi. Il me pria d'avertir mes compagnons de voyage, un seul mot imprudent pouvant nous compromettre.

Je le remerciai cordialement et recommandai à tous la plus grande prudence.

Après avoir traversé Dar Hamr, nous arrivâmes vers la mi-juillet à El Obeïd, non sans avoir souffert du manque d'eau et avoir été importunés à plusieurs reprises par les Arabes Messeria. Le Mahdi avait laissé dans cette ville un de ses parents, autrefois marchand d'esclaves, nommé Sejjid Mahmoud, pour le remplacer. Je le trouvai accroupi sur le sol, au milieu de nombreux marchands, en train de se disputer violemment avec eux. Je me présentai; mais quoiqu'averti de mon arrivée, il resta quelques minutes sans paraître m'apercevoir. Il finit enfin par me saluer et ordonna à un de ses serviteurs de nous accompagner dans une maison sise non loin de là et qu'on nous assigna comme quartier.

Une heure après, on nous apporta un mouton et un sac de blé, en nous recommandant d'assister aux prières publiques. Dimitri Zigada s'étant déclaré malade, nous nous rendîmes, Djouma et moi, au lieu des prières, où depuis midi jusqu'au soir, Sejjid Mahmoud et ses compagnons nous entretinrent de la grandeur du Mahdi, et de la sainteté de sa doctrine.

Sur tous les tons et continuellement, on exigeait fidélité et respect au Mahdi, sous peine de cruelles punitions sur cette terre et de condamnation éternelle dans l'autre monde. Epuisés de fatigues, il nous fut permis enfin de regagner notre logis.

Le lendemain Sejjid Mahmoud nous avertit d'avoir à continuer notre voyage; nous quittâmes El Obeïd pour atteindre, à une journée de marche environ, Rahat où le Mahdi avait établi son camp.

www.ingramcontent.com/pod-product-compliance
Lightning Source LLC
Chambersburg PA
CBHW071946220426
43662CB00009B/1012